KB261925

티벳에서 온 편지

티벳에서 온 편지

자연 · 성 · 문명을 다시 생각한다

김영종 지음

사□계절

근대 이성에 대하여……

그 입은 우유 기름보다 미끄러워도
그 마음은 전쟁이요
그 말은 기름보다 유하여도
실상은 뽑힌 칼이로다.

(시편 55, 21)

서 문

지난 수년 동안 중앙아시아의 사막과 초원과 도시들을 돌아다니면서 현대 문명의 문제에 대해 많은 생각을 하게 되었다. 이미 급속한 산업화의 물결에 휩쓸려 버린 곳도 있지만, 대체로는 아직 원초적 세계를 들여다볼 수 있는 창이라 할 수 있었다. 서울에 있다가 이 곳에 발을 들여 놓는 순간부터 나 자신은 우주선에서 막 내린 외계인과 같은 존재였다.

만일 내가 현대 문명에 대한 염증만 없었더라도 문명인의 우월감에 도취해서 이들을 미개인으로 취급하며 우쭐댔을 것이다. 그 염증이 혐오가 되고 심지어 현대 문명을 악마로 생각하는 요즘도 간혹 그런 감정이 불쑥불쑥 일어날 때가 있는데 더 말해 무엇하겠는가.

작년에는 황하를 따라 티벳까지 가는 여행을 했다. 차제에 이번 여행으로 한정해 그 동안 중앙아시아를 다니면서 가졌던 생각들을 여기에다 모두 투영시켜 글로 써 보기로 했다. 이는 현대 문명을 근본적으로 다시 생각해 보기 위한 것으로서 숙고 끝에 '자연·성·문명'이란 주제로 압축했다.

티벳은 내가 다녀 본 곳 중에서 가장 원초적인 세계였다. 여행을 출발하기에 앞서 흡사 연어가 자기가 태어난 원초로의 먼 길을 떠나듯, 그런 흥분 속에 사로잡혀 있었다. 하지만 나 같은 외계인은 원초 속으로 들어가는 게 허락되지 않는다는 사실을 여행중에 확인했을 뿐이다. 아니, 이렇게 말하는 것이 훨씬 더 정확할 것이다. 원초의 눈에서 볼 때 현대 문명은 자연을 살육하는 악마이며 나는 그 악마의 분신이었을 테니, 나의 파렴치한 애걸은 받아들여질 리 만무했다고.

그러니까 이 글은 원초의 창 앞에서 그 곳으로 들어가는 것을 거절당한 한 문명인의 고통스러운 호소라고 할 수 있다. 이 순간도 내가 악마의 분신이라는 사실이 참으로 고통스럽다. 가질 것 다 갖고 누릴 것 다 누리면서 현대 문명이라는 악마를 비난하는 것이 무슨 의미가 있는지 되뇌게 된다. 그 때문인지 책을 다 집필하고 난 지금, 내가 왜 이 글을 썼는가를 생각하면서 이 책의 성공을 바라는 내 마음의 한켠에 도대체 그 성공이 무슨 의미를 지니는가를 반문하지 않을 수 없게 되는 것이다.

그러나 이 고통스러운 자책은 거쳐야 할 피할 수 없는 과정인 것 같다. 오히려 고통의 끝까지 젖 먹던 힘을 다 내 저벅저벅 걸어가 보면 언젠가는 터널이 끝나고 원초가 피투성이 된 나를 손짓하여 부르지 않겠는가 하는 희망이 있다. 그런데 중요한 것은 거기까지 당도하기 위해선 극기가 아니라 자아를 버리는 '버림'이라는 사실이었다. 나는 바로 그것을 깨달았다.

버린 만큼 원초는 자신의 모습을 드러낼 것이다. 그리고 꼭 그만큼 우리 마음 속에 있는 원초의 모습이 보일 것이다. 대우주의 자연과 소우주인 인간의 관계를 생각해 보면 쉽게 알 수 있듯이, 인간 내면의 자연은 바깥 자연의 반영물로서 엄존하기 때문이다. 자연이 파괴되면 그만큼 인간 내면의 자연도 똑같이 파괴된다. 나는 이 글을 쓰면서 내가 원초로 들어가려 할수록 처참하게 파괴된 내 마음의 자연만을 볼 수 있을 뿐이었다.

글을 쓴다는 것이 토해 내는 것임을 새삼스럽게 깨닫게 해 준 여행이었다. 나는 이 책에서 이런 말을 했다. 티벳이란 말이 원래 토해 내다란 뜻의 '뾔'에서 나왔고, 티벳인은 자신을 '뾔빠', 즉 토해 내는 사람이라 부른다. 나도 토해 내고 싶다. 내가 그로부터 왔을 원초적인 자연, 그 자궁 속으로 들어가 그녀의 주술에 걸려 토해지는 대로 그것을 글로 옮길 수 있기를 갈망한다고. 그러나 오늘의 나로서는 실현 불가능한 갈망이었다. 그렇다고 그럴싸하게 꾸며 가면서 글을 쓰지는 않았다. 여행의 전 구간에 걸쳐 보고 느낀 것을 거의 빠짐없이 기록해 두었다가 집으로 돌아와서 수없이 반추하며 그것을 토해 내는 심정으로 이 글을 쓴 것만은 진실이다.

티벳 고원을 횡단하려던 애초의 계획은 건강과 주머니 사정이 따라주지 않아 취소되었다. 그 결과, 전 여행 구간 중 티벳이 차지하는 부분은 현지도로 보면 고작 티벳자치구의 주도(主都)인 라싸에 들렀을 뿐이며, 티벳의 전통적인 영토 범위에 의하면 황하의 발원지가 이에 포함되므로 대략 이번 코스의 반을 돌아본 셈이다. 그럼에도 불구하고 티벳이 책 전체의 키워드가 된 것은 현대 문명의 돌파구를 거기서 찾으려 했기 때문이다.

그러나 여행 전의 기대와는 달리 난 티벳에서 아무것도 찾지 못했다. 그것은 결코 여행 구간이 티벳으로 집중되지 않았기 때문이 아니었다. 앞서 말한 대로 '버림'이 없었기 때문이다. 그런데 놀라운 것은 이 사실을 철저히 깨닫는 순간, 티벳이 나에게 어떤 말을 전해 왔다는 것이다. 이것이 바로 이 책의 제목이 된 '티벳에서 온 편지'이다.

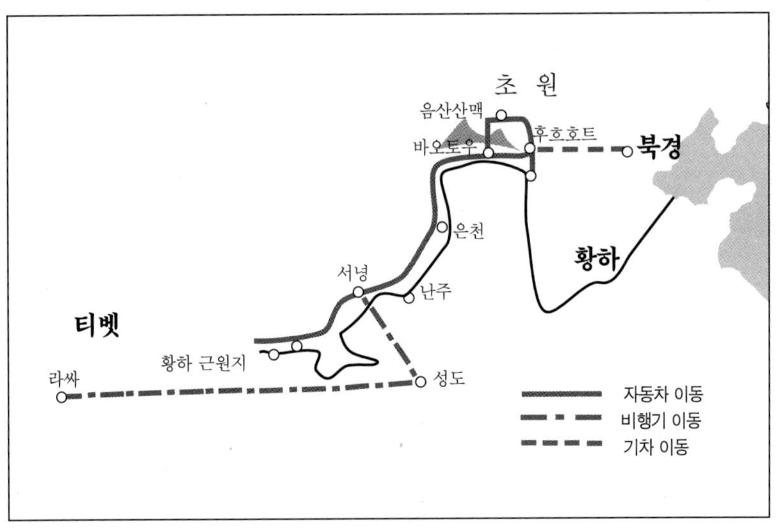

북경에서 출발하여 라싸까지의 여행 구간. 이 책의 순서는 여행의 역순으로 이루어졌다.

이번 여행은 경로상으로만 보면 역사 기행적 성격이라고 할 수 있다. 그러나 내가 화두로 삼았던 '자연·성·문명'에 대한 재고(再考)를 단 한시도 간과해 본 적이 없었다. 그 결과가 이 책으로 나오게 된 것인데, 그러나 열아홉 개의 장들 사이에 이를 한 꼬챙이로 꿰뚫는 형식상의 일관성이 없음을 실토하지 않을 수 없다. 어떤 것은 역사 분석에, 어떤 것은 기행에 치우쳐 있는가 하면, 맨 뒤의 세 장은 사상을 피력한 것이어서 들쭉날쭉 전체적으로 균형이 맞지 않는다. 변명하자면 이런 형식이 피치 못할 경우도 있다. 왜냐 하면 경유지마다 그 곳이 우리에게 말하는 고유한 내용이 분명히 있는데, 이를 외면하고 곧장 거기서 주제를 뽑으려고 달려드는 것이 나로서는 능력 밖의 일이거니와, 다른 한편으로 너무 작위적인 태도여서 거부감도 들기 때문이다.

예를 들어, 난주에 들렀을 때 그 곳이 실크로드의 인후부인 하서주랑의 출발점이란 사실을 이야기하지 않을 수는 없다. 한데 그 사실로 인해서 한무제가 하서사군을 그 일대에 설치한 것과, 같은 시기 고조선 땅에 한사군을 설치한 것을 역사적 배경과 함께 우선적으로 비교해서 생각해 보지 않는다면, 그것은 역사의식의 결여라고밖에 말할 수 없을 것이다.

그런데 이러한 역사 분석은 통찰의 깊이에 따라서는 문명에 대한 재고(再考)로까지 나아갈 수 있다. 물론 내가 그 정도로 해냈다는 이야기는 결코 아니다. 다만 그 필요성을 절감하고 그런 각도에서 힘겨운 노력을 다했다는 것은 말할 수 있다. 그럼에도 불구하고 역사 분석이 행해진 장들 중에는 본 주제와 동떨어져 보이는 불가피한 경우가 있다. 아전인수일지 모르겠지만, 바로 앞에서 든 예처럼 설령 어떤 장들이 책의 주제에 정확히 부합하지 않는다 하더라도 나로선 경유지 한곳 한곳이 스스로 말하는 바에 충실하면서 주제로 나아가는 데 만족할 수밖에 없었다. 어쩌면 이런 식이 오히려 주제의 본질에 더 닿게 할 거라는 믿음이 있다. 그렇기 때문에 이 책을 다 읽은 독자들의 마음 속 깊은 뿌리에서는 이 불균형한 것들이 모두 한데 섞여 자양분으로 스며들 거라고 확신한다.

문명의 전환점에 선 오늘날, 머잖아 인류에게 닥칠 파멸을 막기 위해 기존의 문명 개념을 완전히 백팔십도 뒤엎는 문명관을 자연 그리고 성과의 삼위일체적 인식 속에서 찾아야 한다는 신념을 가지고 그 모색을 이 한 권의 책에서 나름대로 시도해 보았다. 어떤 특별한 능력이 있어서가 아니라 오로지 현대 문명에 대한 견딜 수 없는 혐오감과, 거기서 벗어날 돌파구를 찾겠다는 열정 하나만으로 이 거창한 문제에 덤벼들었지만 여기까지 와 보니 무모하기 짝이 없는 일을 벌여 놓은 셈이 되었다. 오직 독자 제현들의 애정 어린 질정만이 내가 용기 있게 이 길을 계속 걸어가는 데 무엇보다도 큰 힘이 된다는 걸 절감하고 있다.

이제 두서 없이 쓴 서문을 마치려 하니, 하고 싶은 개인적인 이야기

한두 마디가 남는다. 누가 될까 봐 이름을 밝히지 않기로 한 분이 있다.
여러 차례 중앙아시아를 답사하면서 이번만큼 어려운 여행이 없었는데
그 한 달여 기간 동안 동고동락한 K선생에게 특별히 감사의 마음을 전
한다.

　끝으로 암울한 시대에 불의와 싸우며 이름 없이 정의롭게 살다 가신
나의 할아버지 김상철 님에게 이 책을 바치는 헌사를 드린다.

저자 김 영 종

차 례

라싸를 떠나며……

중국에서 라싸로 들어가기 위해서는 어디를 통해서 가든 통행허가증을 받아야만 한다. 라싸는 중국에서 가장 위험한 도시이기 때문에 나는 그 허가증을 손에 쥐기 위해 사천성의 성도에서 예상보다 이틀을 더 머물러야 했다. 다음 날 폭우를 뚫고 비행기는 라싸 공항에 도착했다.

이유는 뒤에서 말하겠지만, 나는 이 글을 라싸를 떠나는 것에서 시작하기로 했다. 라싸 시내에서 창포 강을 따라 공항으로 가는 가도의 안개 자욱한 새벽 풍경은 나에게 평생 잊지 못할 깊은 인상을 남겼다.

위험한 도시 라싸와는 전혀 어울리지 않는, 무아경에 빠지게 할 정도로 여기가 극락인가 싶은 선경(仙境)은 귀향하는 한 이방인에게 이것이 티벳 문명의 뿌리라며 준 선물이 아니고 무엇일까 싶었다.

밤새 온 비 때문인지 흰 구름에 휘감긴 미명 속의 산들은 마치 우주 알에서 막 깨어난 것처럼 신선했다. 산들은 이리저리 움직이는 듯 보였다. 황홀했다. 그런데 이처럼 물기가 뚝뚝 떨어지는 싱싱한 자연을 보면서도 나는 자꾸만 내려앉는 무거운 눈꺼풀을 치켜올리느라 애쓰고 있었다. 모든 여정을 마치고 북경으로 향하는 나는 몹시 지쳤기 때문에 지프 안에서 쏟아지는 졸음을 참기 어려웠지만 그런 비몽사몽 속에서도 의식의 눈은 이 선경을 놓칠 수 없었다. 사실 삶의 에네르기를 충전하러 온 나는 도리어 여행을 끝내고 돌아가는 이 때 마치 나사 풀린 장난감처럼 건드리면 와르르 무너질 만큼 낙망하고 있었다. 그 와중에도 한 가닥 희망을 찾는 염원이 그만큼 강렬했던지 오히려 그 낙망이 졸음을 내쫓고 나를 눈앞의 신비하고 황홀한 자연의 힘에 차츰 빠져들게 한 모양이었다. 어느 새 졸음도 물러나고 맑아진 정신은 가끔 운무에 싸인 창포 강이 모습을 드러낼 때면 뛰어들고 싶은 충동마저 느끼게 했다.

간밤에는 창 너머로 추적추적 내리는 빗소리를 들으며 일기를 썼다.

밤새 비가 내리고 있다. 라싸의 마지막 밤과 새벽을 비가 배웅하고 있다. 빗소리는 내 마음의 심연을 계속 노크한다. 문명의 가로막음을 느낀다. 나의 심층이 어떻게 생겼는지는 모르겠으나 빗소리는 콘크리트 같은 문명의 바닥을 뚫고 들어가지 못한다. 오히려 간간이 들려 오는 자동차 소리나 기계음은 친숙하게 심연으로 스며든다.

한심하다. 참으로 한심하다. 자연을 잃어버린 나.

그러나 빗소리는 어디서 들어도 마음을 적신다. 밤에 오는 비는 특히 그렇다. 서울, 북경, 초원, 사막, 라싸…… 어디서나 상념을 일으킨다. 그런데 모두 도시적인 상념일 뿐. 아아, 또다시 이 밤도 똑같은 사이클로 돌아오는구나. 나의 무의식은 도대체 무엇일까. 그래도 심연의 저 깊은 바닥에는 대자연이 펼쳐져 있지 않을까. 나는 그렇게 믿고 싶다…….

티벳의 자연. 그는 내 심연에서 잠자고 있는 자연을 손가락으로 쿡쿡 찔러 보았던 것일까? 서울에 온 한참 뒤에야 그 '진동'을 느낄 수 있었다. 그것은 차츰 강렬해졌다. 나의 자연이 깊은 잠에서 깨어나기 시작했던 것이다.

이야기는 다시 라싸 공항으로 가는 차 안이다. 가끔씩 차창을 비켜 가는 자연이 삽시간에 구름안개 속에 파묻혀 버리곤 했다. 차는 거대한 진공 상태의 물방울 속에 갇혔는데도 움직였다. 도리어 전혀 불안하지 않고 마음은 적요했다.

실제로는 나의 마음 속이 이처럼 안개에 자욱하게 덮여 있을 것이었다. 차라리 캄캄한 먹통 속이라면 한 줄기 빛에도 금방 환하게 밝아질 텐데……. 나의 마음 속은 색깔로 따지면 회색이었다. 회색은 불임(不姙)의 색이 아닌가 싶다. 생명이 없는 불임의 시대는 나의 심성에 그대로 투사되어 있었다.

그런데 티벳인의 심성은 불임 시대를 살면서 물신성(物神性)에 매몰된 현대인이 자신들의 심성을 뜯어 내고 갈아 넣어야 할 생명의 심성이라는 생각이 들었다. 물론 앞서 말한 '진동'을 느끼기 시작한 뒤의 일이다. 티벳인들은 머리와 팔다리를 모두 땅에 내던지고 파충류처럼 기어서 자비의 관세음보살에게 다가간다. 그것은 정신의 고양을 소원하기 때문이다. 다름 아니라 한 단계 더 높은 자연으로 돌아가고자 하는 열망이었다. 이를테면 약육강식의 물질적 진화가 아닌 해탈을 향한 정신적 진화를 의미했다. 나는 이 의미 속에서 자연과 문명이 융화하는, 즉 문명의 발전이 자연의 섭리에 따르는 그런 아름다운 문명을 보았던 것이다. 그러나 이것도 그 '진동'을 느낀 뒤에야 알게 된 사실이다.

티벳 사람들을 보면서 나의 할머니 생각이 절로 났다. 그래서인지 도무지 낯설지가 않았다. 불쌍한 사람을 보고 가족들 몰래 곡식 한 됫박이라도 내주다가 발각되면 경을 쳐야만 했던 우리 할머니. 그런데 그런 불쌍하고 가난한 사람에게 곡식 한 됫박이라도 내주지 않으면 천벌을 받는다고 생각하는 사람들이 모여 사는 사회가 티벳이라고 한다.

티벳에 관한 모든 기행문이 기록하고 있듯이, 거리에서 우리가 볼 수 있는 티벳인은 오체투지로 절을 하는 참배객들과 물건을 사라고 쫓아다니거나 구걸하는 떼거리 두 부류이다. 행색은 외려 참배객이 더 상거지 꼴이니 겉보기론 이 둘은 전혀 구분이 안 간다.

기록자들은 대개 전자에게서 영혼의 고귀함을, 후자에게서 식민지의 비참함을 발견했다고 적는다. 이것은 오늘 티벳의 두 얼굴이다.

달라이 라마는 티벳인의 심성이 우주적인 책임감에 차 있다고 말했다. 일례로 어떤 외국인이 그에게 티벳인들은 행복한 사람들이라고 말하면 그는 "이것은 우리 국민성의 한 단면일 뿐입니다. 인간이나 동물, 모든 살아 있는 것에 대해 애정과 자비심으로 대하고 내적인 평화를 이루고 있으며, 문화종교적인 가치관을 가지고 살아 왔기 때문에 형성된 것입니다"라고 응답했다.

나는 서구가 계발한 근대 이성이 결코 고귀하다고 생각해 본 적이 없다. 정신의 고귀함은 자기 희생과 이타적인 사랑에 있다고 느껴지고 또한 믿고 있기 때문이다. 달라이 라마는 노벨평화상 수상 연설의 끝 부분에서 고대의 지혜는 행복한 21세기를 맞이하기 위해 반드시 필요하다고 역설했다. 그에 의하면, 고대의 지혜는 이타주의 · 자비심 · 비폭력 등으로 우주적인 책임감에서 비롯되는 것이라고 한다. 이 우주적인 책임감은 상대방에 대해서, 또 우리 모두가 살고 있는 이 지구에 대해서 갖는 책임감인 것이다.

그런데 문제는 이처럼 뛰어난 정신 문명을 가지고 있는 티벳의 정치경제적인 현실에 있다. 중국군의 점령 이후 인구 6백만 중에 1백3십만 명의 티벳인이 굶주림과 사형, 고문과 자살로 목숨을 잃었다. 그리고 티벳으로 밀려 들어오는 중국인의 이주 정책은 이미 티벳 땅에서 티벳인들을 볼 수 없게 만들었다. 티벳 동북부 지방의 인구 비례는 중국인 2백5십만 대 티벳인 7십5만이라고 한다.

티벳 망명정부가 파견한 진상조사단은 대부분의 티벳인들이 빌어먹는 거지거나 극빈자라고 보고하였다. 티벳 인민의 물질적 진보를 위한다는 중국의 선전과는 달리 이것은 명백한 퇴보였다. 중국의 지배를 받기 전의 티벳은 부자는 아니라도 자유스럽고 무엇보다도 굶주림이란 걸 모르는 생활을 해 왔다고 달라이 라마는 기회 있을 때마다 강조했다.

사실 티벳을 여행하는 나의 속셈은 현대 문명의 돌파구를 이 곳에서 찾아보려는 것이었다. 그런데 가장 큰 난관은 예의 두 얼굴(영혼의 고귀함과 식민지의 비참함)이었다. 정신 문명은 언제나 물질 문명의 식민지가 되어야 하는가?

티벳 기행기 중에 박완서의 『모독』이 있다. 작가의 의도처럼 선입관에 물가지 않고 싱싱하게 생으로 느낀 대로 씌어 있다. 그녀가 오죽 고통스러웠으면 이렇게 내뱉었을까.

"제 땅을 다 중국한테 내주고 순례만 하면 제일인가."

그런데 그 직전에 이르러 박완서는 그 때까지 쭉 보아 온 광경에서 받은 혼란과 고뇌를 그녀 나름대로 정리했다. 여기서 좀 길게 인용한다.

> 이 거친 산야를 바람처럼 스쳐가는 이방의 여행자가 어림짐작하기로는, 티벳 민족은 인간 정신의 저 아득한 심연, 그 극한까지 도달했다가 그 밑바닥을 박차고 높이높이 부처라는 깨달음의 최고 경지까지 상승할 수 있기를 꿈꾸는 민족처럼 여겨진다.
>
> 그건 혹독하고 단련된 정신만이 할 수 있는 일이다. 모든 것이 평준화를 지향하는 세계적 추세 속에서 그들의 독특한 정신의 깊이와 높이는 존경받아 마땅하리라. 그러나 그건 어디까지나 개인 구원의 차원이 아닐까. 외

부와 단절된 독특한 환경 속에서 나름대로의 방법으로 고루 의식이 충족되고 행복을 향유할 수 있었을 적에 누릴 수 있던 정신문화였다. 기아선상에 선 어린이와 애 엄마가 이민족의 소매에 매달려 구걸해야만 일용할 양식을 해결할 수 있는 치욕적인 상황에서도 그들의 종교가 마냥 개인 구원의 차원에만 머물러 있다면 누가 그들의 종교를 존경은커녕 존재 가치라도 인정할 수 있겠는가. 그들의 열정적인 상승 욕구를 평면적인 이웃한테도 좀 확산시켰으면 싶었다.

이방인이 티벳에서 장려한 사원과 수많은 불상을 보는 일은 눈에는 최고의 사치요 충격이었지만 그 이상은 되지 못했다. 마음의 평화나 기쁨은 못 느꼈다. 호화와 사치를 극한 불상과 이 땅의 극빈층하고 저절로 대조가 되니까 불상에서 느끼고 싶은 자비를 느낄 수가 없었기 때문이었다.

내가 이 글을 소개하는 까닭은 누구나 티벳 여행중에 느끼게 되는 일종의 모범 답안과 같은 것이기 때문이다. 나도 라싸를 떠나는 순간까지 그녀와 비슷한 생각을 했다. 하지만 라싸를 책머리에 잡아 놓고 라싸에서 떠나는 이야기로 글을 시작하는 것은 적어도 이런 시각에서 벗어나기 위해서라 할 수 있다.

티벳에는 서구의 근대 이성에 지배당한 우리의 관념으로는 도저히 이해할 수 없는 전혀 다른 세계가 존재하고 있었다. 따라서 나는 그들의 삶과 행복에 대해 아무것도 알 수 없었다. 나의 시각은 알려고 하면 할수록 모든 걸 더욱 헝클어 놓을 뿐이었다. 현대 문명의 돌파구를 티벳에서 찾으려 했던 애당초의 기대는 여지없이 무망하게 돼 버렸다. 한마디로 나의 감상적인 생각은 휴지 조각처럼 구겨져 버린 것이다.

나는 구름안개에 싸여 흐르는 창포 강을 따라 공항 가도의 미명 속을 달리면서 '창포'의 뜻이 '정화시키는 자'라는 걸 떠올렸다. 창포 강에 뛰어들고 싶은 충동을 느낀 것도 무명(無明)을 헤매는 나 자신이 간절히 정화되고 싶었기 때문이다.

그런데 정화는 궁극적으로 아힘사(무저항 비폭력주의)에 의해서 성취되지 않는가 하는 깨달음이 그 순간 이 가난한 심령에 소리 없이 찾아왔다. 내가 라싸에서 겪은 일 중 한 장면이 가슴 속으로 눈물겹게 밀고 들어왔다.

포탈라 궁과 조캉 사원 사이에 있는 어느 서점 앞에서 다섯 살쯤 돼 보이는 어린애가 나한테 매달려서 구걸을 하였다. 나는 아이를 뽈끈 들어서 품에 안았다. 아이는 방긋 웃으며 알아들을 수 없는 티벳 말을 해 댔다. 천진난만한 모습이 너무 예뻐서 꼭 껴안았다. 까르륵거리며 고사리 같은 손이 내 목을 끌어안는 걸 느낄 수 있었다. 잠시 후 때꼽재기가 덕지덕지 낀 아이의 얼굴을 들여다봤다. 별보다 더 초롱거리는 두 눈이 반짝이고 있었다. 나는 아이에게 속삭이는 목소리로 '너는 해님이야'라고 말하려다가 곧 바꾸어 '옴마니반메홈'(연꽃 속의 보석이여) 했다. 어느 새 내 주위로 모여든 사람들이 나를 보고 미소를 짓고 있었다. 나는 더 안고 있을 수 없어 아이를 내려놓았다. 아이는 나를 더 이상 이방인으로 여기지 않았다. 어른들도 아이의 마음과 같은지 아무도 다가와 물건을 사라거나 구걸하지 않았다.

아이의 해맑은 얼굴. 그것은 모든 티벳 사람들이 어디서나 입에 외고 다니는 진언 '옴마니반메홈'이 아닐까? 네루가 달라이 라마에게 망명처 다람살라를 내주면서 아이들이 티벳의 가장 귀중한 보배라고 말했을 때 바로 이 아이를 두고 한 말이 아니었을까? 그런데 이 아이는 거지아이가 아닌가?

라싸 공항이 보이는 차 안에서 이런 생각들을 하면서 희망이 솟구쳐 오름을 느꼈다. 예수님도 말 구유에서 태어나지 않았는가. 이것이 진흙

친구를 담요에 태워 하늘로 던져 올리는 놀이를 하고 있는 티벳 어린이들

탕 속에서 핀 연꽃의 뜻이 아니겠는가.

지구 생명의 공동 파멸을 향하여 무한궤도를 질주하는 현대 문명. 현대의 물질 문명 속에는 전혀 희망이 없다는 이것만은 내가 다 몰라도 확실히 알겠다. 흔히들 신비와 수수께끼의 나라라고 하는 티벳에서 한 줄기 희망의 빛을 느꼈다면, 그것은 신비도 수수께끼도 아닌 '순수와 자비의 정신'이었다.

이 불임의 시대에 유일하게 생명을 잉태시키는 티벳의 정신은 현대 문명의 돌파구일 수 있었다. 달라이 라마가 내놓은 '5개 평화안'은 충분히 그 가능성을 보여 주었다.

평화안의 기저는 우주적인 책임감과 아힘사(비폭력주의)였다. 정신 문명이 물질 문명의 폭력에서 자신과 적을 모두 구원하고자 하는 우주적인 책임감과 그 유일한 희망인 아힘사는 반드시 승리할 것이다.

달라이 라마가 깊은 감명을 받은 짧은 기도문 한 구절이 절로 입가에 맴돈다.

세상이 계속되는 한
그리고 생명이 존재하는 한
그 때까지 나도 살아
이 세상의 온갖 고통을 물리치리.

내 몸 속에서 '진동'이 커지는 이제 와 깨달은 사실이지만, 라싸가 마음이 가난한 한 이방인에게 이것이 티벳 문명의 뿌리라며 준 선물은 근대 이성을 버리고 고대의 지혜로 돌아오라는 가르침이었다. 그것은 과거로의 회귀가 아니라 21세기에 지구 가족이 공멸하는 것을 막기 위한 한 줄기 희망의 메시지였다.

티벳에서 선조의 숨결을 느끼다

1

라싸 시내의 붉은 언덕 위에 서 있는 포탈라 궁은 아름다웠다. 팔월 초인데도 마치 거대한 건물 전체가 눈에 덮이고 중앙의 건물들만 햇볕에 녹아 붉은색을 드러낸 듯이 보였다.

포탈라 궁은 달라이 라마가 겨울 동안 거처하면서 정치와 불법을 펼치는 곳이다. 그래서 겨울 궁전이라고도 하는데, 여름 궁전은 거기서 그리 멀지 않은 보석 정원이란 뜻의 노르불링카에 있다. 만약 지금 달라이 라마가 망명중이 아니라면 노르불링카에서 집무를 보고 있어야 할 것이다.

주인이 없는 포탈라 궁은 관광 명소가 되어 침략자 중국 정부의 주머니만 불려 주고 있었다. 궁 입구에 도착해 내가 깜짝 놀란 건 주차장에 늘어선 군 트럭들과 마치 궁을 포위하듯 길게 줄을 선 중국 군인들 때문이었다. 관광지에서는 보기 드문 광경이라 나는 별별 좋지 않은 상상을 다 했다. 특히 라싸에 대해서는 외신에서 히말라야판 킬링필드라고

백궁과 홍궁으로 이루어져 있는 포탈라 궁. 5대 달라이 라마 때인 17세기에 건축이 시작되어 그가 입적한 후 완공되었다. 포탈라는 '관음보살이 살고 있는 산'을 뜻한다.

보도한 너무도 끔찍한 기억을 가지고 있었기 때문이다. 그러나 어이없게도 내가 안내원한테 들은 말은 군인들이 시위 같은 걸 진압하러 온 게 아니고 궁을 관람하러 왔다는 것이었다. 몇 시간을 이들과 섞여 관람해야 한다고 생각하니까 갑자기 긴장이 풀리며 싫은 기분이 온몸을 기어다녔다.

이 때 내가 생각한 것은 어떻게든 군인들과 멀어지기 위해서는 뒤처지는 것보다 앞지르는 편이 낫다는 판단이었다. 나는 안내원을 끌다시피 해서 관람을 하는 둥 마는 둥 무서운 속도로 방들을 지나쳤다. 지금 생각하면 그 때 무얼 봤는지 몇 가지를 빼고는 통 기억이 나질 않는다.

기억나는 그 몇 가지 중 하나가 『티벳대장경』이 있는 방이다. 이 방

불상 뒤의 벽면에 『티벳대장경』 중의 경전인 깐줄이 보관되어 있다. 신라의 원측 스님이 지은 『해심밀경소』 열 권의 티벳어 번역본은 앞방에 똑같은 방식으로 보관되어 있다.

은 내가 포탈라 궁을 구경 온 가장 큰 목적이었는데, 다행히 두어 방째 앞에서 군인들의 행렬을 따라잡을 수 있었다.

그 방을 지키는 관리인은 탄 펠이라는 티벳인이었다. 나는 그에게 이 것저것을 물었다. 그는 우리가 있는 방은 경전(經典)인 깐줄이 보관된 곳이며, 주석서인 딴줄은 우리가 지나온 바로 앞방에 있다고 했다. 그 러니까 내가 찾은 원측(圓測) 스님의 책은 앞방에 있는 셈이었다. 사진 을 찍어도 좋다는 탄 펠의 허락을 받은 나는 마음이 바빠서 정신 없이 셔터를 눌러 댔다. 다 찍고 난 후 그에게 고맙다는 인사를 하고 막 떠 나려고 하는데, 그가 행운이 있게 될 것이라고 내 목에 카타(기다란 흰 비단)를 걸어 주며 미소짓길래 그와 기념사진 한 장을 찍었다.

그리고 서둘러 앞방으로 가서 이번에는 텐진 지미라는 관리인의 허락 을 얻어 사진 찍을 채비를 했다. 케케묵은 책들은 벽면에 빼곡이 채워 져 있었다. 먼저 불상들 뒤의 벽에 있는 책들을 다 찍고 난 뒤 옆 벽면의 책들을 찍으려는 순간 군인들이 쏟아져 들어왔다. 나는 얼른 카메라 뚜껑을 닫고 줄행랑을 치듯 나와 버렸다.

그런데 참으로 알 수 없는 일이 일어났다. 서울로 돌아와 필름을 현상해 보니 그 방들에서 쉰 장 넘게 찍은 사진 중에 딱 두 장만 살아 있고 나머지는 모조리 먹통이었다. 그 두 장이란 행운의 카타를 목에 걸치고 탄 펠과 함께 찍은 기념사진과, 탄 펠이 저것이 딴줄이라며 맨 처음 가리켜 준 벽면의 경전 사진이었다. 어떻게 이럴 수가 있을까? 아마도 내가 그 때 마음이 바빠서 깜빡 수동으로 해 놓은 플래시를 자동으로 착각하고 누른 모양인데, 그렇다면 그 두 장도 모두 먹통으로 나왔어야 하지 않겠는가? 하여간 지금도 카타의 위력을 실감하면서 부처님의 자비에 감사할 따름이다.

이제『티벳대장경』속에 들어 있는 원측 스님의 책에 대해서 잠깐 이야기해 볼까 한다.

『티벳대장경』은 불경의 산스크리트어 원문이 남아 있지 않은 현 시점에서 가장 정확하고 충실한 번역본으로 최근 전 세계 불교 학계에서 각광받고 있다. 특히 티벳어가 산스크리트어와 문장 구조나 문법 체계가 매우 유사하고 번역자들이 자구 하나도 직역이 아닌 의역을 하면 범죄가 됐기 때문에, 그 문헌적 가치는 오늘날 원전에 버금 가게 인정받고 있다.

이처럼『티벳대장경』에 의한 불교 연구가 금세기 들어 새로운 분야로 떠오르면서 원측의 저술도 중국 불교사의 지하 구석에 파묻혔다가 다시 햇빛을 보게 되었다.

원측이 지은『해심밀경소(解心密經疏)』열 권은 유식학(唯識學)의 주석서이다. 유식학은 7세기 인도와 중국에서 전성의 꽃을 피우고 있었는데, 원측의 저서는 중국 유식학의 정통파를 비판하는 대립적인 입장의 저술이었기 때문에 오늘날 더욱 이목을 끌고 있다.

하지만 중국 불교사에서는 원측을 정통파가 아니라고 하여 망각의 세계에 파묻어 버렸다. 중국 유식학의 비조가 『대당서역기』의 저자로 당시 전설적 인물이었던 현장(玄奘)이었으니 더 무슨 말이 필요하랴!

원측(612~696)은 열다섯 살에 신라에서 당나라로 건너가 줄곧 유식학을 공부했다. 그리고 현장이 인도에서 돌아와 유식론과 유가론을 강의할 때 원측은 이미 그를 앞질러서 독자적으로 이것들을 강의하고 있었다.

심지어 이런 일도 있었다. 한 번은 원측이 『반야심경』을 해석하다가 현장의 번역과 같지 않아서 그의 제자들과 말썽이 생겼는데, 결국 원전을 놓고 따져 보니 현장의 번역이 잘못임이 드러나고 말았다는 것.

『티벳대장경』은 대부분 산스크리트어 원전을 번역한 것으로 한문에서 번역한 것은 얼마 되지 않는데, 그 적은 부분 중 원측의 저서가 끼여 있는 것은 그 가치가 대단히 높게 평가받고 있었음을 알게 해 준다. 더구나 『해심밀경소』의 한문 원전 중에 제10권과 제8권 일부가 탈락돼 없어진 오늘날, 이 주석서의 티벳어판은 유식학을 연구하는 데 가장 중요한 자료로서 세계 불교 학계에 크게 공헌하고 있다고 하니 불교에 문외한인 나도 가슴이 뿌듯하기만 했다.

2

라싸에서 서쪽으로 약 5백 킬로 가면 사카란 곳이 나온다. 이 곳은 티벳 불교의 일파인 사캬파의 탄생지이다. 그런데 바로 이 곳 사원에서 고려의 충선왕이 한때 유배돼 머무른 적이 있다.

때는 몽골족의 원이 아시아 대륙을 지배하던 1320년대였다. 일국의 왕이 종주국 황실에서 빚어진 권력 투쟁의 희생물이 되어 2만 리도 더 떨어진, 표고 4천 미터의 눈 위에 올라앉아 있어야 했던 비운을 그 나라의 백성인 나도 함께 느끼지 않을 수 없었다.

사캬는 그 곳에 사원이 처음 세워졌을 때의 '흰 암석의 땅'이란 지형적 의미를 넘어 후에는 '정치종교적 권부'를 뜻하는 낱말로 유라시아 대륙에서 통용되었다. 그것은 1260년 원의 황제 쿠빌라이에 의해 사캬파의 승려 팍파가 제국의 제사(帝師)로 지명된 뒤의 일이었다.

팍파는 한글이 팍파 문자를 많이 참고했다는 설 때문에 우리에게도 익히 알려진 인물이다. 원이 고려의 조정에 내려보낸 공문서가 팍파 문자로 되어 있었으며, 충선왕도 팍파 문자로 쓰여진 황제의 명에 의해 유배를 가게 되었던 것이다.

사실 사캬는 팍파가 죽은 뒤에도 원이 망할 때까지 제국의 정신적인 성지였다. 충선왕 역시 열렬한 티벳 불교의 신자였기 때문에 사캬에서의 유배 생활이 개인적으로는 큰 고통이 아니었을 수 있다. 그러나 그의 시호(諡號)가 말해 주듯이 충선에게는 유배까지도 종주국을 향한 '충성'일지 모르나, 식민지 백성들은 딸들의 징발을 포함하여 이루 헤아릴 수 없는 고통을 받았다. 심지어 뒷날 충선왕의 첫번째 비(妃)가 된 왕실의 딸까지도 공녀로 뽑혀 가다가 충선의 반발로 되돌려 보내졌다니 무릇 백성들의 경우는 말해 무엇하랴.

이야기를 좀 달리 해서,

우리 속담에 "송도 말년의 불가사리"란 말이 있다. 지금은 아주 못된 무뢰한을 이르는 말로 왜곡되었지만 원래의 의미를 기록한 『송남잡지(松南雜識)』에는 "송도 말년(고려 말)에 어떤 것이 쇠를 다 먹어치워서 죽이려 했으나, 죽일 수 없어서 불가살(不可殺)이라 이름을 붙였다"고

서울 경복궁 교태전에 있는 아미산 굴뚝의 불가사리

했다. 이 설화 속에는 '쇠로 상징되는 압제자'에 대해 철저히 저항하고 있는 백성들의 심리가 잘 나타나 있다.

설화 속의 압제자는 두말 할 것도 없이 원나라 총독부요 그 앞잡이인 고려의 관리들이었다. 불가사리는 처음엔 벌레였다가 쇠를 먹으면서 차츰 몸집이 커져 곰만했다가 다시 집채만큼 산만큼 하는 식으로 커지는데, 이것은 무한히 성장해 가는 백성의 힘을 상징했다.

창칼로는 절대로 죽일 수 없는 불가사리 이야기가 사람들의 입에서 입으로 전해지면서, 이 이야기는 눈덩이처럼 불어나 실제로 원나라의 국운도 필연이든 우연이든 끝없는 추락의 길을 걷게 되고 말았다.

티벳 불교가 원의 황실과 맺은 관계는, 종교적인 보증이 필요한 세속 군주와 정치적 보호를 받는 종교 지도자 간의 밀월이었다. 한마디로 제국의 식민 통치를 부처님의 법으로 인증해 준 티벳 불교는 부패하고 타락할 수밖에 없었다. 그 결과 치외법권을 누리며 횡포가 극에 달한 사

32

캬파의 라마승들은 인심의 반감을 초래하고 백성들의 원성의 대상이 되었다.

마침내 원이 멸망하자 사캬파의 독주 시대는 끝나고 퇴폐한 여러 교단들 사이에 주도권을 노린 싸움박질이 시작되었다. 이 때 쫑카파(1357~1419)에 의한 종교개혁이 일어났는데, 그가 세운 겔룩파는 원시불교의 정신으로 돌아가기 위해서 걸식하는 복장에 황색 모자를 쓰고 덕행과 엄격한 계율을 지켰기 때문에 티벳 전역에서 사람들의 환영을 받아 그 세력이 확대되었다. 이것이 오늘날 달라이 라마의 원류가 된 황색 모자파(黃帽派)이다.

그런데 그 타락한 성지 사캬에서 충선왕은 무엇을 생각하며 2년여의 세월을 보냈을까?

충선왕의 몽골 이름은 이지리부카였다. 그의 어머니는 쿠빌라이의 막내딸인 쿠두루칼리미쉬로(고려 이름으로 제국공주)였고, 충선의 정비(正妃) 역시 보다시리라는 몽골의 공주였다.

원 황실은 그걸 노렸겠지만, 충선왕의 몸 속에 흐르는 피와 그를 둘러싼 환경은 그를 반쯤은 몽골인으로 착각하게 만들었다. 그 예로 재위 기간의 거의 전부를 충선왕은 원나라의 수도 북경에서 보냈을 뿐 아니라, 말년에는 고려에서 왕의 귀국을 강력히 원하였는데도 그는 가지 않고 왕위를 아들에게 물려주면서까지 계속 북경에 머물렀던 사실만으로도 대강 짐작할 수 있다.

충선왕은 출생부터 결혼, 즉위, 퇴위, 복위, 귀양 등이 모두 원나라와의 관계에서 이루어졌다. 원나라의 극심한 간섭과 지배가 초래된 것도 충선왕 때부터였다. 충선왕이 원나라의 일개 사신에게 국인(國印)을 빼앗기고 왕위에서 밀려난 이후로 이런 사례는 거의 대(代)마다 일어났다.

충숙왕, 충혜왕 들이 모두 원나라에 의해 왕위에 앉혀졌다가 쫓겨나고 다시 앉혀지고 했으며, 심지어는 원나라 사신들이 왕을 발길로 차고 원나라로 압송하는 일까지 일어났다.

충선왕의 유배지 사캬는 이러한 식민 통치를 정당화시키는 정신적 모체였다. 일반적으로 종교는 오히려 권력의 비호 속에서 악을 조장한 역사적 경험을 갖고 있다. 몽골 치하의 러시아 정교회가 그랬고, 로마 교황이 1934년 히틀러 정부와 사이 좋게 종교조약을 맺어 결국 나치즘에 대해서 사람들의 정신을 무장 해제시킨 경우도 그렇다.

그러나 오늘날 티벳 불교는 정반대로 중국의 침략에 맞서 처절하게 싸우고 있다. 그 처절함의 의미는 티벳에서는 아힘사(비폭력 투쟁)로 나타난다. 달라이 라마는 아힘사가 투쟁의 원천이며 적을 친구로 교화시킬 궁극적 자비라고 말한다.

나는 여기서 불가사리를 생각해 보게 되었다. 불가사리 신화에는 시공을 초월한 진리가 담겨 있다. 불가사리는 결코 무력으로는 죽일 수 없다. 바로 이것은 아힘사와 같다. 불가사리는 쇠를 먹어치우며 자꾸만 힘이 강해지는 평화의 상징이다. 비폭력 평화운동은 불가사리와 같이 처음에는 벌레만큼 하잘것없고 작지만 갈수록 커져서 마침내 지구 자체가 될 것이다.

사캬에 유배된 충선왕을 생각하면서 맺는 글이 이러한 것도 내가 아마 과거에 식민지의 아들, 불가사리의 아들이었기 때문인지 모르겠다.

3

벼의 껍질을 벗기면 쌀이 되는데, 까마득히 오래 전에는 벼와 쌀이 구분 없이 쓰였던 모양이다. 어원을 살펴볼 때 벼·쌀은 우리가 잘 아는, 하지만 깜짝 놀랄 의외의 경로를 통하여 한반도로 들어왔다고 한다.

상식적으로 벼·쌀의 유래는 인도와 동남아시아의 습지대를 타고 올라오는 남방 코스를 생각하기 쉬우나 이와는 정반대로, 인도에서 티벳 고원을 넘어 몽골, 만주 초원의 건조지대를 경유하는 북방 코스로 들어왔다는 것이다.

좀 구체적으로 보면, 쌀은 산스크리트어 샬리가 티벳에서 살루, 몽골에서 살리, 그리고 만주와 한반도로 와서 쌀로 되었으며, 벼는 브라스→브라스→브라스→벨라→벼로 되었다고 한다.

내가 라싸에 와서 쌀과 벼의 어원을 떠올린 것은 선조들의 숨결을 이역 만리 눈(雪)의 나라에 와서 느낀 감회 때문이다. 내가 티벳에 대해 처음으로 적극적인 관심을 갖게 된 것은 발해 때문이었다. 고구려 붕괴와 발해 건국 사이의 30년간을 소설로 쓰면서 앞에서 본 벼·쌀의 경로가 하나의 벨트로 묶이는 문화권일 수 있겠다는 사실을 새롭게 발견하고 무척 놀랐다.

발해의 건국은 당시의 국제 정세로 보면 당나라가 앞의 '경로'에 해당되는 지역에 있던 나라인 티벳, 돌궐, 거란 들과 싸우는 와중에 고구려와 말갈의 유민들이 독립전쟁을 일으켜 쟁취한 것이었다.

또 한편 신라가 이 당시 당나라의 침략에서 비교적 자유로울 수 있었다면, 그것은 티벳의 급부상이라는 대단히 중요한 국제적 변수가 있었기 때문이다. 그 때 중국은 대부분의 군사력을 티벳과의 전쟁에 배치했는데 이런 연장선상에서 1세기 뒤에는 당나라의 장안이 티벳에 점령당했을 정도이다.

내가 본 이 문화권은 이와 같이 중국의 서·북·동을 둘러싼 정치적 벨트—중국에서는 이들을 서융·북적·동이의 오랑캐라고 불렀다—라

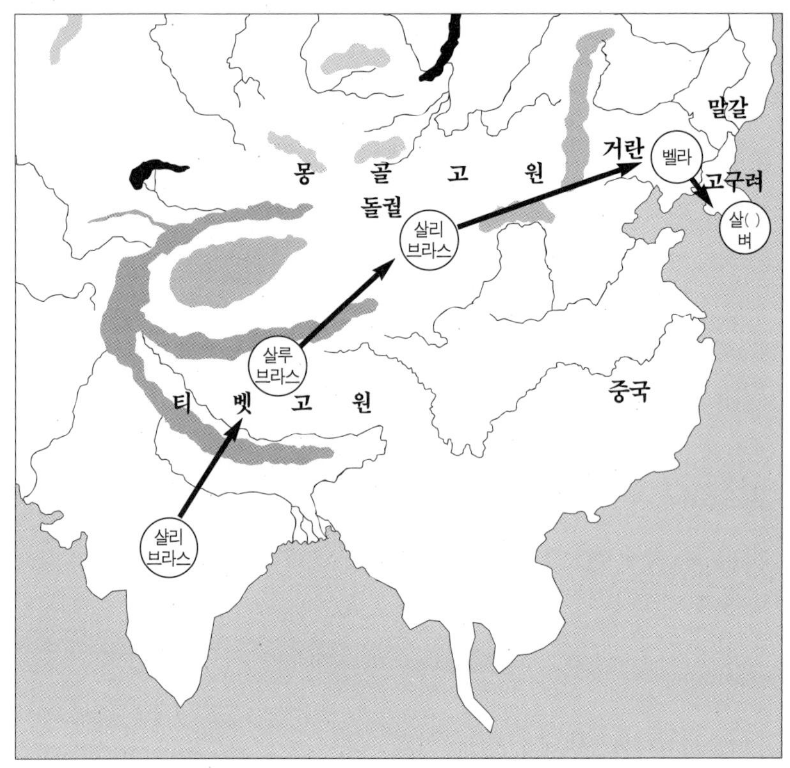

벼·쌀에 대한 어원의 전파 경로

는 점 외에도 샤머니즘이라는 공통 분모를 가지고 있었다. 이는 후에 티
벳 불교가 이 문화권에 쉽게 안착하게 된 것과도 깊은 관련이 있어 보
인다.

사실상 티벳 불교의 영향이 가장 적은 우리 나라에서조차 일찍이 밀
교(密敎, 티벳 불교의 전신)가 국가 불교인 적이 있다. 『삼국유사』에 따르
면, 삼국 통일의 과정에서 가장 어려웠던 당나라와의 전쟁을 승리로 마
무리짓게 하는 데 바로 이 밀교 계통인 신인종(神印宗)이 결정적인 역
할을 담당하였다고 한다. 해전에서의 명랑, 육전에서의 김유신은 밀교

36

신앙을 십분 활용한 대표적인 인물이다.

나는 4년여에 걸쳐 앞의 '경로'에 해당되는 지역들을 돌아다녀 보았는데, 이들 정신 세계의 심층이 서로 매우 동질적이라는 사실을 피부로 느낄 수 있었다. 그것은 고대로부터 내려온 '해 숭배'와 '중얼거림'이 중심을 이룬 샤머니즘의 무의식이었다.

이러한 샤머니즘의 무의식은 문명인들이 흔히 생각하듯 결코 열등한 것이 아니었다.

일례를 들어 보자. 티벳에 불교가 수용되는 과정에서 중국 불교와 인도 불교 사이에 논쟁이 있었다. 790년대 중엽, 왕을 중앙의 상좌에 모시고 중국승 마하연과 인도승 카말라실라가 논쟁하였는데, 쉽게 말하면 관념론 대 실천론의 대결이었다. 여기서 잠깐 소개하면, 마하연은 불사(不思)·불관(不觀)의 좌선을 닦으면 그대로 부처가 되어 윤회의 속박에서 벗어날 수 있다고 주장한 반면, 카말라실라는 자비로운 마음으로 이타(利他)를 행함과 동시에 깨달음을 지향하고 자기만을 위해서 열반을 추구하지 않아야 하는 것이 부처의 가르침이라고 했다.

결국 왕은 인도 승려의 손을 들어 주었는데, 그 후에 티벳 사람들은 탄트라 계통의 인도 불교와 자신들의 샤머니즘적 심성을 결합하여 고차원의 티벳 불교를 창조해 냈다. 적어도 이것은 샤머니즘적 심성이 우주적인 책임감으로까지 고양될 수 있는 원동력으로 작용한다는 사실을 잘 보여 주고 있다. 여기서 우주적인 책임감은 티벳 불교의 핵심인 무한한 지혜로 무한한 자비를 행하고자 하는 열망을 뜻한다. 예를 들면 보살로 번역되는 보디사트바는 보디가 '궁극적 실재에 대한 지혜'를 뜻하고 사트바가 '대자대비심을 일으키는 사람'을 가리킴으로써 바로 우주적인 책임감을 갖는 불자들(내가 본 티벳인들)을 일컫는다는 사실이다.

중국 본토를 우회하는 앞의 '경로'(벼·쌀의 이동로와 일치하는 문화 벨트)는 오늘날 기껏해야 실크로드나 중국의 변방사 관점에서 다루어지는 것이 우리의 현실이다.

사실 실크로드란 것도 패권주의적 혐의가 짙은 용어인데다가 반제국주의 이념을 표방하는 중국이 이 용어를 즐겨 쓴다는 점도 한 번쯤 의심해 볼 일이다. 대개는 탈중국적 관점 하면 으레 실크로드 관점인 것으로 오인하는 경향이 있다. 물론 실크로드 관점은 동의 중국보다는 서의 로마를 중시하고 문화도 서에서 동으로 전파되었음을 강조한다는 점에서 탈중국적일 수밖에 없다. 그러나 주지하는 것처럼 실크로드는 로마와 중국을 잇는 긴 교역로이기 때문에 그 중간의 나라와 도시들은 중개무역과 문화 전파의 일개 거점으로밖에 취급되지 않는다. 따라서 아시아에서는 중국이 로마적인 중심이 될 수밖에 없고, 바로 이 점 때문에 실크로드 관점은 패권주의란 측면에서 본질적으로 중화주의와 일맥상통하게 되는 것이다.

그런데 남북으로 뻗은 앞의 '경로'는 실크로드의 동맥인 동서 간선(幹線)에 비해 그것을 보강하는 정도의 지선(支線)으로밖에 주목받지 못해 왔다. 실상 주목이랬자 굶주린 이리처럼 잔인하고 전투에 능한 야만족들이 우글거리는 지대쯤으로 인식되어 왔다.

그와 같은 인식과는 정반대로 역사적 사실을 보면, 소위 미개와 야만을 대표하는 이 벨트는 5천 년 중국 역사의 절반 이상을 지배한 세계이며, 적어도 13세기 이후에는 특히 몽골족과 만주족의 경우에 중국 문명에 동화되는 것을 막는 한편 한족(漢族)을 교화시킬 목적으로 티벳 불교를 수용하고 신봉해 온 독자적인 문명권이었다. 아마도 그런 의미에서 티벳 불교가 문명인들한테 미개한 종교로 알려져 있는지 모르지만 이는 터무니없는 중상모략이다. 종교에서 높낮이를 따지는 것이 어리석은 일이긴 하지만 티벳 불교는 조금도 중국 불교에 뒤지지 않는 고귀한 정신의 종교임에 틀림없다.

　오늘날 주변부 문명권으로 전락한 이 벨트에 대한 올바른 이해는 우선 앞서 말한 두 관점(실크로드와 중화주의)의 지양을 전제로 해야 할 것이다. 이것은 패권주의 문명관이 아닌 공존과 평화의 패러다임으로 문명을 새롭게 해석하는 문제와 직결된다.

　좀 거창하게 말해서 이 새로운 문명관은 인류 미래의 사활과 관련돼 있다고 할 수 있다. 여기서 길게 말할 수 없지만, 새로운 문명관은 본질적으로 자연과 인간의 관계 설정, 이를테면 인간의 문명이 자연을 정복하면서 시작됐다는 서구적 문명관의 극복에까지 닿아 있어야 한다(이 책 '티벳에서 온 편지 3' 참조).

　그런 의미에서 이 벨트 혹은 문화권이 재해석되고 동시에 우리의 정신 세계에 심층적으로 깊숙이 연결되어 있다는 사실에 주목한다면, 그 속에 잠재된 무한한 에너지를 퍼올리는 일은 매우 긴요하고 시급하다. 적어도 티벳 문명을 이러한 문화 벨트 속에서 이해할 때, 우리는 새로운 문명의 에너지를 퍼올리는 하나의 중요한 작업을 시작하게 되는 셈이 아닐까?

옷깃의 여민 방향이 뒤바뀐 6대 달라이 라마

포탈라 궁에 있는 크고 작은 방들은 구백구십구 개나 되는데다가 크고 작은 방들과 복도, 계단 따위가 모두 비슷비슷해 머릿속에서 도무지 구별이 가지 않았다. 마치 미로 속에 들어온 듯했다. 여기서 평생을 들키지 않고 쥐랑 함께 숨어 살아라 해도 그럴 수 있을 것처럼 보였다.

이런 곳은 상상력을 무한히 자극한다. 당장에 무슨 음모가 진행되어 사건이 꼬리를 물고 일어날 것만 같다.

창문 너머로 보이는 마을에는 비련의 여인이 금지된 사랑의 마지막 전갈을 목 타게 기다리고 있으며, 술집에서는 평민 친구 몇 명이 언제쯤 그가 나타날지를 놓고 내기 도박을 벌이고 있을, 그는 과연 누구일까?

오늘처럼 비 개인 날 지붕 위로 올라가면 그는 한 마리 새가 된다. 라싸 강이 흐르는 푸른 초원에는 야크 서너 마리가 풀을 뜯고 있다. 축축한 산들은 안개구름을 모락모락 피워 올린다. 이백오십 년 뒤 그의 몇 번째 환생인 한 소년(현재의 14대 달라이 라마)이 수업 시간이 끝나자마자 망원경을 들고 뛰어 올라왔던 이 지붕……

나는 실제로 그(6대)의 방에 들어가자마자 내 눈을 의심할 정도로 어리둥절했다. 사실 이 이야기는 그 충격 속에서 엮여 나온 것이다. 다른 방들에 있는 열두 명의 달라이 라마와는 달리 오직 그만이 옷깃의 여민 방향이 뒤바뀐 옷을 입고 있지 않은가!

왜 그랬을까?

이야기는 수백 년 전 6대 달라이 라마(1683~1706) 때로 거슬러 올라간다.

온 천지가 새하얗게 눈으로 뒤덮여 있었다. 흑빛의 밤하늘과 하얀 고원이 맞닿아 있어서 그런지 주먹만한 노란 별들은 금방이라도 눈 속에 파묻힐 듯이 보였다.

그는 창가에 턱을 괴고 밀랍처럼 이 광경을 바라보고 있다가도 가끔 너무나 고통스런 표정을 지었다. 마치 넋 나간 것처럼 눈은 초점을 잃고 허공을 공허하게 부유하고 있었다.

하지만 노란 별은 어느 새 애인의 모습으로 변하여 그의 곁에 와 있었다. 여인은 속삭이듯이 흐느끼며 말했다.

우린 헤어져야 해요. 난 당신을 불행하게 할 수 없어요.

그럴 순 없어.

당신은 달라이 라마예요!

나를 더 이상 괴롭히지 마.

나 같은 하찮은 계집은 잊어버리세요, 네? 지금 세상 사람들이 수군거리는 소리를……

그만 그만.

그는 고개를 내흔들며 책상 앞에 가 앉았다.

여전히 밖은 아름답건만 더는 바라볼 수 없어 돌아섰다. 내 마음을 온통 빼앗은 나의 별! 헤어져야 한다는 건 알지만 그대의 떠오르는 얼굴을 지울 수가 없다. 내가 그대를 잊고 무엇을 할 수 있을까? 그대는 나의 마지막 버팀목이란 걸 왜 모를까? 내일이면 그대의 결심처럼 그대의 집 노란 대문도 열리지 않겠지. 나는 어떻게 될까? 무섭다. 나를 죽이려고 하는 적들의 발자국 소리가 들리는 것 같다. 사방에서⋯⋯. 그대여, 나의 흰 두루미여.

그는 여기까지 쓰고는 붓을 떨어뜨렸다. 거의 뜬눈으로 날을 샌 그는 새벽녘에야 겨우 잠이 들었다. 그러나 꿈 속에서 끝없이 쫓겨다니다가 적의 군대한테 잡힌 순간, 까무라치게 놀라 깨어났다.

예사롭지 않은 꿈이었다. 앞일을 현시한 것이 틀림없었다. 그는 이제 자신의 최후가 얼마 남지 않았다는 것을 알았다. 긴 머리채를 움켜잡은 채 지난날들이 주마등처럼 스쳐가는 걸 그냥 내버려 두고 있었다.

세 살 때 그가 상게 갸초를 만나는 순간, 이미 일생의 운명이 결정되어 버렸다. 상게 갸초는 당시 나라를 실질적으로 다스리는 섭정(달라이 라마의 행정 대리인)이었다. 어린아이인 그가 소년이 되어서 섭정의 부름을 받고 포탈라 궁에 들어갈 때도 누군가의 손에 붙들려 비밀리에 들어가야 했다.

섭정은 소년의 머리를 삭발해 주었고 판첸 라마한테서 수계를 받게 했다. 그 후로 소년은 읽고 쓰는 법과 경전에 대한 공부를 했는데, 그 모든 것이 은밀히 이루어졌다. 포탈라 궁은 당시 건설 공사중이라서 부산했기 때문에 비밀이 지켜지기는 비교적 쉬웠다.

소년은 커 가면서 자신을 둘러싼 어떤 심상치 않은 비밀이 있다고 느껴지자 그것이 몹시 알고 싶어졌다. 그러던 차에 이상한 소문을 듣게 됐다. 5대 달라이 라마는 이미 오래 전에 사망했는데 섭정이 그 사실을 숨기고 있다는 것이며, 어쩌면 섭정도 죽은 달라이 라마의 아들일지 모른다는 해괴망측한 내용이었다. 그러나 소년은 자기 자신에 대해 쑥덕대는 소문에 대해서는 아직 아무런 이야기도 듣지 못했다.

어느 날 소년은 쥐도 새도 모르게 7층에 있는 달라이 라마의 침실로 들어갔다. 물론 달라이 라마는 극소수만이 아는 출입이 엄금된 '안거실'에서 무기한 명상에 들어갔기 때문에, 거기에 있을 리 없었다. 그러나 소년은 그 침실에 들어가면 달라이 라마의 생사에 대한 어떤 실마리가 잡힐 것 같은 예감에 사로잡혀 있었던 것이다.

소년은 무엇에 이끌리기라도 한 듯 침실에 있는 가구며 침대며 휘장들을 더듬거렸다. 방 안에 있는 모든 게 친숙했다. 이 친숙함이 자신에 대한 비밀과 어떤 연관이 있을지 모른다는 의구심이 들었다. 아니, 처음부터 그걸 예상하고 뛰어들었다는 게 옳다.

소년은 자꾸만 제단 위의 램프에 눈길이 갔다. 그리고는 곧 이 방은 채광이 좋지 않아서 자주 램프를 켰던 기억이 났다. 또 흐린 날이면 심지가 타면서 녹는 드리 버터 냄새가 온종일 진동했던 기억도 차츰 새로워졌다.

소년은 순식간에 자신이 5대 달라이 라마의 환생이며, 섭정은 자기를 세 살 때 찾아 내 그 사실을 확인하고 비밀리에 교육시켜 왔다는 것을 깨달을 수 있었다.

설마가 현실로 다가오자 소년은 이 모든 것에서 멀리멀리 도망치고 싶었다. 그러나 도망은커녕 뼈가 으스러질 듯한 고통 속에서도 진실을 알아 내겠다는 의식은 더욱 명료해졌다.

소년은 눈을 감았다. 그렇다면 지금 안거실에서 명상중인 사람은 누구인가? 섭정은 왜 돌아가신 5대 달라이 라마를 살아 있는 것으로 위장해 이런 엄청난 죄악을 저지르고 있는가? 권력에 완전히 눈이 먼 것일까? 과연 그는 떠도는 소문을 듣고나 있는 걸까?

그러나 소년이 그 때까지 보아 온 섭정은 결코 탐욕스런 위선자가 아니었다. 오히려 소년은 섭정을 자신이 가끔 넋을 놓고 쳐다보곤 했던 탕카스(수놓은 비단천으로 된 걸개그림)에 그려진 티벳의 가장 위대한 영적 스승 밀라레파를 닮은 자신의 사표로 생각하고 있었다.

그 뒤로 소년은 또다시 못 들을 말을 듣고 말았다.

안거실에서 명상중인 것처럼 하고 있는 가짜 달라이 라마가 도망치다가 붙들려 왔는데 자신을 풀어 주지 않으면 모든 걸 폭로해 버리겠다고 날뛰다가 거지반 초주검이 되어 있다는 것이었다.

소년은 그 비밀의 방인 '안거실'로 찾아 들어갔다. 그는 숨어서 섭정의 목소리를 들었다.

이 궁이 머잖아 완성될 테니 그 때까지만 참아 주기 바라네.

뭐라고 대꾸하는 가짜 달라이 라마의 신음 소리와 함께 소년은 모든 게 사실임을 확인하고 넋이 나가서 돌아왔다.

그는 어떤 계시를 받은 것처럼 지금 자신이 섭정을 이해하고 있는 사실에 놀라워하고 있다. 그러나 그 당시 십여 년 전은 물론이고 방금 전까지만 해도 섭정은 용서할 수 없는 위선자였다.

추악한 진실을 목격한 소년은 그 뒤로 걷잡을 수 없이 방탕한 생활로 빠져들었다. 아름다운 여자를 탐닉하고 술을 마시며 부랑한 친구들을 사귀었다. 그는 세속의 권위뿐 아니라 영적 권위에 대해서 더욱 비웃었다.

그러던 어느 날 마침내 올 것이 오고야 말았다. 소문은 이제 삼척동자라도 모르는 사람이 없게 되었고, 청나라 황제까지 개입하는 사태가 빚어졌다.

섭정은 더 이상 진실을 숨길 수 없게 되자 5대 달라이 라마가 15년 전에 이미 사망했다는 사실을 공식 발표하고 열다섯 살의 그를 전임자의 환생이라고 선포했다.

그런데 우연인지 필연인지 5대 달라이 라마 때 시작된 포탈라 궁의 공사가 그 직전에 막 완성을 보았다.

밖은 어슴푸레 날이 밝아 왔으나 램프를 켜지 않은 방 안은 아직도 깜깜했다. 그는 여전히 머리채를 움켜잡은 채 그 앞에 다가와 있는 섭정의 환영한테 말을 하듯 포탈라 궁이 완공된 의미를 생각하고 있는 중이었다.

……나의 선대는 전생사상(轉生思想)을 완성하여서 달라이 라마가 관음보살의 전생이라는 위대한 교의를 확정하셨지. 그분이 포탈라 궁을 짓기 시작한 것은 이 지상에서 달라이 라마의 영원한 거처를 마련하기 위한 거였어. 입적을 눈앞에 둔 그분은 공사 도중에 자신의 죽음이 선포될 경우 전생사상은 이어질 수 없을 거라고 확신하셨던 거야. 그렇게 되면 청나라와 몽골은 우리 나라를 자기들 마음대로 조종하기 위해서 깔마파나 사캬파 등 다른 교단들을 이용할 텐데, 우리 겔룩파와 이 나라는 어떻게 되겠는가? 그러나 이 성전은 티벳의 유일한 왕이 달라이 라마란 사실을 한 순간도 잊지 않게 해 줄 것이 아닌가. 이 위대한 성전이 있는 한 달라이 라마는 영원히 존재한다. 이것이 선대의 유지를 이어받은 섭정의 뜻이 아니었을까…….

하지만 9년 전 15세의 젊은이 창양 갸초가 이 위대한 포탈라 궁에서 6대 달라이 라마로 취임하였을 때, 그의 마음 속은 이루 헤아릴 수 없는 수치심으로 가득 차 있었다.

달라이 라마가 된 젊은이는 자기를 가장 괴롭히는 영적 위선의 올가미를 단호히 거부해야겠다고 생각했다. 그리하여 마침내 성인 승려가 되기 위해서 필수적으로 받아야 하는 겔룽의 계를 물리치고 이미 받은 게출(사미계)까지도 포기한다고 선언해 버렸다.

그는 티벳 불교의 최고 지도자로서 승려가 되기를 거부한 것이다. 삭발한 머리를 치렁치렁 기르고 승복 대신 속인의 옷을 입고서 라싸 거리를 활보했다. 뿐만 아니라 거리의 여자들과 잠을 자고 주정뱅이들과 고성 방가하며 어울려 다녔다. 그러나 그의 고통스런 방황은 사랑하는 여인을 향해서만은 걷잡을 수 없는 정열로 불타올라 보석같이 아름다운 연가들을 토해 내기도 했다.

창양 갸초의 이러한 행동을 티벳의 승려들과 백성들은 어떻게 소화해야 할지 몰랐다. 그는 한 사람의 피끓는 청년이기 이전에 일국의 달라이 라마였다. 이제 그는 걱정하는 목소리를 넘어서 사람들의 원성의 대상이 되어 있었다. 비난이 쏟아지고 흥분하여 돌을 던지는 자까지 생겼다. 이것은 청나라와 몽골이 티벳 정치에 개입할 좋은 빌미를 주었다.

그 두 나라의 군주는 창양 갸초가 달라이 라마로서 자격이 없다며 폐위시키고 자기들의 꼭두각시가 될 새로운 달라이 라마를 앉히려고 획책했다.

바야흐로 이 계획은 청나라의 강력한 후원 아래 몽골 군대가 행동으로 옮길 참이었다.

자신의 일생을 돌아본 그는 움켜잡고 있던 긴 머리채를 내려뜨린 채 조용히 눈을 감았다. 다가오는 일들을 평정한 마음으로 맞기 위해 참으로 오랜만에 명상에 들어갔다. 아침을 그대로 물리고 꽤 시간이 흐른 뒤

얼굴 가득히 따사로운 겨울 햇살이 느껴져 눈을 떴다.

베란다에서 둥카가 그를 쳐다보고 있었다. 작고 검은 새 둥카의 붉은 부리가 그에게 무슨 말인가를 거는 듯 보였다.

알았노라. 둥카여…….

이 때 몽골군이 궁을 침입해 들어오고 있다는 급보를 받았다.

그는 피를 흘리지 말라고 명령했다.

한 시간쯤 뒤 그는 몽골군에게 납치되어 끌려나갔다.

그의 마음은 지극히 평온하였다. 흰 눈 덮인 산과 초원을 하염없이 바라보았다. 뺨을 타고 흐르는 눈물이 곧 얼어붙었다. 살을 에는 바람은 정화된 그의 마음에 일종의 법열(法悅)을 느끼게 했다. 그는 티벳의 모든 것이, 특히 그 자연의 혹독함이 그렇게 사랑스러울 수가 없었다.

나는 다시 돌아오리라
이 아름다운 눈의 고장으로
그 땐 백궁과 홍궁 그리고 금빛 지붕이 나를 반기리
옴마니반메훔…….

그의 만트라(진언)가 채 끝나기도 전에 어디선가 뛰쳐나온 습격대에 의해 그는 다시 구출되었다. 습격대는 그를 구하기 위해 목숨을 걸고 달려든 그의 백성들이었다. 그들 중에는 주정뱅이 친구도 섞여 있었다. 그는 속으로 빙그레 웃었다.

탕아였던 나를
비난하고 돌 던졌던 그대들이
이렇게 또 적들에게서 구하여

포탈라의 높은 황금 지붕 위에 다시 세우려는 것은
눈물겹도록 고맙지만
꼭 지금이 아니라도
꼭 이 때가 아니라도
늦지 않았노라…….

습격대들은 라싸 북쪽의 한 사원으로 그를 데려가 보호하고 있었다. 그러나 곧 몽골군이 들이닥쳐 사원을 포위하자 수많은 사상자가 날 것을 우려한 창양 갸초는 자진해서 몽골군에게로 갔다.

그러면서 그는 자기의 백성들을 뒤돌아보았다. 그의 눈은 이렇게 말하고 있었다.

나의 죄를 용서해 다오.
우리가 스스로 티벳을 지킬 수 없다면
달라이 라마, 판첸 라마, 위대한 모든 신앙의 수호자들도 사라져서 이름조차 기억되지 않고
백성들은 거지처럼 구걸하며 날마다 계속되는 고통 속에서 신음하게 될 것이다.
나는 지금 몽골군에게 끌려가지만
이것은 마치 고기를 주문하는 사람 때문에 가축이 도살되는 것과 같으니
뒤에 있는 중국을 경계하라.

나는 지금 6대 달라이 라마의 방에 서 있다. 이 글의 첫머리에서도 말했지만, 오직 유일하게 옷깃의 여민 방향이 뒤바뀐 그를 보고 참으로 괴이한 생각을 지울 수 없었다.

우임인 한족 옷(ᅩ형 옷깃)

좌임인 고구려 옷(ᅩ형 옷깃)

　그런데 문득 떠오르는 생각이 있었다. 전통적으로 중국의 한족은 우임(右衽), 다른 민족은 좌임(左衽)을 했다는 사실이다. 우임과 좌임은 위의 그림과 같다.

　중국에서는 특히 좌임을 호복(胡服, 오랑캐 복장)이라 하여 멸시했는데, 다른 민족들의 경우 중국화되면서 좌임을 우임으로 변화시키는 것이 일반적이었다. 우리 나라도 고구려 벽화에 좌임과 우임이 섞여 있는 걸 보면 예외는 아니었던 듯하다.

　이것은 역사적 상상력을 동원한 것이지만, 6대 달라이 라마가 중국의 손에 죽은 걸 상징하기 위해 그의 옷에 중국식 복장을 대표하는 우임을 해 놓지 않았을까 하는 생각이다. 비록 몽골군에 끌려간 최후였지만 그 뒤에는 큰손 중국이 있었기 때문에, 그리고 현재 14대까지 내려오는 달라이 라마 중 침략자에 의해 죽임을 당한 사람은 6대가 유일하기 때문에.

고구려 벽화의 복희여왜 그림을
사천성 박물관에서 새롭게 생각하다

사천(四川) 하면 세 가지가 떠오른다. 사천 요리와 고구려와 복희여왜 신화이다.

우리 나라 사람들의 입에 대체로 맞는 중국 음식은 매운맛을 잘 내는 사천식이다. 음식이 맞으면 기질도 맞는지 모르지만, 공항에서 호텔로 가는 도중 차창 밖으로 내다본 성도(成都) 시내는 중국의 어느 도시보다도 낯설지 않았다.

그 낯설지 않음 속에는 고구려의 마지막 왕인 보장왕과, 평양성을 끝까지 사수하다가 자결까지 시도했던 연남건(연개소문의 차남)이 유배된 지역의 주도(主都)란 사실도 작용했을 것이다. 더욱이 글의 주제인 복희여왜 신화의 주무대가 이 곳인데다가, 또 이 복희여왜 그림이 이역만리 떨어진 우리 고구려 무덤벽화 속에서 너무나 고구려답게 재현되어 살아 숨쉬고 있기 때문이었다.

성도에 도착해 제일 먼저 책방에 들러서 복희여왜 신화에 관련된 책들을 찾아보았으나 가까스로 『여왜의 신화와 신앙』 한 권을 건졌을 뿐

이었고, 이에 관한 정보와 자료를 구하러 곧바로 사천성 박물관으로 갔
지만 사정은 전혀 나을 게 없었다.

나는 잠시 당황했다. 이 곳이 신화의 주 무대라고 내가 혹시 잘못 알
고 있는 것은 아닐까? 그러나 곧 중국의 저명한 신화학자 원가(袁珂)가
복희 신화의 무대는 아마 사천성 성도일 거라고 한 것을 기억해 내고는

그림 가 복희여왜 화상전(畵像磚, 그림이 새겨진 벽돌), 사천성 팽산현 출토, 동한(東漢) 시대

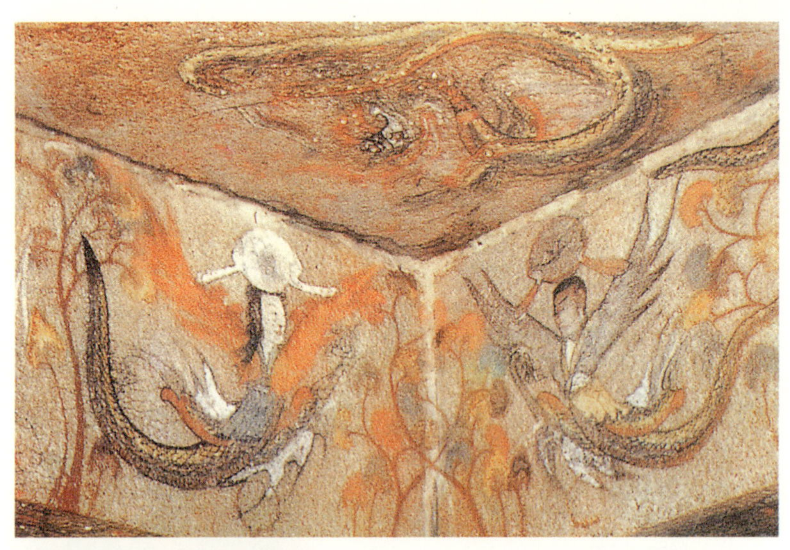

일단 안도했다.

기대가 크면 실망도 크다는 말을 실감하면서 진열된 유물들을 맥없이 둘러보며 쓱 지나가는데 이상하게도 눈에 번쩍 띄는 게 있었다.

먼저 앞쪽의 그림을 봐 주기 바란다.

이제 다시 이 두 그림을 살펴봤으면 한다. 그림 (나)는 집안 4호분의 고구려 벽화이고 그림 (다)는 우리 나라 국립중앙박물관에 있는 투르판 출토 유물이다.

여기서 독자들은 앞의 그림과 이 두 그림 사이에 어떤 차이가 있는지를 생각해

52

보기 바란다. 힌트는 머리와 꼬리를 비교해 보는 것. 자, 이제 눈치챘을 것이다. 그림 (가)는 용의 꼬리 부분에 사람의 상반신이 있고, 그림 (나)와 (다)는 뱀의 머리 부분에 사람의 상반신이 있다. 완전히 뒤바뀐 도상(圖像)이지 않은가.

나는 그 동안 인수사신(人首蛇身)이나 인수용신(人首龍身)형, 즉 머리는 사람이고 꼬리는 뱀 혹은 용의 모습을 한 도상만 보아 왔기 때문에 한마디로 충격이었다.

그런데 이 충격으로 인해 나한테서 깨져 나간 것은 도상을 해석하는 차원이 아닌, 미술 자료를 보는 나의 눈, 좀 거창하게 말해서 신화 세계를 보는 시선의 비전이 달라지는 차원의 것이었다.

신화란 주지하는 대로 인류가 자연에 대해 품은 최초의 의식이다. 인간이 죽으면 육체는 썩고 무언가가 그를 떠나는데, 그게 바로 신화의 본질인 생명이다. 그러니까 자연과 인간을 연결하는 가장 고귀하고 신성한 끈이 생명이란 생각 속에서 신화는 탄생했다. 말하자면 신화는 죽음에서 생명의 본질을 찾는 무덤 문화라 해도 과언이 아닌 것이다.

오늘날 우리가 보는 복희여왜 그림은 모두 다 무덤 속에서 나온 것들이다. 그러면 무덤은 어떤 곳인가? 생명의 제2자궁이다. 지금도 사람들은 자궁처럼 생긴 땅을 명당이라고 말한다. 신화적 의식에서 볼 때 생명은 순환하기 때문에 죽음은 곧 재생을 의미한다. 고대인들은 무덤이 재생의 질(質)에 결정적인 영향을 미친다고 믿었다. 요컨대 무덤 속의 그림은 더 나은 재생을 기원하며 신에게 바치는 일종의 찬송가요 기도문이었다.

내가 앞에서 그림 (가)를 본 순간 충격이었다고 한 것은 바로 그 그림에서 느낀 생생한 목적성 때문이었는데, 이는 그림 (가) 옆에 진열되어 있던 다음 그림 (라)와 비교되면서 확연히 느낄 수 있었다. 동시대,

그림 라 복희여왜 화상전(畵像磚), 사천성 숭경현 수집, 동한(東漢) 시대

동지역에서 출토된 그림이 이렇게도 다를 수가 있을까?

미술사학자들은 이 차이를 양식적인 범주에서 파악하려 할지 모르겠지만, 나는 양식을 뛰어넘은 표현의 자유를 보지 않을 수 없었다. 무덤 주인 혹은 기도자의 바람이 무엇이었느냐에 따라 표현은 달라질 수 있는 것이 아니었을까?

제작자가 표현의 양식에 아무리 많은 장애를 받았다 하더라도 근본 정신은 무덤 속의 사람이 무얼 염원하느냐 하는 것이었기 때문에, 내 생각으로는 그 그림(확대해서 고고 미술 자료)을 보는 핵심은 '무덤 속의 우주관'이라는 것이다.

사자(死者)의 생명은 어디로 가는가? 그가 먼 여행을 끝내면 어떤 존

그림 마 무용총 주실 천장 별자리 그림, 6세기

재로 다시 돌아오는가? 그의 운명을 주관하는 것은 무엇인가? 그리고 이러한 생명의 순환과 운행은 대우주 속에서 어떻게 이루어지는가? 복희와 여왜는 왜 여기 있으며, 왜 무덤 속에 그런 모양으로 그려져 있는가?

이 글의 주제와 관련된 마지막 질문에 답하려면, 우리는 먼저 무덤의 우주관을 생각해 보지 않으면 안 된다. 즉 복희와 여왜는 우주론적으로 어떤 존재인가 하는 점이다.

그런데 우리의 주된 관심은 고구려 벽화에 있기 때문에 이러한 점들을 고구려 무덤 속에서 생각해 보는 게 좋겠다. 무덤 안에는 그림 (마)에서처럼 별자리 그림이 수많은 상상의 동식물들과 함께 아름답게 그려져 있다. 그런데 이 별자리 그림은 당시 고구려에 존재했던 천문도(天文圖)에 의해 그림 (바)와 같이 성수(星宿)의 배치 상황이 아주 정확히

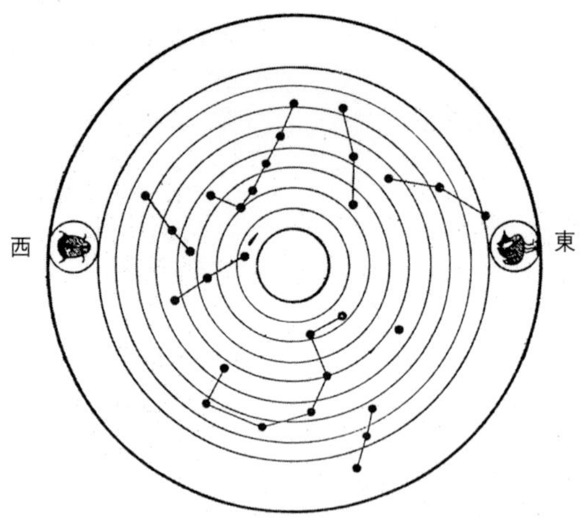

그림 바 무용총 주실 천장 별자리 그림(성숙도)의 복원 배치도
(中村, 『高句麗 時代の古墳について』에서)

표시돼 있다.

고구려 천문도가 얼마나 과학적이었냐 하면 조선 개국 초에 제작된 '천상열차분야지도(天象列次分野之圖)'가 이것을 저본으로 하여 만들어졌을 정도이다. 이는 바로 고구려 무덤의 우주관이 그만큼 과학적이었다는 사실을 입증해 준다.

그리고 별자리 그림과 함께 벽화에 묘사된 신화들은 고구려 무덤이 과학 따로 신화 따로가 아니라, 그 둘이 하나로 융합된 우주관을 가지고 있었음을 말해 주고 있다.

이것은 대단히 중요한 문제이다. 여기서는 더 이상 이야기할 수 없지만, 자연에서 생명을 제거하는 것을 근대 과학의 출발점으로 삼은 근대적 사고는 이 '무덤의 우주관'에서 생명을 되찾는 원초적인 반성을 해야 할 것이란 점만 말해 두고 싶다.

고구려 무덤벽화에 나타난 천문과학은 본질적으로 우주적 생명의 근

원을 지향하고 있는데, 이 점은 복희와 여왜가 무덤에 등장하는 이유가
된다. 그 이유에 대해서는 조금 뒤에 이야기하기로 하고, 여기서는 복
희여왜 그림의 도상적 특성에 대해서 먼저 살펴보기로 하겠다.

이를 위해서 광개토왕대에 지방 장관을 지낸 모두루(牟頭婁)의 묘지
(墓誌)에 나타난 기록을 보자.

> 하백의 손자이며 일월의 아들인 추모(鄒牟, 주몽을 가리킴) 성왕이 북부
> 여에서 나셨으니, 이 나라 이 고을이 가장 성스러움을 천하 사방이 알지
> 니……

그림 (나)를 다시 한 번 보자. 복희와 여왜가 해와 달을 높이 들고 있
는데, 이것은 주몽이 일월의 아들이라고 한 사실을 표현한 것으로 생각
된다. 그리고 복희나 여왜의 하체가 뱀인 것은 (원래 이것이 대부분의 복
희여왜도에서 보이는 도상적 특징이지만) 하백이 물의 신인 데서 연유한 것
으로 보인다. 일반적으로 뱀의 상징은 형태상으로 '수신(水神)', 허물을
벗는 성질로서 '재생', 생식적 능력에서 '다산'과 '풍요'를 나타낸다.

또 고구려 복희여왜도를 다른 나라의 그것과 비교할 때 가장 두드러
진 특징으로 윗옷의 소매가 깃털 모양이란 것이 지적된다. 이것은 미술
사학자 권영필의 견해인데, 그림 (나) 속에서 이 사실을 명확히 확인할
수 있다.

이 디테일은 주몽이 햇빛을 받아 낳은 알에서 탄생했다는 신화의 이
미지를 표현한 것임에 틀림없다. 이 밖에도 고구려인들이 모자에 깃털
을 꽂고 다닌 것을 벽화 속에서 많이 보게 되는데, 같은 맥락에서 이해
되어야 할 것이다.

이처럼 고구려인들은 자신들의 신화 세계를 이방의 신인 복희여왜를

빌려 완전하게 자기 것으로 표현해 냈다. 물론 이 신화 세계에는 고구려 민족의 출생과 회귀와 재생의 메커니즘이 생생하게 담겨져 있다.

고구려인은 이 메커니즘을 가장 극대화하기 위해 천문과학을 동원했고, 모두루의 묘지에 기록된 바처럼 그들이 그린 우주 공간 속에서, 특히 천하의 땅 중에서 가장 중심이요 성스러운 곳이 '이 나라 이 고을'이란 인식을 가지고 있었다. 이것은 우주 천체를 관측하는 성관(星官)의 시점이 이 나라 이 고을이기 때문에도 당연했을 것이다. 그만큼 무덤에 그려진 별자리 그림은 우주적 주권과 연결되는 것이었다.

그럼 이쯤 해서 복희여왜가 고구려 무덤에 등장한 이유를 생각해 보도록 하자.

결론부터 말하면, 복희여왜 신화가 '인류 창조'의 주제를 다룬 최고의 이야기라는 점 때문이다. 적어도 동아시아의 신화 중에서 이 주제와 관련된 어떤 신화도 이보다 풍부하고 심오한 것은 없다. 세계적으로 보아도 이 신화는 인류 재창조의 신화인 '노아의 방주'에 못지않은 상징성을 가지고 있다. 아마도 이 때문에 우주적 생명의 근원으로 가려는 무덤의 주인한테는 인류 창조의 신인 복희여왜가 마치 신성한 기도문처럼 무덤 벽에 그려져 있기를 바라는 것은 기실 너무도 당연한 염원이었으리라.

그럼 복희와 여왜는 우주론적으로 어떤 존재인가?

원래 이 신화는 묘족(苗族)의 사회에서 생겨났다. 옛날에는 중국인들이 이들을 남만(南蠻, 남쪽 오랑캐)이라 불렀는데, 지금은 소수민족의 하나로 취급한다.

신화는 대략 BC 3세기보다 훨씬 전에 생겨났다. 그 당시 묘족은 양자강 중류를 중심으로 사천 지역까지 퍼져 살고 있었다. 농경 원주민인 묘족은 열매가 잘 열리는 호리병박을 재배해서 식용, 생활 용구, 그리고 그 중 10척이 넘는 큰 것은 배로도 사용했다. 묘족은 이처럼 자신의 생활에 없어서는 안 될 호리병박을 아주 신성한 식물로서 선조 때부터 숭배해 왔다.

그런데 복희나 여왜의 어원을 보면 이들은 모두 포과(匏瓜), 즉 '호리병박'으로 똑같은 어원에서 생겨났다. 그러니까 이름은 둘이지만 뜻은 하나로 결국 같은 신격의 남성과 여성이었던 것이다. 또 역사적으로 볼 때 복희여왜 신화는 여신인 여왜 단독의 신화에서 시작하였음이 확실한데, 이를 두고 혹자는 모계 사회를 반영한 것이라고 하고, 혹자는 생명을 출산하는 대자연의 이미지가 여음(女陰)과 연결된 결과라고도 한다.

결국 묘족의 숭배 식물인 호리병박은 외형상 겉모양이 여체를 빼닮고 속이 비어 있다는 특징 때문에 여음의 상징이 되었던 것이며, 나아가 인류를 창조한 여신으로 상승하여 그 최고의 위치를 당당히 차지했던 것이다.

신화의 초기에 복희는 보이지 않고 여왜만이 인류 창조의 신이었던 사실은 문헌 자료에서도 입증되지만, 모든 복희여왜 그림 중에서 여왜만을 묘사한 그림이 가장 앞선 시기의 유물 자료란 점으로도 뒷받침된다.

내가 왜 이 점을 특히 강조하는가 하면 묘족의 여왜 신화가 후대에 한족(漢族)의 신화로 흡수되면서 그 성질이 크게 변질되어 버렸기 때문이다. 즉 복희는 나중에 덧붙여진 가공의 신인데 신화가 한족화되는 과정에서 그 역할이 완전히 전도되어, 복희는 중국의 삼황(三皇) 가운데 으뜸 신으로 숭앙을 받게 된 반면, 여왜는 점차 떨어져 나가 존재가 희미하게 되어 버린 것이다.

이것은 모계 사회가 해체되고 가부장 사회로 바뀌어진 사회 현상을 반영한 것이지만, 그렇다 하더라도 인도 문명과 비교해 볼 때 훨씬 중국적인 특징을 보여 주고 있다.

이 점에 대해 잠깐 언급하면, 힌두교는 모헨조다로의 토착민이 숭배해 온 여신 신앙을 수용하여 오늘날까지도 여성 원리인 샥티를 남성 원리인 시바보다 훨씬 동적이고 우월한 힘으로 인정하고 있다(이 책 '티벳에서 온 편지 2'에서 자세히 설명하였다).

이와 같은 역사를 가지고 있는 복희여왜는 고구려에 들어와 부부신으로서 우주적 생명의 근원인 음과 양을 대표하였다. 오늘날 혹시 그 잔영일지 모르지만, 전통혼례를 올린 뒤 신방의 바깥벽에 호리병박 두 쪽을 걸어서 신랑 신부의 화목과 자손의 번창을 기원하는 풍습이 남아 있는 것이 보인다. 고구려 무덤 속의 복희여왜는 이것(잔영)의 원형적 의미, 즉 한 개의 호리병박이 쪼개져 둘이 되었듯이 태초의 부모가 한 몸이었음을 뜻하는 우주의 근원적인 음양 원리를 표상하였다고 보아 틀림없을 것이다. 이는 고구려 벽화의 별자리 그림에 보이는 해와 달 안에 각각 까마귀와 두꺼비를 그려 넣어 양과 음을 상징하게 함으로써 천체의 양극을 표현한 것을 보아도 분명해진다. 그림 (바)를 보라.

지금까지 복희여왜 그림이 고구려 무덤에 왜 나타나며, 왜 그런 모양으로 그려졌는지를 '무덤 속의 우주관'이란 시각에서 살펴보았다. 그런데 정작 이 신화의 내용이 무엇인지에 대해서는 이야기하지 않았다. 실제 그것을 알아야 우리가 현재 살펴보고 있는 이들의 우주론적 존재 의미도 보다 명확해질 것이다.

그래서 끝으로 복희여왜 신화의 내용을 좀 자세히 소개하고자 한다. 이 신화는 오랜 세월 동안 여러 고사들에서 전해 내려와 종류도 몇 가지나 되고 양도 적지 않다. 내가 조사해 본 바로는 원가가 지은 『중국의 고대 신화』(鄭錫元 역)에 가장 잘 정리되어 있어 여기에 발췌, 요약하였다. 내용이 꽤 길지만 내 나름대로 대단히 중요한 신화라고 판단되어 의도한 대로 신기로 한다.

호리병박에 숨은 복희와 여왜가 태초의 대홍수에서 단둘이 살아남다

뇌공을 놓쳐 버린 지 3일째 되던 날, 아버지는 아주 튼튼한 철선을 완성하였다. 그런데 그 날 날씨가 갑자기 변하더니만 사방에서 어둡고 강한 바람이 불어닥치면서 비가 쏟아붓듯이 내렸다. 이내 홍수가 일면서 야생마처럼 세상을 휩쓸고 다녔다. 언덕이며 집, 나무 할 것 없이 온통 물에 잠겼고 세상은 바다로 변해 버렸다.

"얘들아, 빨리 피해라! 뇌공이 홍수로 보복해 온다."

빗속에서 아버지는 외쳤다. 두 아이들은 황급히 호리병박 속으로 피신하였고 아버지는 자기가 만든 철선으로 들어갔다. 이리하여 그들은 홍수 위를 떠다니게 되었다.

홍수는 갈수록 심해졌고 드디어는 하늘에 닿을 정도가 되었다. 한편 철선 속의 용감한 아버지는 바람과 파도에 따라 침착하게 배를 몰아 하늘문에 이르게 되었다. 뱃가에 서서 탕탕 하늘문을 두드렸다. 그 소리는 구중(九重)의 하늘에 메아리쳤다.

"빨리 문을 여시오. 나를 들여보내 주시오!"

그는 문 밖에서 외쳐 대면서 주먹으로 하늘문을 힘껏 두드렸다. 문 안에 있던 천신(天神)은 이것이 두려워 얼른 수신(水神)에게 명령했다.

"빨리 물을 빼라!"

천신의 명령에 따라 수신이 물을 빼니 비바람은 금세 그쳤고, 홍수는 순식간에 물러가게 되었으며, 세상은 종전처럼 되돌아오게 되었다. 홍수가 물러날 때 사나이도 배와 함께 하늘에서 떨어지게 되었다. 워낙 물이 빨리 빠져 나갔기 때문에, 그 단단했던 철선은 땅에 떨어져 산산조각이 나고 말았다. 이 때 뇌공에게 용감하게 맞섰던 아이들의 아버지는 불행하게도 배와 함께 박살나 죽고 말았다.

한편 호리병박 속에 숨어 있던 두 아이들은 용케도 죽음을 면할 수 있었다. 호리병박은 가볍고 탄력이 있어 땅에 떨어져서도 깨지지 않았기 때문에 그들은 아무 상처도 입지 않았던 것이다.

이처럼 한바탕 홍수를 겪고 나자, 세상에는 사람이 전멸해 버리고 오직 오빠와 누이동생 두 사람만 살아남게 되었다. 인류 중 유일하게 생존한 자들인 셈이다. 그들은 원래 이름이 없었는데 호리병박 속에서 살아났다고 하여 복희(伏羲)라고 부르게 되었다. 복희란 포희(匏瓟), 곧 호리병박을 뜻한다(복희여왜의 자세한 어원은 생략하나 궁극적으로는 앞서 말한 포과匏瓜에 모두 연결된다).

여왜가 인류를 창조하다

천지가 개벽하고 나니 대지에는 산천과 초목, 심지어는 새와 짐승과 벌레, 물고기까지 생겨나게 되었지만 아직 사람만은 출현하지 않고 있어서 어쩐지 황량하고 삭막해 보였다. 이 황량한 대지를 걷고 있던 여왜라고 하는 여신은 고독하기가 이루 말할 수 없었다. 꼭 무엇이 있어야만 생기가 돌 것 같았다.

생각 끝에 그녀는 땅에 꿇어앉아 지상의 진흙을 한 움큼 팠다. 이것을 물로 반죽을 해서 어떤 형체를 만들어 보았다. 그것을 땅에다 내려놓자마자 신기하게도 살아 움직이는 것이 아닌가! 그리고 이상한 소리를 내면서 기뻐 이리저리 뛰어다녔다. 그것이 곧 '사람'이라는 것이었다. 그의 신체는 비록 왜소했지만 신이 직접 창조해 냈기 때문에, 새나 짐승과는 달리 신과 상당히 닮았다고 한다. 게다가 그는 우주를 지배할 기세도 지니고 있는 것 같았다. 자신의 창조물을 보고 매우 만족한 여왜는 진흙을 빚어 자꾸만 사람을 만들어 냈다. 수없이 많은 남자와 여자가 만들어졌으며 그들은 아무것도 걸치지 않은 채 여왜를 둘러싸고 춤추며 노래하였다. 한바탕 즐겁게 지내고 난 그들은 혼자 또는 무리를 지어 뿔뿔이 흩어졌다.

이제 세상에는 인류가 존재하게 되었다. 따라서 여왜의 일도 다 끝난 것처럼 보였다. 그러나 여왜에게는 한 가지 문제가 남아 있었다. 어떻게 하면 인류를 계속 생존시켜 끊이지 않게 할 수 있을까 하는 문제였다. 사람은 결국 죽게 되어 있다. 그렇다고 다시 만들어 낸다는 것도 성가신 일이 아닐 수 없었다. 그래서 그녀는 남자와 여자를 결합시키는 문제를 생각해 냈다. 결국 여왜는 혼인 제도를 만들어 남자와 여자를 결합시켜 주었다.

여왜가 뚫린 하늘을 깁다

우주에 엄청난 격변이 일어나 하늘의 반쪽이 무너져 버림에 따라 거대하고 흉악한 구멍이 뚫리게 되었으며, 땅도 두 조각으로 갈라지고 말았다. 이 엄청난 변화 때문에 산림은 불타게 되었고, 땅에서는 홍수가 솟구쳐 나오면서 대지는 삽시간에 바다로 변하게 되었다. 이제 인류는 더 이상 생존할 수가 없게 되었으며 게다가 산림에서 도망쳐 나온 각종 맹수에게 시달려야 했다. 한마디로 생지옥이 되어 버린 것이다.

한편 자기의 후손이 비참한 상황에 처하게 된 것을 본 여왜는 가슴이 찢어질 것만 같았다. 그녀는 힘이 들더라도 어떻게든 이 부서진 천지를 보수하는 수밖에 별 도리가 없었다. 하늘을 보수하는 데는 엄청난 어려움이 따랐다. 그러나 인자한 인류의 어머니 여왜는 후손의 행복을 위해 아무런 불평도 없이 이 험난한 공사를 혼자서 해냈다.

그녀는 먼저 강에서 오색의 돌을 주워 와 불에 구워서 아교처럼 끈끈한 액체로 만들었다. 그녀는 이것으로 흉악하게 구멍이 난 하늘을 하나

하나 메워 갔다. 그러나 또다시 하늘이 무너져 내릴까 두려워 거대한 거북의 네 다리를 잘라 하늘의 기둥으로 삼았다. 이것을 사방에다 꽂아 놓으니 하늘은 마치 천막을 쳐 놓은 형상과 같게 되었다. 기둥이 워낙 견고하여 이제 더 이상 하늘이 무너져 내릴 걱정은 없었다.

그 후 그녀는 중원 일대에서 악명을 떨치며 대홍수를 일으키는 흑룡을 죽였으며, 그 밖에 맹수와 흉물들도 모조리 쫓아냈다. 이제 인류는 맹수의 위협에서 벗어날 수 있게 되었다. 뿐만 아니라 그녀는 갈대를 태워 그 재로 홍수를 막았다. 이번의 재앙은 위대한 여왜에 의해 수습이 되었다. 인류는 마침내 구원을 받게 되었던 것이다.

여왜의 죽음

여왜는 천신만고 끝에 하늘을 보수하고 땅을 고르게 하고 재앙을 종식시켰다. 인류는 이제 행복한 생활을 영위할 수 있게 되었다. 후세인들이 이상으로 그리고 있던 태고의 황금시대였다.

여왜는 자신의 후손들이 행복하게 사는 것을 보자 무척 기뻤다. 전설에 의하면 그녀는 생황(笙簧)이라고 하는 악기도 만들었다고 한다. 모양은 봉황새의 꼬리같이 생겼는데, 반으로 자른 호리병박에 열세 개의 관을 꽂아 놓은 것이다. 생황은 애정을 북돋우고 결혼에 이르게 하는 마력을 가졌다. 그녀는 이것을 자신의 후손에게 선물로 물려주었는데, 이때부터 인류는 더욱 즐겁게 살게 되었다.

인간을 위해 할 일을 다 한 여왜는 이제 휴식을 하게 되었다. 우리는 그 휴식을 죽음이라고 부른다. 그러나 그녀의 죽음은 소멸을 의미하는 것이 아니라 우주의 다른 사물로 변신하는 것을 말한다. 즉 여왜의 창자는 열 사람의 신으로 화하였다고 하는데, 그녀의 창자 하나가 그럴 정도라면 전신에서는 어떤 변화가 일어났을지 짐작이 갈 것이다.

또 다른 전설에 의하면, 여왜는 결코 죽지 않고 비룡을 몰면서 하늘 높이 사라졌다고 한다. 그녀의 행차에는 뱀이 뒤따랐고, 황금색의 구름이 수레를 감쌌으며, 천지의 수많은 신들이 그 뒤를 따랐다. 그녀는 이제 천국에서 조용한 나날을 보냈다. 마치 은자처럼 자신의 공로를 자랑하지도 않았고, 명예를 위해 노력하지도 않았다. 그녀는 자신의 공로를 대자연에게로 돌렸다. 왜냐 하면 자신은 오직 대자연의 섭리에 따라 인류에게 보잘것없는 일을 했을 뿐이라고 여겼기 때문이다.

별이 잠자는 바다, 성수해(星宿海)로 가는 길

아무라도 4천 5, 6백 미터의 고산지대를 자유롭게 숨쉬며 거닐 수는 없을 것이다,고 꿈 속에서조차 되뇌며, 나는 그 날 두려움 속에서 새벽을 맞았다. 부스럭거리는 나의 인기척에 캄캄한 어둠을 뚫고 K선생의 목소리가 들려 왔다.

몸은 괜찮아요?

이불 속에서 땀이 촉촉이 배어난 손바닥을 좀 들뜬 기분으로 쥐었다 폈다 하면서 나는 자신 있게 말했다.

네. 많이 좋아졌어요.

밤새 두통·한속·체증·호흡 곤란 따위로 고통을 겪은 나는 퍽 오래 전부터의 일이지만 손에 잡힌 땀이 호전된 건강 상태를 알리는 청신호라는 걸 잘 알고 있었기 때문이다.

밖에서는 아직 비 오는 소리가 멈추지 않고 차락차락 들려 왔다. 여정의 목적지 성수해(星宿海)가 바로 코앞에서 우리를 거부하고 있는 듯이 생각됐다. 비는 전날 우리가 이 곳 마도(瑪多, 티벳어로는 황하 상류란 뜻)에 도착한 이른 저녁부터 내리기 시작했었다.

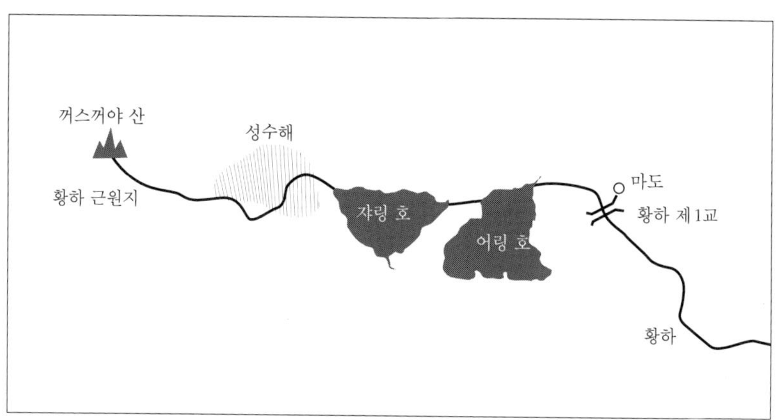

마도에서 성숙해를 거쳐 황하 근원까지의 약도

밤 12시면 이 곳 초대소(여관)의 전기가 여지없이 끊어지기 때문에, 칠흑이 된 방 안에서 K선생과 나누는 대화는 성숙해를 보려는 우리의 꿈에 차질을 줄지도 모르는 건강과 비 문제로 집중되었다.

비가 이렇게 계속 쏟아지면 오늘은 여기서 하루 쉬면서 제1황하교나 다녀올 수밖에 없겠네.

한참 동안 정적이 감돌았다. 비를 핑계 삼고 싶은 한 줄기 유혹은 다름 아닌 우리의 고산 증세였는데, 반사적으로 그것을 강하게 밀쳐 내며 나는 진짜로 비를 걱정했다.

잠시 후 K선생이 자리를 박차고 일어났다. 마치 비한테 무슨 할 말이라도 있는 듯이 방문을 힘차게 밀치고 뚜벅뚜벅 복도를 걸어나갔다.

삐끄닥. 현관문이 열리고 비 오는 새벽의 허공 속으로 연발한 기침 소리가 울려 퍼져 나갔다. 그 순간 이상하게도 아침이 밝아 오기 전에 비가 그칠 거라는 예감이 들었다. 그런데 실제로 얼마 안 있어 비는 용하게도 주저앉아 주었다.

K선생이 들어왔다. 빗물 섞인 찬바람이 방 안 가득 몰려들었다. 그의

등 뒤로 희붐하게 날이 새고 있는 하늘의 색깔이 이어져 있었다.

그만 일어나요.

촉촉이 땀이 밴 손바닥을 기분 좋게 두어 차례 더 쥐었다 펴면서 나는 몸을 발딱 일으켜 세웠다. 그렇게 맞은 아침은 출발하기 직전까지만 해도 비가 한두 방울 오락가락 뿌렸는데, 우리를 실은 지프가 마도를 떠나면서 완전히 개었다. 신의 축복은 바람과 빛으로 천지에 가득 찼다. 고원의 들을 달릴 땐 칠월 하순의 한여름 날씨라고는 도저히 믿기지 않는 선선함과 쏟아져 나오는 원색의 빛깔들에 압도당하고 말았다.

전날 밤 비로 진창이 된 길을 지프는 춤을 추면서 갔다. 고산 증세는 외려 요동하는 차 안에서 덜하는지, 아니면 혼이 자연의 마력에 빨려든 때문인지 두통은 못 참을 만큼 심하지 않아 성수해로 가는 여로의 풍광을 게걸스럽게 두 눈 속에 주워 담았다.

아직 누런색으로 변하기 직전의 황하 앞에 지프를 세웠다. 티벳 사람들은 그들 땅을 흐르는 황하를 마츄(Rma-chu, 츄는 강)라고 불렀다. 그 원뜻은 공작하(孔雀河)인데 강 상류의 성스러운 아녜마첸 산에서 공작신이 살고 있다는 것이다. 티벳어로 마(ma)는 '공작', 첸(qên)은 '거대한'의 뜻으로, 이 설산에 살고 있는 거대한 공작은 오랫동안 그들의 수호신으로 섬겨져 왔다.

내가 굳이 황하를 현지의 지명대로 마츄라 부르기로 한 것은 우리가 에베레스트 산을 당지의 이름 초몰랑마로 부르고 싶어하는 것과 같다. 더 소박하게는 신혼 초에 내가 살던 아름다운 동네 가라메가 어느 날 갑자기 행신리 몇 동으로 바뀐 것에 대한 거부감 같은 심리와도 통한다.

나는 마츄의 희고 맑은 물에 두 손을 담갔다. 마치 멀미가 날 때 냉수를 들이켠 것처럼 두통과 호흡 곤란이 후련히 가라앉는 느낌이었다.

아아, 저 산봉우리와 구름들.

나는 물을 치올리면서 감격했다. 정신 없이 카메라 셔터를 눌러 대면서도 나는 전혀 사진을 믿지 않았다. 나에게 사진은 기억의 재료에 불과했다. 우리가 X-레이를 찍을 때 거기서 신체의 생명감은 흔적도 발견할 수 없는 것처럼 적어도 나의 실력으로는 그랬다.

시간이 주어진다면 나는 그림으로 그리고 싶었다. 적어도 나를 미치게 하는 저 자연의 생명감을 훔쳐 내려 시도한다는 것, 나에겐 그 자체가 황홀한 것이다. 하지만 글을 쓰는 사람으로서 저 광경을 도대체 무어라고 형언해야 옳단 말인가? 신들의 이야기를 떠올리지 않고 내 마음의 눈이 뜨일까? 마음의 눈을 뜨지 않고 저 산봉우리와 구름들의 정령이 보일까? 저 속에는 어떤 공작새가 살고 있을까?

대체로 신들의 이야기는 인간의 사후세계와 관련이 많다. 티벳인들은 죽으면 조장(鳥葬)을 지낸다. 독수리가 죽은 사람의 살을 쪼아 먹고 하늘로 날아가면 그의 영혼도 함께 간다고 믿는다. 라마승들은 피리와 나팔을 불어 신의 사자인 독수리를 불러 오고, 독경을 외면서 죽은 자의 영혼이 극락세계로 갈 수 있도록 도와 준다. 그렇다면 독수리들을 보낸 신은 누구일까? 아녜마첸 산에 사는 공작신일까?

나를 홀린 저 산봉우리들은 아녜마첸 산맥의 지봉(支峰)이었다. 본봉(本峰)이 아니라도 지도를 보면 5천 미터나 된다. 여기서 보면 구릉 정도의 높이지만, 만년설 덮인 웅자 위로 구름은 거대한 새의 날개처럼 피어올라 너무나 신령스럽다.

어린아이마냥 하늘을 훨훨 날고 종횡무진으로 초원을 뛰어다니고 싶은 충동이 일었다. 나는 꿈꾸고 꿈꾼 이야기를 갈수록 좋아한다. 꿈은 무의식 세계의 거울이라고 하는데, 그 거울을 통해야만 자연은 비로소 나의 심상에 생명력을 불러일으키기 때문이다. 인류 역사의 무의식은 원시시대, 그리고 그 시대가 꿈꾼 이야기는 신화와 동굴 벽화일 것이다.

아녜마첸 산의 전경. 현존하는 중국 최고 문헌인 『상서(尙書)』에는 적석산(積石山)으로 기록되어 있다. 이
산은 반세기 전까지도 탐험가들에 의해 에베레스트 산보다도 높은 9041미터의 세계 최고봉으로 보고되기
도 했다. 그러나 오늘날 측정 결과에 따르면 6282미터이다.

내 눈 앞에 펼쳐진 아녜마첸 지봉은 피카소가 말한 것처럼 우리가 만든 물감으로 칠해야 할 대상이 아니고, 그것으로부터 칠할 물감의 색을 찾아 내고 만들어야 할 주인이다. 생명의 불씨를 훔치고자 하는 욕구를 일으키는 저 자연으로 인간은 돌아가려고 갈망하지만, 문명의 우리(울)에 갇힌 인류가 두려워 떨며 돌아가지 못하는 이 자체는 현대 문명인의 정체이기도 하다.

현대 추상미술이 원시미술과 한눈에 보아도 통하는 것은 단순히 기교상의 문제는 아니다. 그러나 추상미술은 불행히도 원시미술의 '살아 있음'에는 다다르지 못하고 있다. 우리가 원시성에 눈을 돌리는 것은 이제까지 말한 바와 같다. 나는 내 마음 속에서 원시성을 불러일으키지 않고는 아녜마첸의 생명력을 조금도 느낄 수 없다. 그래서 꿈을 꾼다. 문명의 우리(울)를 벗어난 꿈…….

꿈의 씨앗을 싹틔울 겨를도 없이 마지막 카메라 셔터를 누르고 지프에 올라탔다. 그리고 나는 순식간에 상념에 빠졌다. 이미 문명의 과실을 맛본 인류는 결코 자연으로 돌아갈 수 없다고. 그렇다면 남아 있는 것은 종말밖에 없다고. 다가올 세기에 대한 장밋빛 꿈은 허구 중의 허구라고. '제3의 물결'의 예언과는 다르게 컴퓨터의 가상 현실은 인간의 자연성을 뿌리째 파괴하고, 나아가 왜 그것이 종말을 자초하는지조차 느끼지 못하게 할 것이라고.

그러나 눈앞에 펼쳐진 대자연은 절망 속에 침잠하려는 나를 자꾸만 흔들어서 깨어나게 했다. 점점 원초적인 생명력으로 충만한 자연에 빨려 들어갔다. 희망은 생명력 속에서만 생겨나는가? 절망은 희망에 의해서만 극복되는가?

요동하는 지프 안에서 무릎에 이마를 찧어 가면서 이런 생각들을 하는 동안 우리는 한발짝 한발짝 신의 산에서 멀어지고 있었다.

　＊　＊　＊　＊　＊

　세계적으로 유명한 어느 정신과 의사는 이런 명언을 남겼다.

　"정신병을 앓고 있는 어떤 환자에게도 그의 뇌 속에는 아직 정상적인 부분이 남아 있습니다. 치료는 여기서부터 시작됩니다. 정상적인 부분이 활력을 찾아 병든 부분을 살려 나가도록 해야 합니다."

　오늘날 현대 문명은 살인광적인 정신병을 앓고 있다. 지구가 수십 억 년에 걸쳐 창조한 3천만 종에 이르는 생명체를 단 1년에 3만 종씩 소멸시키는 ― 자연적 소멸의 12만 배에 달하는 ― 현대 문명의 대살육이야말로 어떤 이유로도 지체함 없이 시급히 치료해야 할 정신병인 것이다. 오늘날 지구상에 몇 남지 않은, 아직은 온전한 자연과 문명의 힘이야말로 치유의 희망이 전무해 보이는 현대 문명의 정신병을 치료할 수 있는 유일한 희망으로서 그 어느 때보다 절실히 필요한 것은 아닌가 생각한다.

하늘호수, 어링 호와 쟈링 호

저것 좀 봐요!

햇살 가득한 하늘과 땅 사이에 층층이 푸른 빛깔이 도는 볼록렌즈 같은 보석이 아스라이 눈에 들어왔다. 사방은 슬프도록 적막한데, 울퉁불퉁하고 질퍽거리는 길을 지프는 획획 내둘리면서 달리고 있었다.

아, 어링 호!

엉덩방아질을 하면서도 우리는 재빨리 지도를 펴 보고서 탄성을 질렀다. 그 때가 정오를 조금 지났을 때였다. '어링'이라는 문명의 이름이 붙여진 호수가 발 아래 잔잔히 물결치고 있는 것을 본 건 그로부터 한 이십 분쯤 더 달린 뒤였다.

눈이 머무는 어디에도 하늘과 호수의 경계가 없었다. 간간이 띠를 이루며 호수 위아래로 떠 있는 산등성이들조차 이 둘의 혼연일체를 방해하지 못했다. 모조리 푸르기만 하면서, 그러나 서로 다른 푸른빛이었다. 하늘과 호수. 둘 중 어느 게 먼저일까? 하느님이 물과 물 사이를 갈라 궁창을 만든 이야기에 따르면 호수가 먼저일 것 같으나, 남색은 쪽풀에서 짜냈다는 청출어람의 색깔론에 들어가면 거꾸로 쪽빛 하늘이 남빛

반두안이라는 희귀새 떼가 어링 호에서 날고 있는 모습

호수보다 먼저인 것만 같다.

하얀 새들이 호숫가에 수십 마리 앉아 있다. 카메라를 들고 살금살금 다가가자, 한 놈이 어디서 나타났는지 머리 위로 휘익 날아가면서 꾸어 꾸어 소리를 질러 다른 놈들한테 신호를 보낸다. 그러자 물가에 있던 새 떼가 일제히 달아난다. 이녀석들은 머리에 검은색 두 줄이 선명히 그려 져 있는 반두안(斑頭雁)이라는 희귀새다. 쪽빛의 하늘은 이놈들 덕택에 훨씬 높아 보인다.

지프는 두 시간 넘게 굽이굽이 하늘과 호수 사이를 달려갔다. 그런데 도 호리병 모양의 이 호수를 겨우 한 귀퉁이 빠져 나왔을 뿐이다. 호반 의 벤치 따위를 연상할 크기가 아니다. 내가 다녀 본 중앙아시아의 호

74

수들은 아예 바다라 할 정도로 상상을 초월한다.

그로부터 대략 한 시간 후 연이어 쟈링 호가 나타났다. 지도를 펴 보면 금방 알 수 있지만, 두 호수는 정답게 서로 붙어 있다. 그래서 사람들이 이 두 호수를 '쌍둥이 자매 호'라고 부르는 모양이었다.

어디서도 본 적이 없는 하얀 호수. 흰빛의 순결이 자애롭게 파고드는 첫 느낌은 가슴 속을 고동쳤다. 방금 지나온 어링과는 극명하게 다른 아름다움이었다. 어떡해야 하나, 나는 사랑의 배신자라도 된 듯이 망설이면서 쟈링에 더 매혹되어 갔다. 호면에서 하늘까지 닿은 은백색의 선들이 횡단층을 이루며 시원하게 그어져 있었다. 눈부신 햇살이 그 위를 적요하게 비추고, 나는 태고의 호수를 보는 듯한 환상에 사로잡혔다.

그 때 생각 하나가 번뜩 하며 날치처럼 치솟아 올랐다. 기막힌 발견을 했다는 흥분감에 나도 모르게 담배 한 대를 빼 물었다. 푸른색의 극(極)은 흰색, 아마도 그럴 것이라고. 적어도 색채 심리에서는 가능할 것이 틀림없다는 확신이었다.

괴테는 높은 하늘과 멀리 보이는 산맥이 푸르듯이 파란색은 우리 앞에 다가오기 때문이 아니라 오히려 우리를 그 곳에 다가가게 하기 때문에 사람들이 사랑한다고 말했다. 반면 흰색은 어떤가? 빛이다. 초월적인 완전성, 궁극의 상징이다. 또한 중앙아시아의 어떤 민담에 "드넓은 호수가 우유로 가득 채워져 있다"고 한 표현처럼 흰색은 모성의 근원적인 사랑과 풍요를 나타내기도 한다.

불혹의 나이인 나는 이처럼 생각하면서 청춘의 푸른색보다는 자애로운 흰색의 쟈링 호에 더 이끌리고 있었다.

어링은 '푸른색의 긴~', 쟈링은 '흰색의 긴~'이라는 티벳어. 얼마나 멋지고 적확한 낱말인가. 가슴에선 감탄사가 떠날 줄 몰랐다.

나를 쟈링 호의 고혹에서 깨운 것은 등 뒤에서 들려 오는 K 선생의 의

아해하는 목소리였다.

김 선생, 우리가 본 두 호수의 이름이 한동안 서로 바뀌었나 봐요. 중국 정부에서 지도도 싹 바꾸고 그랬다는데…….

나는 사라졌던 고산 증세가 확 밀려오는 느낌이었다. 뒷덜미가 뻣뻣해지고 돌덩이라도 얹어 놓은 것처럼 가슴이 답답해 왔다. 지프는 늘 꼴찌로 올라타는 나를 태우고 떠났다. 나는 차창을 통해 쟈링 호를 애틋한 눈으로 바라보았다.

아무리 생각해 봐도 상식적으로는 하얀색을 푸른색, 푸른색을 하얀색이라 할 수 없었다. 왜 이름이 바뀌었을까? 도무지 이해할 수 없었던 나는 그 이후 그 경위에 관한 자료들을 눈에 띄는 대로 몇 가지 모았다.

여행이 끝난 뒤, 기록들을 읽어 내려가는 내 심정은 참담하기 그지없었다. 그 경위는 한마디로 중국이 티벳을 침략하는 과정에서 문명의 폭력이 언어에 무자비하게 생으로 작용한 결과로 나타난 것이었다.

너무도 복잡해서 일지를 만들어도 족히 몇 쪽이 넘어갈 분량이다. 여기서는 1970년대 중반, 이 문제가 중·소 비방전의 불씨가 됐던 기록 하나를 소개하는 것으로 만족하고 싶다. 나의 관심은 전모를 알리는 데 있지 않고 언어에 작용한 문명의 폭력에 있기 때문이다.

보자. 다음은 서구 열강의 중앙아시아 탐험이 시작되던 벽두에 제정 러시아의 프르제발스키 대령이 1884년에 행한 황하 탐사의 기록이다.

이 두 호수는 옛날부터 중국인에게 알려져 서쪽 호수는 쟈링 호, 동쪽 호수는 노링(어링을 가리킴—필자) 호로 불렸다. 그러나 양 호수의 위치가 지도상에 정확하게 기입돼 있지 않고, 게다가 여기까지는 유럽인의 족적이 미치지 않았기 때문에, 나는 최초 탐험가로서의 권리를 가지고 동쪽 호수를 '루스키', 서쪽 호수를 '엑스페데챠(탐험가)'로 명명했다. 전자는 신

어링 호와 쟈링 호가 이 곳에서 만나 자매의 정을 나누고 있다.

비에 싸인 황하 원류에 최초의 족적을 남긴 사람이 러시아인이라는 것을 보여 주고, 후자는 뒤에 말하겠지만 무기를 손으로 하여 이 호수의 과학적 기술을 최초로 행한 우리 탐험대를 기념하는 의미이다.

이처럼 프르제발스키는 —서구 문명이 아메리카 대륙을 온통 서구의 언어로 갈아치워 버린 연장선상에서— 현지어의 의미 따위는 안중에도 안 두고 어링 호와 쟈링 호에도 똑같이 가차없는 문명의 폭력을 가하였다.

그러나 그가 미개한 언어로 치부해 버린 현지 티벳어는 그 고도한 함의와 아름다움이 실로 놀라울 정도이다.

티벳인들이 천 년 이상 사랑하고 그들의 피를 끓게 한 고대 영웅 서사시 『게싸르 왕전』이란 게 있다. 1958년부터 시작된 '게싸르' 필드 조사 이후 구술 기록, 필사본, 목판본 등이 광범하게 수집되어, 초보적인 통계만으로도 시의 행수가 약 1백5십만, 자수는 수천만 자에 달하는 것으로 드러났다. 이같이 방대한 『게싸르 왕전』은 언어의 보물창고라고 일컬어진다.

그런데 이 대서사시가 발상한 곳이 다름 아닌 쟈링과 어링의 호수가 있는 지대였다. 문헌은 우리에게 '게싸르 왕이 황하 상류 연안에서 일어났다'는 사실을 알려 준다.

무적의 영웅 게싸르 왕은 말한다.

"다른 사람을 침략하지 말라. 그러나 다른 사람이 너를 침략할 때 뒤로 물러서서는 절대 안 된다."

금세기 중국의 침략에 게싸르 왕의 후예들은 피를 아끼지 않았다. 세계의 지붕은 피로 물들었다. 마츄의 하얀 물은 핏물이 되어 중원의 황하로 흘러갔다. 거의 모든 사람이 죽고 소와 양과 말과 야크는 남김없이 강탈당했으며 천막은 모조리 불질러졌다.

세상에서 가장 아름다운 세계문학의 보물을 창작한 이 곳의 티벳인들은 까마득히 오래 전부터 그 주옥 같은 언어로 자기의 땅과 강과 호수에 이름을 붙여 왔다. 그 이름들은 눈부셔서 차마 그대로 볼 수 없을 지경이다. 내가 그 감동의 파장에서 빠져 나올 수 없었던, 티벳어의 한 티끌인 어링과 쟈링의 단어만도 그토록 생생하지 않은가? 자연 속에서 살아가는 인간들의 언어가 도시 문명에 갇힌 언어에 대해 거둔 빛나는 개가였다.

점점 석양으로 빨려드는 쟈링 호를 보면서 세계를 지배하고 있는 언어들의 폭력성을 곱씹는 중에 문득 영어를 제2모국어로 하자는 우리 나라 어느 용기 있는 소설가의 발언이 떠올랐다.

성수해의 발치에서

약아빠진 운전사는 아까부터 기름이 다 돼서 더 이상 갈 수 없다고 짱짱거리더니, 이제는 차를 세워 놓고 어느 웅덩이를 손가락으로 가리키며 바로 여기가 성수해라며 소리쳤다.

시야에서 쟈링 호가 사라질 무렵이었다. 사실 우리는 그가 가리킨 대로 저런 웅덩이에서 잠드는 별을 보러 왔다. 그러나 아직 성수해의 수많은 웅덩이를 찾지 못한 터라 하늘과 땅 사이에 막대기를 끼워서라도 땅거미가 내리는 것을 한두 시간은 더 붙들고 있어야 했다.

고원의 어둠 속에 갇혀 버리면 물어 볼 사람조차 찾을 수 없다. 그런데도 그는 촌각도 아까운 우리의 시간을 제멋대로 흘려 버리고 있는 것이다. 그렇지 않아도 오전에 길 사정을 트집 잡아 돈을 챙긴 전과가 있는 친구라 나도 화가 치밀어 뭐라고 해 대려 하는데 중국말이 안 되니 숨이 꽉 막혀 버린다.

드디어 고산 증세가 중증 단계로 접어들려나 싶은 순간, 저 멀리서 비틀비틀 이쪽을 향해 이동해 오는 검은 물체가 있었다. 눈동자 여덟 개가 일제히 그것을 쳐다보았다.

공중에서 본 성숙해. 이 수많은 웅덩이 속에서 뭇별들이 잠든다고 한다. 티벳어로는 '별의 평원'이란 뜻의 칼마 탄(Skar-ma-than)이며, 몽골어로는 '별의 벌판' 이란 뜻의 오돈 탈라(Odon tala)이다.

가만, 자전거를 타고 오잖아.

동시에 한국말과 중국말이 뒤섞여 나왔다. 앞자리에선 두런거리는 소리가 계속 났다.

마침내 주인공이 우리 앞에 정지했다.

리벤랜(일본인)…….

하는 중국어가 분명히 들리면서도 나의 시신경은 아직 그를 자전거 위에 웅크리고 앉아 있는 한 마리 시커먼 짐승으로 인식하고 있었다.

모든 중국 사람이 그렇듯 운전사와 안내원은 상대가 외국인이란 걸 전혀 개의치 않고 중국말로 물어 댔다. 그런데 그 일본인의 중국어 실력도 제법이었다.

잠시 뒤 K선생이 성수해는 여기서 얼마나 더 가면 됩니까, 하고 물었다. 까치머리를 하고 검게 그을린 얼굴에 마치 감자껍질처럼 광대뼈의 살갗이 벗겨진 이 검덕귀신은 그러나 눈만은 반짝반짝했다. 그자는 슈퍼맨이나 타고 다닐 만능 자전거를 가지고 있었다. 그는 줄래줄래 달려 있는 수많은 부착물 중 하나를 열심히 들여다보면서 우리의 물음에 성실히 답해 주었다.

30킬로입니다.

그 검덕귀신의 이름은 안도 히로마사(安東浩正). 나이는 이십대 후반. 회사원. 지금 휴가중인데, 시간이 만 하루가 부족해서 황하 원두(原頭: 발원지)까지는 못 들어가고 되돌아오는 길이라 했다.

우리의 지프는 자전거 여행가의 환송을 받으며 먼저 자리를 떴다. 석양은 생각보다 꽤 길었다. 아직 초록의 풀 끝엔 붉은 햇살이 타고 있었다. 영혼 깊숙이 따사로움이 물결쳤다. 차창 밖은 바람이 꽤 차가워졌다. 한 뼘쯤 열어 놓은 차창 사이로 밀려든 찬 공기가 지친 육체 위를 세차게 덮쳤다.

잠시 이방인의 출현으로 잠복 상태에 들어간 운전사의 발작은 아직 다시 도지지는 않았으나 자꾸 신경이 쓰여서 그런지 차의 요동이 외려 위안이 되었다. 얼마쯤 더 갔을까, 운전사한테 예의 긴장을 늦추지 않고 있던 내가 그만 지프가 산모퉁이를 도는 순간 돌이킬 수 없는 실수를 저지르고 말았다.

아, 성수해다!

나의 고함 소리에 지프는 그 자리에서 스톱했다. 그리고 더는 움직이지 않았다. 해는 뉘엿뉘엿 서산에 걸려 있고, 낙조가 드리운 물웅덩이들이 고즈넉하게 펼쳐져 있었다.

기가 막히네!

차에서 내린 K선생은 고열로 충혈된 눈을 반짝이며 소리쳤다. 옆에
선 운전사와 안내원이 담배를 문 채 고개를 획획 꺾어 대며 일과의 마
감을 만끽하려 했다. 그건 무언의 선포였다.

나는 정신이 번쩍 들어,

여긴 겨우 성수해 발친데…….

하고 상을 잔뜩 찌푸렸으나, 한번 떨어진 꽃은 나뭇가지에 다시 올라피
지 못한다는 속담처럼 이미 분위기는 글러 버렸다.

안내원은 난망해하는 내 꼴이 안돼 보였는지 아니면 업무의 연장이었
는지 간에 급히 뒤쪽에 있는 언덕빼기로 올라갔다.

김 선생 어떡하지?

글쎄. K선생 생각은 어떠세요?

K선생은 아마 계속 가도 이런 식이긴 할 텐데……, 하며 걱정스럽게
웅덩이를 응시했다. 나는 수없이 많은 웅덩이들의 바다를 상상하고 있
었다. 이 때 안내원이 손을 내저으며 내려왔다. 저런 것만 겨우 한 두
개 보일 뿐이라며 손가락으로 눈앞의 웅덩이를 가리켰다.

성수해가 바로 이 곳으로 확정되는 순간이었다. 한 달 가까운 여행의
2차 목적지가 안내원의 정찰 결과에 의해 이제 막을 내리기 직전이었
다. 앞은 휘도는 굽잇길이어서 반론권을 행사하려면 최소한 안내원처럼
언덕빼기로 올라가야 했다. 그러나 내 몸은 그걸 허락하지 않았다.

운전사는 벌써 뒷문을 따고 짐을 내리기 시작했다. 몸을 지탱할 수 없
었던 나는 지프 안으로 기어 들어가 달팽이처럼 쪼그린 채 한쪽 구석으
로 쓰러졌다. 오한이 들어 온몸이 떨리고 발갛게 달아오른 뒷덜미는 터
질 듯했다.

그러나 저물어 가는 고원의 햇살은 나에게 더없이 고마웠다. 텐트를
치는 소리들이 건강하게 울려 퍼진다. 나는 병든 닭 같은 눈을 하고 차

라리 잘 된 걸까,며 언짢은 마음을 쓸어 내렸다. 자꾸만 몸이 까물어져 가는데 가이드가 소리쳤다.

자, 여기 와 누워요.

이어 K선생의 목소리가 들려 왔다. 나는 속으로 K선생 대단한데……, 하면서 엉금엉금 기다시피 텐트 안으로 들어갔다. 마치 둑이 터진 것처럼 순식간에 몸이 벼랑 아래로 굴러 떨어지는 느낌이었다. 아득해지는 정신을 붙잡고 얼굴 앞까지 와 있는 해를 속눈썹 사이로 간신히 바라보았다. 해는 세 개였다. 웅덩이 위로 바짝 올라앉은 해는 연달아 두 개의 웅덩이에 반사되어 더욱 작렬하게 부서지고 있었다.

감미로웠다. 아름답구나, 저런 데서 별이 잠자나 보다, 바다처럼 많은 웅덩이마다 모두 별집의 주소가 있을까, 엄마별과 아기별……. 아내와 아이들의 얼굴이 떠오른다.

이제 따사로운 햇볕이 거의 자취를 감추고 땅거미 내린 웅덩이의 실루엣만이 눈꺼풀 사이로 힘겹게 들어왔다. 별은 이제부터 나타날 테니까 좀 자 둬도 되겠지……, 어느 순간에 잠에 빠져들었다.

안내원이 뭘 좀 먹으라며 잠을 깨웠다. 시간이 얼마나 지났는지 알 수 없으나 밖은 깜깜했다. 나는 손을 내저어 아무것도 못 먹겠다는 의사 표시를 했다. 가이드는 특유의 '우후―' 소리를 내며 몹시 걱정스럽게 돌아가더니 무지무지하게 두꺼운 겨울용 인민군 외투를 가져와 나를 덮어 주었다. 곧 온기가 몸 안에 퍼졌다.

고맙다 친구, 정말로……, 속으로 뇌까리며 또다시 맥없이 잠 속으로 쓸려 들어갔다. 잠결에도 이따금씩 운전사와 안내원의 떠드는 소리가 파장하는 한밤중의 잔칫집 소리처럼 들려 왔다.

다시 눈을 떴을 땐 깊은 바닷속의 쇳덩이 같은 적막이 사방에 흘렀다. 나는 숨이 넘어갈 듯이 가슴이 갑갑해 벌떡벌떡 깨어났다. 그 현상은 밤새 간헐적으로 일어났다. 그 때마다 연거푸 심호흡을 하면서 아직 별들을 볼 밤은 꽤 남았겠지, 하고는 또다시 잠의 나락으로 떨어지곤 했다. 네번째쯤 깨어났을 땐 더듬더듬 수통을 찾아 정신 없이 물을 들이켜고는 일어나 앉아서 게걸스럽게 심호흡을 해 댔다. 텐트 안은 먹통이었다. 두려운 생각이 엄습해 왔다. 허파에 물이 차면 고산병 중증이라고 하는데, 아무래도 그 증세인 것만 같았다. 만일 이 상태에서 의식을 잃으면 코마로까지 갈 수 있다는 것을 책에서 읽었다. 설마 그럴 리는 없겠지. 오늘 밤만은 어떻게든 견뎌 보자. 고도가 낮은 데로 내려가면 괜찮아진다고 하지 않았던가.

손전등을 찾아 들고 일어나 밖으로 나갔다. 인민군 외투는 어깨에 돌덩이라도 올려놓은 듯 무거웠지만 온몸을 러시아제 침낭처럼 감싸 주어 무척 따뜻했다.

짙게 드리운 구름은 밤하늘의 모든 별들을 감추어 버렸다. 나의 기대는 일거에 무너졌다. 모든 별집들은 불이 꺼졌다. 으스스하고 공포스러웠다. 대기가 얼마나 사납고 무거운지 마치 호랑이 아가리 속에 들어와 있는 기분이었다.

이게 하늘이라는 생각이 들었다. 겁도 없이 '서왕모'가 살고 있는 곤륜에 들어온 것이다. 나는 오줌을 누면서, 울부짖는 사나운 짐승처럼 광포하다든가, 살을 예리하게 에일 듯 잔인하다든가, 쌩쌩거리는 회초리처럼 무자비하다든가 하는 것과는 전혀 성질이 다른, 그 모든 것을 한 방에 때려눕힐 것 같은 고요하면서 거대한 육둔함, 이를테면 '모든 것을 제압하는 기'를 생전 처음으로 느꼈다.

곤륜의 여신은 그 날 밤 불청객을 거부했다. 그나마 자애를 베풀어 나의 숨을 끄집어 내지는 않겠다는 '눈감아 줌'을 감지할 수 있었던 것만으로도 다행이었다. · · · 그 밤, 여신의 자취를 볼 수 있었던 것에 나는 지금도 무한히 감사한다.

고래로 동양 사상의 한 축을 이루어 온 서왕모 신화의 땅에서 나는 인민군 외투 깃을 여몄다. 차가운 바람을 몰고 텐트 안으로 돌아오자 K 선생이 물었다.

별은 많이 떴어요?

영 아닌데요.

별 보러 왔다가 텐트에서 잠만 자니 이게 무슨 꼴인지 모르겠다며 둘은 한참을 큭큭 웃었다.

그러게. 운전사랑 그럴 거야. 저 사람들 성숙해 가자고 저 난리를 쳐 놓고 텐트 안에서 나와 보지도 않는다고.

우리는 또다시 흐느낄 정도로 웃었다.

웃으니 몸이 훨씬 좋아진다. 별을 감춘 서왕모의 치마폭이 저만치에서 보인다. 나는 빙긋이 웃으며 편하게 잠을 청했다.

그 밤, 나는 다시 잠들기 전에 잠시 이런 이야기를 떠올렸다.

한 여자를 진정으로 사랑하는 남자가 있었다. 남자는 정직하고 진실했다. 그는 일 년 내내 동굴 속에서 명상을 했다. 그리고 난 뒤 자기 애인의 집으로 가서 문을 두드렸다.

닫혀진 문 뒤에서 애인의 목소리가 들려 왔다.

"누구신가요?"

"나요. 지금 문 밖에 있소." 하고 남자가 말했다.

"집 안에 당신과 나 두 사람이 있을 자리는 없어요." 하고 닫힌 문 뒤에서 애인의 목소리가 들려 왔다.

그러자 이 정직한 사내는 다시 동굴로 돌아가 일 년 동안 명상했다. 마침내 그가 다시 애인의 집에 와서 또 문을 두드렸다. 애인의 목소리가 들려 왔다. 그녀는 똑같이 물었다.

"누구신가요?"

진실한 남자는 이렇게 대답했다.

"바로 그대 자신이오."

문은 곧 열렸다.

이것은 페르시아 민담인데, 나는 그 진정한 남자가 '문명', 여자가 '자연'이기를 꿈꾸듯 염원해 보았다.

별의 동화

K 선생이 산소통을 들고서 텐트 안으로 얼굴을 들이밀었다. 아침 공기가 싸 하니 몰려왔다.

김 선생. 자, 이것 좀 대고 있어 봐.

아— 아니, 됐어요. 누구 망신 줄 일 있쑤?

그 산소통이란 게 기껏해야 30분 정도의 효력밖에 발휘하지 못하는 물건이다. 그런데 서울로 돌아가서 무슨 놀림감이 되려고 그걸 코에 매달고 있겠는가. 난 그가 보는 앞에서 제법 활기차게 카메라를 빼 들고 텐트 밖으로 빠져 나왔다.

코에 좀 대 봐요. 아무한테도 말 안 할게.

그의 말 끝에 둘 다 웃었다. 고원이라 그런지 잔뜩 먹구름 낀 하늘은 땅과 딱 붙어서 발끝만 꼿꼿이 세워도 머리가 구름 위로 솟을 지경이었다. 이래 가지곤 카메라발을 받으려야 받을 수 없으니, 애시당초 '성수해—견우와 직녀의 집을 찾아서'라는 멋진 가상의 사진 한 컷은 이미 무망해져 버렸다.

그래도 저 웅덩이들은 좀 찍고 가야죠.

우리는 서녕(西寧)에서 오직 성수해만을 위해 산 장화를 꺼내 신고 내려갔다.

웅덩이의 물은 그지없이 맑았다. 바람에 물결이 일자 파릇파릇한 물풀들이 일제히 재잘거렸다. 드리운 산등성이의 음영이 흐린 하늘 배경과 어울려 수면을 한껏 우수에 깃들인 그림으로 만들었다. 거기에 진흙 묻은 장화 한 짝을 집어 넣으니 물이 갑자기 탁해져 마치 흑구름처럼 피어 올랐다.

그 때 번뜩 깨달은 게 있었다.

설령 날씨가 좋았더라도 '견우와 직녀의 집'은 역시 가상에서 찾아야 했을 것이다. 마치 아폴로가 착륙한 이후 달에서 옥토끼를 상상하기 힘든 것처럼 가상 속에 있어야 할 별들의 집이 실제로는 이렇게 나의 장화로 더럽혀지고 있는데…….

그래서 나는 멋진 사진 한 컷 대신에 동화 한 편을 짓기로 했다.

매년 팔월이 되면, 황하 강가에 떠내려와서는 다시 되돌아가는 뗏목이 있었다. 어느 날 호기심 많은 한 총각이 이것을 타고 출발했는데, 뗏목은 그를 싣고 미지의 공간을 표류하다가 십여 달 만에 어떤 알 수 없는 곳에 도착했다. 그 곳에 성곽이 보여서 다가가 문틈으로 안을 들여다보니 베틀에서 베를 짜는 여자, 그리고 물을 먹이려 소를 끌고 물가로 가는 남자가 있었다. 직녀와 견우였다. 이들이 사는 이 곳은 하늘강(天河)의 기슭이었다. 총각이 다녀간 이후로 세상 사람들 사이에 황하의 원류는 견우와 직녀가 사는 하늘강이라는 소문이 널리 퍼지게 되었다.(육조시대 양나라의 종름(宗懍)이 지은 『형초세시기(荊楚歲時記)』에서)

나의 동화는 이렇게 이어진다.

견우와 직녀가 만나는 칠월 칠석의 전날 밤, 견우의 시중을 드는 사내가 몰래 빠져 나와 총각이 탔던 뗏목을 타고서 아무에게도 들키지 않게 무사히 하늘강을 건넜다.

저 멀리 보이는 곳에 마치 공작이 꽁지를 활짝 편 것처럼 수많은 둥근 무늬 모양의 웅덩이들이 너무도 아름답고 멋지게 펼쳐져 있었다. 사내는 그 곳을 향해서 들키지 않게 소리 없이 달려갔다.

마침내 사내는 사랑하는 여인의 창문 앞에 도착했다. 그는 갈풍을 불어 신호를 보냈다. 그러자 여인이 부들부들 떨리는 손으로 창문을 열었다.

"나야, 나."

사내는 여인을 보고 속삭이는 목소리로 소리치며 손짓했다. 여인의 눈

양 가죽에 바람을 집어 넣어 이것을 뗏목 밑에 띄우면 현대의 고무보트보다 지형과 물살에 훨씬 잘 적응하는 훌륭한 배가 된다.

에서 달구똥 같은 눈물이 뜨겁게 흘러내렸다.

"빨리 나와, 어서!"

사내는 다급한 목소리로 소리쳤다. 하지만 거의 들릴 듯 말 듯 입만 요란하게 움직였다. 주저하던 여인은 더 이상 어쩔 수 없었던지 눈 깜짝할 사이에 창 밖으로 몸을 던졌다.

사내는 그녀를 받아 쓰러지면서 풀밭을 몇 바퀴나 굴렀다.

"우리 도망치자."

"어떡할려구?"

"이렇게 살 수는 없잖아. 일 년에 단 하루, 칠석날에만 만나는 건 참을 수 없어. 차라리 죽는 게 나아."

두 사람은 각각 견우와 직녀의 하인과 시녀였다. 그래서 고작 상전들이 만나는 칠석날에만 사랑의 눈빛을 나눌 수 있다는 게 도저히 견딜 수가 없었다.

"하긴 그래." 잠시 후 여인은 의아한 눈빛으로 물었다. "그런데 어떻게 여기까지 올 수 있었어?"

"버려진 뗏목을 타고 강을 건넜어. 그리고는 줄곧 달려왔지. 걱정 마, 아직 아무도 본 사람이 없으니까. 서둘러, 어서 가게."

"아냐. 우리는 들키지 않고 저 수많은 웅덩이들을 건너갈 순 없어. 그리고 사실 갈 곳도 없잖아."

"안 돼. 이번 기회를 놓치면 영원히 우리의 사랑은 이루어질 수 없단 말이야. 사랑을 위해서라면 당장 지금 도망쳐."

여인은 눈물을 주르륵 흘리며 사내를 격렬히 포옹했다. 잠시 후 여인의 입술이 달싹거렸다.

"사랑해. 어디로든지 가자."

둘은 갖은 위험과 고통을 겪으며 성수해를 건너는 모험을 시작했다.

이튿날 자정이 겨우 넘었을 때, 이들이 달아난 게 발각되었다. 이들의 상전인 견우와 직녀는 우주의 주관자인 여신에게 곧바로 불려 가서 문초를 당했다. 그러나 아무것도 모르는 두 상전은 두 손 모아 그저 용서만 빌 뿐이었다.

여신은 도망친 두 별이 최초로 우주의 법칙을 어겼다고 노발대발했다. 별들은 반드시 자기 자리를 지키게 되어 있었다. 그것은 우주의 법칙이었다.

여신은 그물처럼 빈틈없는 이 우주의 질서를 도망별들이 어떻게 벗어날 수 있을지 어처구니가 없다 못해 자못 호기심까지 발동했다.

사랑의 도망별들은 삼엄한 경계망을 뚫고 여러 날을 도망다녔지만 끝내 여신의 그물에서 벗어날 수 없었다. 결국 두 별은 파수꾼에게 붙들려 여신 앞에 끌려오게 되었다.

"이놈들! 너희는 결국 이렇게 잡혀 올 줄 몰랐더냐?"

"황공하옵니다만, 저희는 죄를 짓고 도망친 것이 아니옵니다."

두 별이 주저 없이 말했다.

"이런 발칙한 놈들! 너희가 지은 죄가 얼마나 큰지 아직도 모른단 말이냐?"

"맹세코 저희는 오직 서로 사랑한 죄밖엔 없사옵니다. 굽어살펴 주시옵소서."

사내가 말했다.

"어허, 무엄하기 짝이 없구나. 너희처럼 제멋대로 행동하면 이 우주는 그 날로 무너져 버린다는 걸 모르고 있지는 않았을 텐데?"

"여신님이여! 이 우주 만물 중에서 왜 우리 별들만 사랑도 못 하고 홀로 외로이 붙박여 있게 만드셨나이까?"

꿇어앉은 여인이 애처롭게 부르짖었다.

"그건 만물의 질서를 위해서야."

"하지만 사랑의 자유가 없다면 질서가 무슨 소용 있겠사옵니까?"

사내도 고개를 쳐들고 하소연하듯 말했다.

"닥치지 못할까!"

여신은 노하여 몸을 부르르 떨었다.

"용서하시옵소서. 저희는 단 한 순간도 사랑하지 않고는 살 수가 없사옵니다. 참으로 외람된 말씀이오나 여신님께는 사랑의 욕망이 없사온지요?"

사내는 기왕에 죽을 목숨이므로 굽히지 않고 할 말을 다 했다.

이처럼 진실한 소리를 들은 여신은 아무리 이들이 자신의 피조물이고 죄인이라 하더라도 거짓말을 하면서까지 진실을 감추고 싶지는 않았다.

"음, 원한다면 말해 주마."

여신은 회한에 찬 눈빛으로 먼 데를 바라보며 말을 이었다.

"내게 있는 사랑의 욕망은 너희 같은 모든 피조물의 욕망을 합한 것보다 더 크지. 하지만 난 너희들을 위해 참고 또 참는 거야."

"여신님께서 그러신 줄은 꿈에도 상상조차 못 했습니다. 하지만 여신님, 이제 저희는 어찌할 수가 없습니다. 제발 불쌍히 여겨 단 한 번만이라도 저희에게 마음껏 사랑할 자유를 허락해 주세요. 네?" 하며 두 별은 애걸복걸하였다.

어찌 된 일인지 여신은 자신의 마음이 무척 후련해지는 걸 느낄 수 있었다. 우주를 이미 한 번 부수고 다시 만든 경험이 있는 여신으로서 또다시 우주에 손댈 수 없었기 때문에, 자신의 욕망도 어느 정도 해결할 겸 극소수의 이탈자만 허용하면 우주의 질서는 질서대로 유지하면서 그녀가 끝없이 고민해 온 자유로운 우주의 창조자도 될 것 같은 뜻밖의 기막힌 생각이 순식간에 그녀의 마음을 사로잡았다.

"좋아. 너희의 사랑이 그 정도라면 저 너머 아무도 살지 않는 곳으로
보내 주겠다."

두 별은 도대체 어찌 된 영문인가 싶어 기뻐할 엄두조차 못 내고 어
쩔 줄 몰라했다.

"가만, 가만. 내 말을 마저 듣거라."

이들은 벙어리처럼 대답도 제대로 할 수 없었다.

"그 곳은 해가 냄비에 무엇이든 넣고 튀기기 때문에 낮에는 견딜 수
없는 곳이야. 그러니 만약 너희들이 그보다 더 뜨겁게 사랑을 하면 아
무 문제도 없겠지만, 사랑이 식거나 싫증이 날 땐 그만 별과자가 되고
말 것이다. 알겠느냐?"

두 별은 연신 머리를 땅바닥에 조아리며 은혜가 백골난망이라고 떨
듯이 기뻐했다.

이리하여 두 별은 성수해의 위쪽에 있는 요그존리에(튀김 냄비라는 티
벳어)로 보내져 지금까지도 끝없는 사랑의 열정을 불태우고 있다는 이
야기……

두 별의 사랑을 허용한 뒤로 여신이 취한 행동은 서왕모(西王母)가 훗
날 동왕공(東王公)을 배우자로 얻은 이야기나, 여왜가 복희(伏羲)와 결
혼하는 설화 속에서 능히 짐작할 수 있다. 최초의 인간에서 현대인에 이
르기까지 남성이 여성을 유혹한 것이 아니라 여성이 남성을 유혹한다는
것이 한 인류학자의 주장이다.

빗방울이 벌써 한두 방울 떨어진다. 하늘을 쳐다보니 예사롭지 않다.
마도의 사람들은 이 곳이 원래 건조한 지역인데 올 여름은 이상하게 비
가 많이 온다고 했다. 아마도 저 아래 세상에서는 대홍수가 지려나 보다.

마도로 돌아가는 길 내내 비가 엄청나게 퍼부었다. 비의 장막은 길을

요그존리에 분지 전경

분간할 수 없게 만들었다. 그런데 도중에 운 좋게도 트랙터를 타고 들판을 가로질러 오는 한 무리의 티벳 농부들을 만났다. 안내원이 그들과 말을 나누었다. 그 농부들 중에 한 사람이 우리의 지프에 올라탔다. 우리는 그의 안내로 무사히 도착할 수 있었다. 도착지 마도 입구에서 작달비가 퍼붓는 들판에 내려 빗속으로 사라져 가는 그가 요그존리에의 사내별과 여인별 사이에서 태어난 아들인 것만 같았다. 왜냐 하면 지금도 성수해를 지키는 사람은 그들이기 때문이다.

중국인이 우주의 자궁을 찾아간 이야기

이백의 시에 이런 구절이 있다.

> 그대는 보지 못하는가 君不見
> 황하의 물이 하늘에서 내려와 黃河之水天上來
> 한번 바다로 흘러가면 다시 돌아올 수 없음을 奔流到海不復回

과연 이백이 하늘에서 흘러 내려왔다고 하는 황하의 실재 근원지는 어디일까?

1978년 중국 국무원이 최종 확정한 하원은 성수해로부터 서쪽으로 불과 수십 킬로 떨어진 꺼스꺼야(各姿各雅) 산의 다섯 개 구멍이었다. 크기가 엄지와 검지손가락을 동그랗게 오므린 정도로 조그만 이들 구멍에서 중국의 9개 성을 거치면서 5천 미터의 낙차로 장장 5천 4백 6십 4킬로나 달려 발해만으로 떨어지는 저 거대한 황하가 발원한다니 도무지 불가사의할 뿐이다.

더욱이 이 곳을 둘러싼 산형은 어떻게 이처럼 여자의 사타구니처럼

황하가 지상에 최초로 용출하는 곳. 중국에서는 황하의 발원지를 황하 원두(源頭) 혹은 하원(河源)이라 부른다.

생겼는지 깜짝 놀랐고, 황하 최초의 물방울이 그 음부의 깊은 곳인 땅속의 자궁에서 뽀글뽀글 솟아 나오고 있다는 신비함에서, 나는 탯줄이 땅 속 깊이 어딘가로 연결되어 있을 것이라는 상상을, 더 나아가서는 그 탯줄이 서역의 곤륜산에까지 이어졌을 거라고 사람들이 생각했을 수도 있겠구나, 하는 감탄을 아니 할 수 없었다.

　바로 이 생각이 2천 년 이상 중국인의 정신을 끈질기게 지배해 온 소위 황하잠류중원설(黃河潛流重源說)이란 것인데, 우리 나라에서도 옛 사람들이 많이 인용한 것이다.

일례로 위당 정인보 선생이 해방 직후 임정 요인들을 환영하는 자리에서 행한 기념 강연 한 토막을 모씨의 회상을 빌려 여기에 잠시 소개해 볼까 한다.

선생은 황하의 기원에 관한, 옛날 한(漢)나라 때 장건(張騫)의 시적 구상이 무척 마음에 드셨던 것 같다. 곤륜산을 타고 하늘에서 흘러내린 차가운 물사태가 사막 한가운데 염택(鹽澤)에서 지하로 자취를 감추는데, 지하를 잠류하기를 또 몇 천 리, 청해에 이르러 그 모습을 다시 지표로 드러내어 장장 팔천팔백 리 황하를 이룬다는 내용의 이야기가 그것이다. 지하를 잠류하는 황하가 그러하듯이, 경술년의 비극이 곧 이 민족의 종언을 의미하는 것은 결코 아니었다. 임정 요인의 귀국을 맞이하며 선생이 술회하시던 감개 어린 모습을 나는 지금도 어제 일처럼 기억하고 있다.

위당 선생이 말한 황하의 물길에 관한 내용을 약도로 그려 보면 대략 다음과 같다.

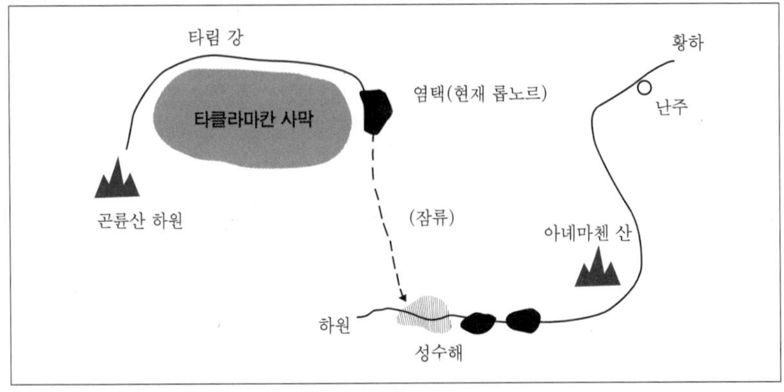

황하잠류중원설의 내용을 그린 약도. 황하잠류중원설이란 황하의 근원이 둘이라는 중원(重源)의 뜻과 어떤 한 구간을 황하가 지하로 숨어서 흐른다는 잠류(潛流) 혹은 복류(伏流)의 뜻이 합성된 것이다.

이 설이 나오게 된 연유가 내가 황하 원두의 다섯 개 구멍을 보고 연상했던 것과는 정반대로, 아주 먼 옛날에 장건이란 사내가 사막 한가운데로 숨어 버리는 신비한 강을 보고 그것이 멀리멀리 사막과 산맥들의 지하를 통과해 다시 솟구쳐 나오는 거대한 황하의 대서사시를 상상하여 생겨난 모양이었다.

장건은 기원전 2세기 한무제의 명을 받아 역사상 처음으로 세계의 지붕인 파미르의 장벽을 뚫은 탐험가로서 중국에 서방 세계를 알린 기념비적인 인물이다. 그는 수많은 서역 관련 전설의 시조로 등장하는데, 앞장 '별의 동화'에 잠깐 소개한, 『형초세시기』에 나오는 견우와 직녀의 설화에서 뗏목을 타고 간 총각도 바로 장건을 모델로 한 것이다.

위당이 말한 장건의 시적 구상은 잘 들여다보면 오랫동안 중국인의 마음을 사로잡아 온 지리관, 본질적으로는 우주관을 보여 주고 있음을 대강 짐작할 수 있다.

현대인의 눈으로 볼 때 황당무계한 이 설은 지금도 대다수 중국인들의 변함없는 신념으로 작용하고 있다. 이백의 시에서처럼 황하는 하늘에서 내려오는데, 그 신비한 곳이 어디냐면 곤륜산이다. 중국인에게 곤륜산은 천제(天帝)의 도읍지가 있는 곳이며, 산 꼭대기에는 천국으로 직통하는 길이 나 있는 우주의 중심축이었다.

이러한 그들의 지리관에 의하면 황하는 반드시 곤륜산에서 발원해야만 했다. 이것은 과학 위에 존재하는 하나의 도그마였다.

따라서 곤륜과 황하는 중국인의 도그마 속에서 불가분한 한 쌍이 아니면 안 되었다. '황하가 곤륜산을 타고 하늘에서 흘러내린다'는 신념은 영원불변한 진리였다.

그런데 우리가 여기서 한 가지 유념할 것이 있다. 곤륜산은 실재한다고 믿은 상상 속의 산인 데 반해, 황하는 그들을 먹여 살리고 황제의 운

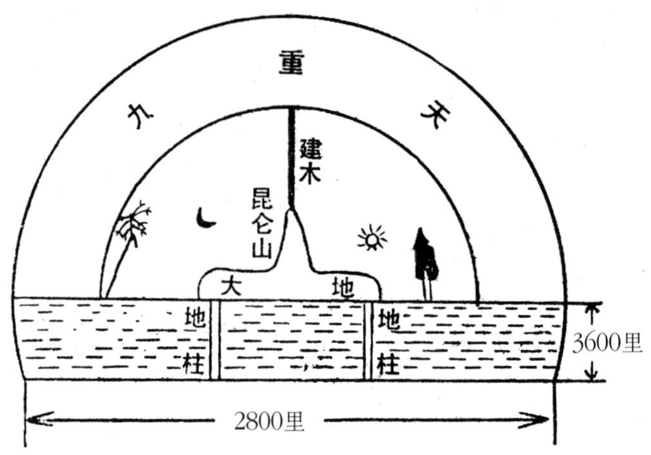

중국 고대인의 우주 관념도. 건목은 하늘과 땅을 오르내리는 사다리 구실을 하는 신성한 나무다. 고대 중국인들은 날개를 달거나 구름을 타고 다니는 식으로는 결코 생각하지 않았다.(金喜泳 編譯, 『中國古代神話』에서)

명까지 좌우하는 현실의 강이었다는 사실이다.

도그마가 현실을 초월하여 영속할 수 있는 근거가 바로 여기에 있었다. 그러니까 황하의 근원이 과학적 탐사의 결과로 어떻게 바뀌더라도 상상 속의 곤륜산은 아무 문제가 되지 않았다. 불변하는 우주의 중심축으로서 곤륜은 바뀐 하원을 따라 지도상에서 옮겨 가면 그만이었다.

도그마를 실재의 지리 속에서 입증하기 위한 하원의 탐사와 논쟁은 중국 2천 년 황하사에서 크게 두 가지로 요약된다. 하나는 황하가 장건이 본 대로 타클라마칸 사막에 있는 곤륜산에서 발원한다는 설이고, 다른 하나는 티벳 동북의 아네마첸 산을 발원으로 한다는 설이다(후에는 아네마첸 산도 곤륜산이라 지칭되었다). 결과적으로 전자는 황하잠류중원설의 강화를, 후자는 부정을 가져왔다.

당연히 전자가 정통설로서 극진한 대접을 받아 온 반면 후자는 이단

아녜마첸 산중을 통과하는 황하

설로 내몰렸다. 그러나 마지막 승자는 현대 과학의 판명에 의해 후자로
되었다.

그런데 여기서 특별히 주목할 점이 하나 있다. 바로 후자의 설이 몽
골족 황제 쿠빌라이의 명령과 그 명을 받든 여진족 출신의 사신이 이끈
탐사대에 의해서 이루어졌다는 사실이다. 왜 이것이 중요하냐면, 최초
로 이민족에 의해서 한족의 중화주의 우주관이 깨져 나간 획기적인 대
사건이었기 때문이다.

보자. 중국에서 황제는 용이고 용은 황하의 상징이었다. 황하가 곤륜
산을 타고 하늘에서 내려오듯이, 황제도 그와 같은 상상의 과정을 거쳐
하늘의 아들, 즉 천자로서 이 땅에 내려온 것으로 믿어졌다. 바로 이 중
화주의 우주관, 이 도그마를 쿠빌라이는 황하의 발원지가 곤륜산이 아
니라는 사실을 철저한 탐사를 통해 확인함으로써 원천적으로 무효화시

켰다. 그럼에도 불구하고 이처럼 하원으로 확인된 아네마첸 산마저 훗날 중국인의 손에 의해 곤륜산으로 수정되고, 나아가서는 어느 것이 진짜 곤륜산이냐 하는 식의 논쟁으로 비화하는 중화주의 안에서의 왜곡과 분식이 행해졌던 것이다.

여하튼 중국인들의 우주축인 곤륜, 왜 그것이 황하의 발원지로 그토록 그들의 가슴을 사로잡아 왔는가를 이해하기 위해 잠시 곤륜의 어원을 살펴보는 것도 좋을 듯싶다.

그것에 대해 세계 학자들의 여러 설이 있으나 가장 설득력 있어 보이는 것은 곤륜이 '혼돈'의 어원에서 파생돼 나왔다는 주장인 것 같다. 우주 탄생 과정에서의 혼돈은 우주란(宇宙卵)으로 표상되는데, 그에 따라 곤륜은 우주란을 의미하게 되었다.

그러면 여기서 질문을 하나 해 보자. 태초의 우주란인 곤륜에서 삼라만상이 태어났다면, 그리고 황하가 그 삼라만상의 대표자라면 이 도그마가 관념이 아닌 현실의 지리학 속에서 어떤 식으로 표현될 수 있을까? 우리는 그 답을 중국인들의 옛 지도에서 찾을 수 있다.

다음의 지도에서 가장 눈에 띄는 것이 호리병 모양의 그림이다. 웬 지도에 호리병이 그려져 있을까 할 정도로 너무나도 크고 분명하게 그려져 있다. 이것은 지리적 개념보다는 그 곳이 어떤 곳이라는 것을 설명해 주는 도상적 개념이라 볼 수 있다. 이를테면 언어적 개념인 셈이다. 그럼 하원에 그려진 호리병은 무엇을 설명하고 있는 것일까?

앞 장에서 복희여왜의 어원과 관련해 호리병박에 대해서 알아보았듯이 호리병은 여성의 자궁, 나아가 자연의 창조 원리 혹은 우주의 축도로 생각되어 왔다. 또 도교에서는 호리병 안에 신선 세계가 존재한다고 믿었다. 태상노군(노자)을 비롯한 도교의 신들은 호리병을 즐겨 차고 다녔는데, 지상과 신선의 세계가 이 호리병을 통해 연결돼 있었던 셈이다.

『楊子器跋輿地圖』에서

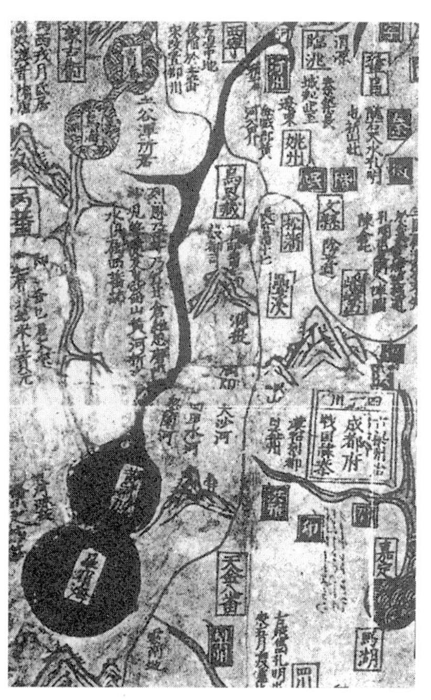

『古今刑勝之圖』에서

  예부터 황하는 중국을 대표하고 상징하는 강이었다. 중국인들은 황하가 잉태한 곳을 우주가 태어난 곳이라 믿었다. 태초의 우주란(宇宙卵)인 곤륜은 황하의 자궁이고, 그런 의미에서 황하의 자궁은 호리병으로 그려졌던 것이다.

  다시 말해서 곤륜산은 호리병을 자신의 몸 속에 간직하고 있는 우주의 생산자였다. 그리고 그 생산자 여신의 이름은 서왕모였다. 그녀는 12만 9천 6백 년을 주기로 우주가 사멸하면 또다시 혼돈 속에서 새로운 우주를 출산했다. 이것이 중국인의 우주론이었다.

  이 우주론을 신비롭게 장식한 것이 바로 황하잠류중원설이다. 왜 이런 거창한 장식이 필요했냐면, 중국인의 우주관은 기본적으로 수평적이기 때문이다. 이것은 인도의 시간적인 우주관이나 서양의 수직적인 우주관과도 극명하게 대비된다. 일례로 산스크리트어 loka dhatu의 한자 번역인 '세계(世界)'가 시간적 개념인 반면, 이에 해당하는 중국의 '천하(天下)'라는 단어는 수평적 개념이다. 또 단테의 『신곡』은 지옥·연옥·천당으로 이동하는 수직적 우주관이지만, 오승은의 『서유기』는 무한대로 확장된 땅을 수평으로 이동하는 우주관을 드러내고 있다.

그러면 21세기를 눈앞에 둔 지금, 내가 극히 중화주의적 우주관인 황하잠류중원설을 붙들고 씨름하는 이유는 무엇인가?

결론부터 말하면, 상고대의 비중화주의적 신화를 재발견하는 것이 암울한 인류의 미래에 어떤 희망의 빛을 던져 줄지 모르겠다는 생각에서이다. 자연과 성과 문명에 대한 패러다임의 전환을 기대하면서…….

그럼 황하는 비중화주의적 우주관과도 관계가 있는가?

먼저 우리 민족의 것부터 살펴보자. 고구려 주몽 신화에 나오는 하백(河伯)은 물의 신이다. 이것은 중국 신화에 나오는 수신 하백과 관련이 깊다. 원래 중국에서는 통상 황하를 '하(河)'라 하고, 장강을 '강(江)'이라 불렀다. 그런데 보다 광의로는 중국 북방의 하천을 하, 남방의 하천을 강이라 범칭하였다. 따라서 하백은 하의 신으로서(백은 높임말이다), 좁게는 황하와 관련된 신이고 넓게는 북방의 하천과 관련된 신이다. 그러나 바로 뒤에 이야기하겠지만 이것은 우리의 상고 신화가 후대의 각색에 의해 중화주의화된 것이란 생각이 든다.

잠깐 중국의 정치사로 눈을 돌려 보자. 중국의 역사는 북방 민족과 한족의 대립사라 해도 과언이 아니다. 중국의 역사 시대는 그 절반을 북방 오랑캐가 통치했다. 10세기 이후만 보면 거란족의 요(947~1125), 여진족의 금(1125~1234), 몽골족의 원(1234~1368), 만주족의 청(1636~1912)이 대략 7백 년 간 북중국 혹은 중국 전역을 지배했다. 이러한 역사적 현실을 무시하지 못하는 듯 중국 국기인 오성기는 한족, 만주족, 위구르족, 티벳족, 몽골족을 상징하고 있다. 커다란 별 하나에 작은 별 네 개인데, 뒤의 네 개는 모두 북방 민족들을 가리킨다.

이와 마찬가지로 황하를 이해하는 데도 한족의 눈만으로는 외눈일 수밖에 없다. 먼 옛날부터 황하는 실제로 거의 대부분의 코스가 북방 이민족의 땅과 경계를 이루며 흘러갔다. 황하의 시작과 끝만 보아도 각각 티벳과 발해이다.

황하의 근원에 관련된 이야기는 티벳족의 설화 속에 한족의 황하잠류중원설과는 전혀 다른 모습으로 생생하게 살아 숨쉬고 있다. 때로는 한족의 것과 대립된 형태로……

또 황하의 최종 종착지 발해는 고구려의 계승국 발해와 이름이 같다. 발해는 먼 옛날 동이족과 고조선의 해양이었다. 당연히 그 곳에 붙여진 이름은 우리의 고유 언어였을 것이고, 발(渤)은 '붉'에서 나왔음이 거의 틀림없을 것이다. 그래서 발해는 해양명이든 국명이든 우리 고대어로 '빛의 바다'란 뜻이었을 것이다.

고구려의 시조 신화에 나오는 하백이 다스린 강 역시 발해로 흘러드는 신성한 어느 강이었을 것이고, 이 하천을 우리 조상들은 고마(곰, 신의 고대어) 혹은 해발(빛의 고대어)이라 불렀을 것이다. 그것을 중국 문자를 빌려 하백이라 썼을 것이다(한국정신문화연구원, 『한국민족문화대백과사전』의 '하백' 항 참조). 후대에 모화사상에 젖은 사대부들이 우리의 어머니인 그 강을 중국의 수신인 하백으로 신념에 차서 자신도 모르게 각색하였을 것이다.

어쨌든 황하는 수많은 민족이 함께 얽혀 흘러가는, 거대한 문화의 합류가 이루어지는 강이기도 했다. 승리한 한족의 입장에서는 그것이 비한족의 문화를 중화문화로 흡수한 이른바 통합의 문화가 된다. 반면 비한족의 입장에서는 자기 혼을 빼앗겨 버린 동화의 문화가 된다. 따라서 자기 혼을 되찾기 위해서는 한족화되기 이전의 원형을 복원해 낼 필요가 있다. 그 원형은 원초적인 활기에 넘치며 무한히 상상력을 자극하는 살아 있는 자연 그것인 것이다.

중국의 가장 오래 된 지리책이자 설화집의 하나인 『산해경』의 역주자 정재서는 개정판 서문에서, "중국 문명이라는 텍스트는 주변문화라는 여러 텍스트들로부터의 인용의 모자이크이며 그들의 흡수이자 변형"이라고 말하고 있다.

나는 이 점에 동의해 마지않는다.

여기서 황하 근원과 관련해 비한족의 신화가 어떻게 한족의 신화로 흡수됐는가 하는 한 예만 간단히 살펴보고 넘어가겠다.

고래로 중국 신화에서 곤륜의 신인 서왕모의 표장(標章)은 봉황이었다. 봉황은 '불의 새'로 태양의 보편적인 상징이었다. 그런데 황하의 근원에서 용이 아닌 봉황이 우주를 다스리는 것은 틀림없이 현지 토착민의 설화를 흡수한 결과로 생긴 불협화음이다(아네마첸 산 역시 봉황과 동일한 상징성을 갖는 공작이 최고신으로 살고 있음을 상기하자).

그러면 한족은 이러한 이민족의 신화 상징을 어떤 식으로 흡수했을까? 봉황의 경우는 용과 대치된 완전한 암컷으로서 황후를 나타내었다. 또 봉황은 그 자체에 암수의 의미가 내포되어 '분리할 수 없는 화합'을 표상했다. 실제로 중국은 여러 오랑캐 나라에 화번공주(花蕃公主)를 시집보내는 식으로 그 개념 ―부부애와 같은 화합, 순종― 을 확대시켜 왔다. 나라의 문장에도 중국은 용, 다른 조공국은 흔히 봉황 따위가 사용되었다. 이것은 이민족 자신의 토양에서 자란 원래의 신화 상징을 완전히 박제화하고 중화주의에 동화시킨 것이었다.

한편 문명과 성의 관점에서 보면 이것은 문명화란 이름으로 상징 조작을 통해서 가부장적 권위의 정당화를 확고히 한 것일 뿐 아니라, 원래 태양을 상징한 봉황, 그러니까 남성의 상징인 것을 여성의 상징으로 도치시킴으로써 여성의 열등성을 중첩적으로 강요하고 이식한 것이 되었다. 예를 들면 오랑캐의 신은 여성이다. 그 열등성은 여자가 남자가 될 수 없듯이 숙명적이다. 하물며 그 땅의 여성은 더 말해 무엇하랴!

이것은 자연에 대한 인간의 침탈과 궤를 같이한다. 따라서 여성적 상징을 중시하고 그 가치의 비중을 높이는 것은 '자연'이 문명에게 착취당한 것을 복원해 달라는 정당한 요구의 일환인 것이다.

좀 다른 얘기로 황하의 근원에서 봉황이든 공작이든 다시 활짝 날개를 펴고 눈부시게 부활하기를 고대하는 데는 나로서는 남다른 이유가 있다.

우리 민족은 알에서 태어났다. 고구려 신화가 그렇고, 고구려에서 내려온 백제 그리고 신라의 신화가 그렇다. 알은 태양의 상징이고, 고대의 우리 민족은 태양을 숭배해 왔다.

이역 만리 우즈베키스탄의 사마르칸드 벽화에서 구소련 학자 알바움이 두 명의 고구려 사신을 발견한 것도 모자에 꽂혀 있는 깃털 때문이었다. 서안의 장회태자 묘에도, 돈황의 막고굴 벽화에도 깃털 달린 모자를 쓴 신라인이 나온다.

우리 민족에게 삼족오(세 발 달린 까마귀)나 봉황은 태양의 상징이자 민족의 아이덴터티였다. 지금도 대한민국의 문장은 봉황이다.

전 유라시아 대륙에 걸쳐 태양과 새에 대한 숭배는 유목 민족들의 공통된 문화현상이었다. 그 중 우리는 알타이계의 문화적 유산을 이어받고 있으며, 그것은 우리의 정신을 최저층에서 마치 리비도처럼 거대하게 충동하고 있다.

과거 중화주의에 동화된 동아시아의 모든 신화는 그 원초적 모습을 되찾아 오염되지 않은 자연의 우주관을 재구성하지 않으면 안 된다. 문명에 억압된 자연의 해방을 위해서는 우리들 상상의 세계, 상징의 세계부터 찬찬히 들여다봐야 할 것이다.

나는 언젠가 이런 생각을 해 본 적이 있다. 어쩌면 우리 민족의 정신세계가 세 개의 층으로 구성되어 있지 않을까. 가장 저층엔 알타이 계통의 샤머니즘, 그 위층에 중국 계통의 유불선, 그리고 맨 꼭대기층엔 구미 문명…….

우리는 지금 현대 문명의 위기 속에서 새로운 길을 모색하지 않으면 안 되는 상황에 놓여 있다. 이제야 눈을 뜬 나는 또다시 이것저것 새로운 것을 찾아 정신 없이 헤매는 것보다는 조용히 눈을 감고 나의 성신 상태를 들여다보면서 마음 속 심연으로 깊이깊이 내려가 보는 것이 어떨까 하는 생각을 한다.

* * * * *

『우파니샤드』에 이런 구절이 있다.

눈으로 볼 수 없으나
그로 인해 눈이 사물을 볼 수 있으니
그대여, 바로 그가 브라흐만(최고의 실재)인 것을 알라.
이 세상 사람들이 숭배하는 것
그것은 브라흐만이 아니다.

마도 초대소의 사람들

지프가 문도 없이 기둥 두 개만 세워져 있는 입구를 통과해 시골 초
등학교 같은 마도 초대소의 마당을 가로질러 들어갔다. 며칠 만에 다시
돌아오니 마치 고향에 온 것처럼 반가웠다. 숙사의 현관 앞에는 서너 명
의 사나이들이 지난번과 똑같은 모습으로 서서 우리의 지프를 쳐다보고
있었다.

우선 이들은 우리가 초대소에 들어오는 순간 모든 상황이 반복된다는
느낌을 주는 첫번째 존재였다. 마치 되감은 필름을 다시 돌릴 때의 스
타트처럼. 그것은 특히 한 사나이의 강렬한 인상 때문이었다. K 선생은
그를 보고 도스토예프스키 소설에 나오는 인물 같다고 했다.

곱슬곱슬한 머리카락이 철수세미처럼 뒤엉킨 그 사나이는 양쪽 얼굴
의 균형이 너무나 뒤틀려 있어 추상 인물화처럼 보였다. 그의 시선은 의
외로 매우 집요했으며, 움푹 패인 오른쪽 볼은 그가 줄곧 야릇하게 흘
리는 미소가 거기 가서 고이는 종지처럼 보였다. 그자 외에는 아무도 웃
고 있지 않았다. 무표정하게 무슨 말들인가를 두런두런 주고받고 있었
다. 어떤 여자가 한 뭉치나 되는 열쇠 꾸러미를 손에 들고 초대소 마당

을 가로질러 우리 쪽으로 오자, 이들은 마치 각본대로 움직이는 것처럼 지난번과 똑같이 자리를 떠나 어디론가 사라져 버렸다.

열쇠를 든 그 여자의, 때가 더께로 얹힌 군청색 코트 위로 가랑비가 차갑게 뿌리고 있었다. 그네는 걸어오면서 우리에게 반가운 미소를 보냈다. 꾀죄한 얼굴 가득히 크고 흰 이빨이 하나 가득 드러났다. 우리는 두번째라 벌써 친숙한 상태였다.

나는 손을 흔들어 보였다. 그네는 뭐라고 알아들을 수 없는 말을 하면서 내 앞을 지나 현관문을 밀치고 들어갔다. 나는 웃음 소리로 대꾸하며 그네 뒤를 따라 들어갔다. 그네는 계속 쾌활하게 지껄이며 일직선으로 늘어선 객실 앞의 복도를 걸어갔다. 나는 마음 속으로 지난번에 묵었던 방이기를 바랐다. 다행히 그네가 그 방 앞에 발을 멈췄다. 철컥, 방문이 열리고 어둑한 실내가 낯익게 들어왔다. 이방인이 하룻밤 묵었던 방을 다시 만나는 기쁨은 실로 작지 않았다.

아, 이제 좀 살겠네!

나는 침대에 걸터앉아서 나도 모르게 부르짖듯 큰 소리로 말했다. 그네도 떠들기를 중단하고 아예 그 큰 흰 이를 다 드러내 놓고 깔깔 웃었다. 언어가 안 통하면 편한 점도 있다. 인간은 동작과 느낌을 통해 대충은 다 알아듣게 마련이어서 말의 오해 없이 이심전심으로 통하기 때문이다.

이 때 방 안으로 짐들이 들어왔다. 뒤따라 K선생도 왔는데, 우리는 짐 옮기는 것을 거들지 않았다. 전번에 여기서 별 생각 없이 무거운 짐을 들어올리다 그만 고산병 증후가 나타나 밤새 시달려서 성수해도 못 갈 뻔했던 기억 때문이었다.

나와 함께 들어왔던 그네는 나가고, 지난번과 똑같은 순서로 다른 여자가 연탄 담은 통을 한 손에 들고 서너 가닥으로 딴 머리를 치렁거리며 지난번과 똑같은 모습으로 들어왔다.

이 여자는 특히 눈이 커서 웃을 때 동공이 두 배나 더 커 보였다. 동공의 확대는 애교 띤 웃음과 함께 성적 매력을 나타낸다나 어쩐다나.

어쨌든 간에 나는 그 여자에게 친밀감을 느꼈다. 저번에 한밤중에 난로를 꺼트린 기억이 있어 나는 몸짓으로 자세히 물었다. 그 여자도 열심히 설명해 주었다. 나와 K선생과 그 여자는 사이사이에 신나게 웃음을 터트렸다. 아무런 통역도 없이 자연의 언어로. · · ·

이제 모든 수선함이 사라지고 조용한 밤이 찾아왔다. 그런데 전혀 뜻밖의 상황이 벌어졌다. 지프 여러 대가 연달아 헤드라이트를 휘둘러 대며 도착했다. 순식간에 군인들이 복도 맨 왼쪽 끝에 있는 우리 방만 빼놓고 나머지 객실들을 모조리 점령하는 것 같았다. 마치 고요한 마을에 적군이 들이닥친 것처럼 이방 세계에 들어온 나그네의 감상(感傷)은 산산이 깨져 버렸다. 나는 지끈거리는 머리를 흔들며 고산증에 극히 안 좋은 담배를 하나 빼 물었다. 흰 연기를 몇 모금 깊숙이 삼키니 독이 외려 약이 되는지 기분이 한결 나아져 책상 앞에 앉아서 며칠째 밀린 일기를 쓰기 시작했다.

한 반시간쯤 썼을까, 갑자기 노크 소리가 들려 왔다. 문을 열어 주자 그 눈 큰 여자가 군인 하나를 데리고 들어왔다. 두 사람은 마치 혼성 이중창단처럼 내 앞에 서서 입을 쩍쩍 벌리고 열심히 무슨 말을 했다.

어리둥절한 내가 눈을 크게 뜨고 유심히 그들을 살펴보고 있자 두 사람은 드디어 가수이기를 그만 두고 배우로 돌변했다. 나는 곧 그들의 행동이 무엇을 뜻하는지 감 잡고서 그게 변비라는 건지 설사라는 건지를 알기 위해 일단 손을 저어서 중지시키려 들자, 군인이 대뜸 날 칠 듯이 험상한 몰골로 쳐다봤다.

어이가 없었지만 이방인인 나는 얼른 살랑살랑 웃으며 엉덩이에 손을 갖다 대고 쫘쫘, 소리와 함께 똥이 쏟아져 나오는 시늉을 했다. 그러자 두 사람은 금세 활짝 웃으며 그렇다고 팔짝거렸다.

내가 돌아서서 약을 찾아 가지고 바로 건네 주자, 군인은 만족스럽게 "하오(好)" 하고 마치 개선장군처럼 팔을 흔들어 대며 눈 큰 여자와 함께 사라졌다.

난 황당한 기분이 들어 헛웃음을 터트리며 방 안을 휘둘러보았다. 난로 위엔 주전자 물이 팔팔 끓고 있었다. K선생은 이불을 몇 개나 둘러쓴 채 꿈쩍도 않고 자고 있다. 아마도 나하고 고산 증세가 역전된 모양이다. 나는 커피를 한 잔 타 마셨다. 다시 책상 앞에 앉으려다가 문득 뜨거운 물에 발을 담그고 있으면 몸살기가 풀린다는 어머니 말씀이 생각나 밖으로 대야를 가지러 나갔다.

차가운 바람과 함께 복도의 컴컴한 유리창엔 여전히 빗방울이 들이치고 있었다. 간간이 중국 군인들이 떠드는 소리가 괴성처럼 복도를 울렸다. 창 너머로 우리 숙사와 직각을 이루고 있는 옆 숙사에서 누군가가 손전등을 들고 나오는 게 보였다. 그의 실루엣이 마당을 다 빠져 나가기 전에, 초대소 입구에 있는 두 개의 기둥 사이로 거대한 트럭 한 대가 망루 위의 헤드라이트처럼 숙사들을 향해 불빛을 살벌하게 비추며 서서히 미끄러져 들어왔다.

비 오는 이 밤중에도 우리가 지난번 그리고 오늘 저녁 도착했을 때처럼 똑같은 사람들이 똑같은 순서로 움직일까? 곱슬곱슬한 머리칼이 철 수세미처럼 뒤엉킨 사나이와 그 친구들, 때 전 군청색 코트를 입고 열쇠 꾸러미를 든 여자, 딴 머리에 붉은 댕기를 달고 연탄통과 부지깽이를 가지고 나온 눈 큰 여자, 마당 한가운데서 비 맞고 뛰어다니던 두 아이들. · · ·

아니나다를까, 사람들이 여기저기서 움직이기 시작했다.

나는 이 광경을 바라보면서, 중국으로부터 나라를 빼앗기고 문명으로부터 자연을 빼앗기고 돈으로부터 정신을 빼앗긴, 그래서 감은 필름을 다시 돌리듯 반복해서 무의미하게 움직이는 이들의 모습에서, 나는 어쩌면 진짜의 나일지도 모르는 나를 보는 듯했다.

문명은 강자의 것이며 살육자의 것인가? 이들의 할아버지와 아버지와 이들이 자연에서 살아가는 자유와 행복을 빼앗긴 대가로 그 문명 세계로부터 각각 차례차례 서로 다른 무엇을 받았던 것일까?

다음 날 아침 황하 제1교 앞에서 마츄의 하얀 물이 탁하게 변해 가는 것을 보며, 이 곳의 티벳인들보다 훨씬 탁한 문명인들의 모습과 더불어 나의 모습도 다시 생각해 보았다.

* * * * *

사람의 모습 속에서 우리는 그가 속한 자연과 문명을 짐작할 수 있다. 그가 나체이면 더 확연히 알 수 있다. 꾸미지 않은 원질(原質)을 볼 수 있기 때문이다. 나는 알몸으로 거울 앞에 서서 나를 바라본다. 할아버지, 아버지의 몸뚱이와 판연히 다르다. 무척 하얘진 피부에 살은 피둥피둥 찌고 기름기가 쫙 흐른다. 고통스런 자의식 속에서 문명의 척도라는 것을 생각해 본다. 내 알몸의 상태는 내가 할아버지, 아버지보다 훨씬 더 문명인이라는 것을 생생하게 입증한다. 이 생몸뚱이는 내가 어떤 생각을 하든 어떤 치장을 하든 상관없이 인류 문명사에서의 위치와 등급을 실재 그대로 드러내 주고 있다.

그 문명사의 본질이란 이를테면 이런 것이다. 인류 문명이 낳은 최초의 영웅, 길가메시는 수천 년 뒤 인류가 다다를 문명의 끝을 그 당시에 이미 갔다 왔던 것이다. 그 길가메시가 생사를 건 모험 끝에 얻은 마지막 결론을 들어 보자.

"내 손으로 애써 얻은 게 결국 이것이란 말인가? 내 심장의 피를 다 쏟은 결과가 이것이란 말인가? 나는 아무것도 얻은 것이 없다. 땅 위 짐 승(뱀)이 나 대신 즐거움을 누리고 있구나. …… 배는 강둑에 매어 두 고 그만 돌아가자."

그가 찾아 나섰던 것은 영원한 생명이며, 그가 마침내 손에 쥔, 젊음 을 소생시키는 꽃은 허무하게 뱀한테 도둑맞고 말았다. 길가메시의 이 야기는 약 5천 년 전 메소포타미아의 '우룩' 왕국 시대에 인류 최초의 문 자인 수메르어로 토판 위에 기록되었다. 이 대서사시의 영웅은 서양 문 명사를 꿰뚫고 있다. 이 영웅의 전형은 호메로스의 『일리아드와 오디세 이아』, 켈트족의 신화, 바그너의 〈니벨룽겐의 반지〉를 거쳐 현재에 이 르고 있다. 문명인을 대표하는 길가메시는 원초적인 자연인을 대표하는 자신의 분신 엔키두를 데리고 길고 험난한 모험의 여정에 나서지만, 끝 내 신이 낳은 가장 용감한 엔키두를 잃고(엔키두는 문명인이 된 것을 후회

터키 고고학 박물관에 있는 고대 우룩 왕국의 토판. 기원전 3천 년경 인류 최초의 문자인 수 메르어로 씌어졌다.

하면서 최후를 마친다) 그 자신 또한 목적지에 도달해 얻은 '젊음의 꽃'을 허망하게 도둑맞은 채 귀향하여 덧없는 일생을 마친다. 이것이 길가메시가 자연에 대항하여 투쟁하고 모험해 얻은 총결산이다. 실제로 이 '젊음을 소생시키는 꽃'은 삶 너머에, 문명 너머에, 자연에만 존재한다는 교훈을 5천 년 전의 이 서사시는 이미 인류의 앞날에 던져 주었다. 좀더 정확히 말하면, '영원한 생명'은 자연에 순응하는 자만이 얻을 수 있기 때문에 '자연을 정복한 문명'이 아닌 '자연과 융화한 문명' 속에 그것은 존재한다는 것이다. · · ·

거울 속의 알몸인 나. 오래 전에, 너무도 오래 전에 길가메시와 엔키두로 분화된 나. 이미 내 알몸 속에 엔키두는 죽고 없다. 나는 여태 무엇을 그토록 찾아 헤매었는가. 나의 사체를 벌레가 파먹는 것말고 다른 무엇을 기대했는가. 현대 문명은 전 인류를 끌고서 하루가 멀다고 어디로 그렇게 정신 없이 달려가는가.

보라. 거울 속에 비친 나의 생몸뚱어리는 5천 년 전 인류의 깨달음보다 5천 년이나 더 후퇴했음을 여실히 보여 주고 있지 않은가.

아내에게 보내는 편지 : 느림을 향한 진보

이 편지가 당신에게 도착하기 전에 틀림없이 내가 먼저 여행을 끝내
고 당신 앞에 나타나게 될 것을 생각하니 기분이 묘해. 모든 게 때가 있
는데 막이 다 내린 뒤에 구경 온 관객꼴이 되기 싫은 느낌 알겠어? 그
래서 차라리 일기를 쓰는 기분으로 지금의 혼란한 생각들을 두서 없이
적어 볼까 해.

초원과 산악과 강과 하늘을 보면서, 그러한 자연의 품에 안겨 사는 몽
골과 티벳 사람들을 보면서, 나는 옛날이 무척 그리워졌어. 나도 많이
변했나 봐. 이제는 전에 내가 그토록 꺼리던 문장을 쓰기 시작하는구만.
흘러간 옛날을 황금 시절처럼 말하는 거. 이 순간까지도 마치 사상 검
열대에 선 사람처럼 조바심내며 진보에 매달려 있는 내가 가장 싫어하
는 보수 혹은 복고를 연상시키는 '옛날이 좋았어' 같은 말들, 그것들을
친근하게 느끼고 있는 거야.
　친근함. 그것은 내가 이 곳에 와서 느끼는 자연의 리듬과 그 리듬에
따라 살고 있는 여기 사람들의 움직임이 현대의 것이 아닌 틀림없는 과

거의 것이라는 내면의 자각에서 연유하고 있어. 아마도 시간의 서열에서 우리가 부여받는 느낌은 속도의 느림·빠름에 의해서일 거라는 생각이 들어. 예를 들어 옛날을 생각하며 편안함과 여유를 느끼는 것은 옛날이 지금보다 더 느린 속도로 돌아갔기 때문이 아닐까? 과거나 현재나 미래나 자연의 리듬이 만들어 내는 속도는 똑같을 텐데, 그렇다면 인간들이 만들어 낸 속도가 문제일 수밖에 없잖아? 현대는 자연의 속도를 공포스럽게 초과한, 그래서 우리의 몸과 정신이 자연에서 가차없이 팅겨져 나와 버린 '난민수용소' 같은 곳이 돼 버렸어.

속도의 문제와 관련하여 나는 우리의 사랑을 생각해 봐. 사랑은 틀림없이 리듬을 타는 거야. 비가 오면 비 오는 리듬을 타고, 눈 오면 눈, 슬프면, 기쁘면, 싫어지면, 좋아지면, 그 때 그 상황에 따라 리듬을 타면서 사랑은 진행돼 가는 거잖아. 내가 여기서 사랑이 성숙해 간다든지, 익어 간다든지 하는 표현을 안 쓴 이유를 알아?

그것은 사랑을 생물에 비유하고 싶지 않기 때문이야. 그런데 난, 사랑은, 사랑이야말로 생물이라고 생각하고 있거든. 당신도 알고 있다시피. 그러면 왜냐구? 당신도 의아하겠지. 나도 신세대 티를 한번 내 보려는 거야. 신세대는 사랑은 식욕과 같다고 말할 것 같아서. 먹고 싶으면 먹고 먹기 싫으면 안 먹고. 문제는 그것을 사 먹을 능력이 있느냐지. 그렇기 때문에 생명체에 해당되는 '익어 간다'든가 하는 말 대신 물리적 표현이면서 경영학적 표현이기도 한 '진행(process)'이란 말을 쓴 거야.

그러나 공정과 같은 '진행' 속에도 '자연적인 리듬의 속도'는 어떤 첨단 도구로도 제거되지 않는 전 과정을 관통하는 핵심이라는 것을 이야기하고 싶은 거야.

자연적인 리듬의 속도를 경멸하며 현기증이 날 만큼 무서운 속도감 속에서 사랑을 할 때, 한 쌍의 연인이 탈 수 있는 리듬은 무엇일까? 기

계. 기계가 만들어 낸 인공의 리듬. 디젤 기관, 아니 이제는 그런 걸로
는 게임이 안 되는 컴퓨터의 광속도가 주는 리듬. 그러나 더 이상 그런
가공할 속도로는 자연에서, 자연의 리듬 속에서 어떤 인간도 적응할 수
가 없어. 아니, 그것은 이미 아주 오래 전 근대적 기계가 출현한 시대부
터였던 거지. 그런데 우리의 젊은 시절이 지금에서 약 20여 년 전밖에
안 되었는데도 당신과 나의 사랑은 그래도 참 인간적이었던 것 같아.

인간적? 왜 자꾸 이처럼 말끝마다 자기 검열에 걸리는지 모르겠지만
이것도 참 쓰기 곤혹스러운 단어야. 그럼 신세대는 비인간적이란 말인
가? 실제 이런 식 얘기는 공자, 맹자 때부터 있어 왔으니 식상한 중언
부언이지. 쉽게 말해서 역사의식의 결여라구. 난 과거에는 이런 식의 생
각이 머리를 스치는 것조차 꺼려했었어.

그런데 나 자신도 놀랄 정도로 참 대담하게 말하지만, 역사의식이란
걸 이제는 재고해야 할 때가 온 것 같아. 지금까지 나의 진보에 대한 개
념은 역사의식에 기초한 것이었는데, 그 역사의식이란 것이 과거보다는
현재가, 현재보다 미래가 반드시 발전한다는 전제 위에 서 있기 때문에,
나 역시 어떻게든 미래를 희망적으로 맞이할 수밖에 없었어. 그리고 당
연히 속도의 가속화에 대해서도 필연적으로 모종의 '제대로 된 의미'를
부여하려 했던 거야.

그러나 물론 자본주의의 살인적인, 아니 살인중인 속도를 부정한다는
의미에서였지. 거 있잖아, 물질적 발전이 인간의 삶을 위해 봉사하는,
'인간을 위한 과학' 같은 소리들 말이야. 그런 관념 속에서 사실 꼭 대
안일 필요는 없는 문제의식·문제제기만으로도 중요한 것이기 때문에
속도를 그런 식으로 긍정하면서 행동해 왔던 거야.

그런데 내가 요즈음 여행중에 조금씩 느끼고 있는 것이지만, 끝없는
속도 경쟁과 속도의 진보를 긍정한 위에서는 결코 어떤 것도 대안적일

수 없다는 거야. 예컨대 속도의 가속화에 부여하는 모종의 '제대로 된 의미'란 환상이고 자기 합리화고 자기 기만이란 거지.

이처럼 심각하게 생각한 적은 처음이야. 문제의 본질은 속도라는 것을. 갑자기 밀란 쿤데라의 소설 『느림』이 떠오르는군. 현대의 속도에 대한 그의 저항은 우리의 삶을 치명적으로 비인간화시키는 현대 문명의 급소를 찌르고 있어. 하지만 지향점이 다소 엉뚱하고 심지어 잘못됐기까지 해, 내 기억으로는.

작가는 18세기 유럽의 속도와 그 시대의 낭만적 사랑을 동경하면서 현대인에게 그것은 단지 꿈에 불과하다고 말하고 있어. 그래도 밀란 쿤데라는 거기서 행복을 찾는 길밖에는 달리 희망이 없다는 거지. 아 참, 빠뜨릴 뻔했어. 그에게 동경의 원류는 에피쿠로스의 쾌락주의야. 18세기의 사랑은 그것의 현실태이고.

갑자기 무슨 에피쿠로스냐 하겠지만 일반적으로 아이디어의 원형을 그리스에서 찾는 게 서양 문필가들의 공식적인 패턴이거든. 일단은 그럴듯해 보이기도 하고, 또 그럴 만한 이유도 있고.

한마디로 속도란 이성의 빛나는 승리야. 18세기는 이성의 황금 시대지. 그런데 밀란 쿤데라는 속도의 느림을 강조해. 그러면 왜 18세기를 동경할까? 모순이잖아? 하지만 모순이 아니야. 뭐랄까, 약이 독해질수록 균도 독해진다고나 할까(내가 이성이 약이고 비이성이 균이라고 생각해 이런 비유를 하는 건 절대 아냐). 말하자면 이성이 밝은 대낮에 힘차게 정복자의 나팔을 불어 댈 때, 비이성은 컴컴한 밤에 반항의 즐거운 비명, 즉 퇴폐의 극치를 철저한 비밀 속에서 행동으로 보여 줬던 거라구.

물론 근대 이성에 반기를 든 것은 이러한 퇴폐주의뿐 아니라 낭만의 영웅주의도 있지만, 그래서 '퇴폐주의'와 파시즘으로 향하는 '낭만적 영웅주의'는 쌍둥이지만 여기서는 더 이상 언급하지 않겠어.

근대 이성의 발전은 개인주의를 극대화시키고 합리성이란 이름 아래 모든 것, 심지어 남녀의 사랑까지도 계산하게 만들어. 그러나 인간 본성의 한켠에선 계산되지 않는 순수를 갈망하는 거지. 쾌락은 어떤가? 바로 그것이야. 개인주의와 순수에의 갈망을 동시에 만족시켜 줄 수 있는 것. 적어도 쾌락만은 계산 불가능한 순수 그 자체이며, 근대인이 추구하는 개인적 행복의 최고선이라는 생각에 이른 거야. 그러나 쾌락은 관념적으로나 현실적으로나 비밀을 절대적인 전제조건으로 해. 그래야만 쾌락의 만족이 극대화되니까. 이러한 비밀은 오직 치밀한 합리적 계산에 의해서 지켜질 수밖에 없지. 이리하여 비밀의 파수꾼인 이성과 비밀 속에서 밀월을 즐기는 쾌락의 극적인 협력이 이루어지는 18세기적 아타락시아(최대 쾌락)가 탄생하는 거야. 이 18세기적으로 변용된 에피쿠로스의 아타락시아는 본질적으로 육체적 쾌락이라구. 결국 이 전락된, 타락된, 왜곡된, 도착된 에피쿠로스의 쾌락은 그러나 근대인의 이기심을 위해 낭만적인 것으로, 심지어 지극히 인간적인 것으로 미화되는 거야. 이것이 근대가 말하는 순수라는 것. 순수 문학, 순수 예술 따위.

이제 20세기 말에 소위 그 순수란 것을 어떻게 되찾을 것인가. 근대적 생활 양식이 된 개인주의가 그 내부에서, 그 내부적 원인에 의해서, 생명을 잃어버리게 된 현실 앞에서 개인주의의 그 이상, 그 꿈, 그 황홀함, 그 황금 시대인 18세기의 그 순수를 어떻게 되찾을 것인가. 그에 대한 동경 다음에 오늘의 돌파구는? 밀란 쿤데라는 천재적인 민감성으로 현대의 속도, 그 공포스러운 광속도가 바로 개인주의의 유토피아를, 진정한 순수로서의 쾌락을 냉혈하게 앗아 가고 인간을 식물화한다고 뼛속까지 느꼈겠지. 그래서 18세기를 붙잡은 것일 텐데, 허허, 그건 말이 안 돼. 밀란 쿤데라는 자신이 18세기의 정신과 예술을 가장 잘 드러낸 문학 작품의 하나라고 손꼽은 어떤 작품의 주인공을 자기 소설로 데려와

그를 이상적 인간으로 설정해 놓고, (원래 작품에서는 그 주인공의 직위 같
은 게 전혀 언급되지 않았으나 자신은 그를 '기사'로 상상한다고 하면서) 이상
적 인간은 기사, 즉 신화적이고 전설적인 분위기를 자아내는 기사여야
할 듯한 관념 속에서 그런 기사의 상징성을 통해 영웅주의와도 결탁하
고 있는 거. 이게 도대체 무슨 해괴망측한 짓인가?

　그럼 밀란 쿤데라와 같지 않은 속도의 '느림'은 무엇일까?
　자연의 속도에 맞추는 것. 자연의 리듬을 회복하는 것. 자연계의 생
태 리듬을 파괴하지 않고 그것에 조화하여 함께 사는 것. 그런데 이것
은 퇴보, 바로 퇴보를 의미하는 걸까?
　아니야, 이것이야말로 진보야. 뭔가 좀더 잘 생각해 봐야겠어. 참, 어
렵구만. 스스로한테이긴 하지만 정작 네 생각은 무엇이냐고 반문하니까
깝깝해. 느낌은 확실히 오는데……. 느림이 진보가 될 수 있고, 느림이
진보가 돼야 한다는 문제의식을 이제부터는 구체화시켜 가야 할 것 같
아. 아마도 내가 붙들고 있는 이런 생각의 원조는 밀란 쿤데라와는 달
리 지극히 종교적인 거라고 봐. 이타주의, 헌신을 통한 진정한 행복, 우
주적 책임감, 인류애, 자연에 대한 사랑 따위.
　여행길 내내 아름다운 자연 속에서 사람들이 우애롭고 행복하게 인간
적으로 사는 모습들을 죽 봐 왔어. 우애, 행복, 인간적인 것은 심리적으
로 뒤틀리거나 송곳 같은 자의식을 갖거나 각질 속에 자신을 꽁꽁 숨길
필요가 없겠지. 아예 그걸 허락하지 않기 때문에.
　생각해 봐. 현대인은 심지어 사랑마저도 타산으로 가득 차 있어. 상
대를 계산기 속에 넣고 두드리는데 그 속에서 진정한 우애, 행복, 인간
적인 것이 나오겠어? 어림없지. 동서고금을 통틀어 그래도 사랑은 합리
적 계산에서 가장 멀리 떨어져 있다고, 혹은 그것과는 정반대라고, 타

산되지 않는 마지막 순수라고 애송되어 온 그 사랑마저도 이럴진대 다른 인간 관계는 말해 뭘 하겠어.

여보! 나는 학창 시절에 사랑은 타산되지 않아야 한다고 얼마나 열렬히 생각했는지 몰라. 그런데 실연을 몇 번 겪다 보니 이게 참으로 비현실적인 생각이더구만. 그 뒤로 깨달은 것은 사랑은 모조리 비타산적으로 비치는 타산이란 거였어. 사랑에 수반되는 모든 행동 하나하나가 치밀하게 계산되지 않으면 대체로 실패야. 이런 참혹한 현실에 나는 한때 깊이 절망했었어. 그런데 당신이 나를 구한 거야. 어쨌든 당신과 사랑에 성공한 것은 기술에 의해서가 아니라는 이 사실 하나로도 나는 모든 기술의 세상과 맞서 싸울 힘을 얻은 거야.

기술(테크놀러지)을 부리는 타산에 조종받음이 없이 아름다운 사랑을 할 수 있다는 것. 이건 신화야. 하지만 현대의 엄청난 기술의 속도 앞에서 신화는 신화일 뿐이야. 이제 생각해 보면, 우리가 과거에 속도를 거부하는 용기를 가졌기 때문에 신화는 우리 것이 됐어.

우리가 그 신화를 지켜 가려면 이 파멸적인 속도 속에서, 따라가도 파멸이요 그러지 않아도 파멸인 이 속도 속에서, 일단은 천천히, 일단은 매우 느리게 따라가면서, 그만큼의 손해는 감수하면서 우애·행복·인간적인 것들에 대해서 생각해 봐야 해.

'사랑한다는 것은 본질적으로 비타산적인 것'이야.

누구나 원하는, 자신이 힘들고 어려울 때 힘이 되어 주는 사랑, 세속적인 기준에 따라 자신을 대하지 않는 사랑은 다 아는 것처럼 결코 타산적이지 않기 때문이지.

그런데 우리를 포함한 현대인은 불행히도 속도에 정비례하여 갈수록 타산적으로 되어 가지 않는가 말이야. 속도와 타산. 어떤 것이 먼저일까? 내 생각은 속도야. 본질적인 것이고 흔들림 없는 것이고 자명한 것.

속도는 시대의 배에 탄 모든 것의 운명을 좌우하는 함장.

지금 속도와 싸워 이길 수 있는 자는 아무도 없어. 신들마저도 모두 나가떨어져 버렸어. 우리 지구는 오직 속도라는 유일신의 지배하에 있지. 그 신과 맞서 싸우는 걸 꿈꾸는 것은 너무도 위험한 일일 수밖에 없어.

사회에서의 개인의 몰락, 국제 사회에서의 국가의 몰락, 그 원인은 속도에서의 패배라구. 경쟁과 전쟁에서 이기는 길은 상대보다 한 발이라도 앞서는 속도에 있으니까.

그 신은 현대인이 속도에 대한 회의를 품을 겨를도 없이 묻는다.

어떤 것을 택할 것인가? 너는 성공을 원하는가 실패를 원하는가, 너희 나라는 번영을 원하는가 망하기를 원하는가.

허허, 무슨 대답이 필요해. 신이여, 당신은 인류의 재앙입니다. 당신은 지구를 멸망으로 끌고 가는 신입니다. 당신을 맹목적으로 추종하는 수십억의 신도들은 이제 맹목일 필요조차도 없이 속도 그 자체의 구성 원자가 되어 버렸습니다.

그러니까 모두 다 신의 일부가 되어 버린 거야. 신의 세포가. 맞아, 그런데 나 같은 사람은 신의 암세포야.

나는 신의 안기부에게 이렇게 말하고 싶어.

그건 많이 듣던 소린데요. 난 진보적인 요구를 했을 뿐이지 불순분자는 아니에요. 네? 속도를 비방하는 것은 절대 진보적인 요구가 될 수 없다구요? 맞아요. 나도 방금 전까지는 그렇게 생각했습니다. 그런데 지금은 생각이 바뀌었어요. 완전히요. 그런 의미에서 난 확신범이죠. 내가 성원하고 싶은 조직은 '느림을 위한 진보 동맹' 같은 거예요. 그게 반국가단체 같은 거라구요? 적색 인터내셔널 같은 거라구요? 나는 또 이렇게 당하는 겁니까? 속도에 반대하고 진보적이지도 않으니 사회주의자란 말씀인가요, 담당님의 말씀은?

어쨌든 속도에 반대하는 것은 자본주의에 반대하는 것이 틀림없지만, 사회주의도 속도의 신을 신봉했으니까 적색 운운하는 것은 말도 안 되지.

그건 그렇고 '느림을 향한 진보'란 게 가능할까?

진보의 궁극적 목표가 자유, 평등, 박애, 행복 등이라면 속도를 느리게 하는 수밖에 없어. 이것은 불변이야. 원칙이란 말이야. 뭐 더 확고부동한 단어가 없을까. '절대불변의 원칙!'

남은 건 방법의 문제야. 어떻게, 어떻게 느리게 할 수 있을까?

이것이 내가 이 여행에서 가지고 돌아가는, 말하자면 화두라구.

여보, 여기는 중국의 변경 도시 서녕(西寧)이라는 곳이야. 조금 전까지만 해도 빗소리가 차락차락 들렸는데 지금은 정적만 감도는군. 새벽 1시 10분. 창 밖에서 들려 오는 외마디 같은 고함 소리, 찻소리, 정체 모를 잡음들……. 이 때문에 방 안에는 외려 적요만 가득 흐르고 있어.

나는 지금 아주 이상한 육체적·정신적 상태에 놓여 있어. 4천7, 8백 미터의 성수해를 일 주일 이상이나 헤매다 파김치가 돼 돌아온 지 불과 몇 시간인데 어찌 된 일인지 조금도 피곤치가 않단 말이오. 지금 붉은 심장엔 엔돌핀이 얼마나 빨리 도는지 나는 당장 이렇게 외치고 싶어.

"사랑하는 나의 아내, 별들이 잠자는 바다— 성수해에서 잠들지 않은 유일한 나의 별이여."

이 밤이, 이제 그만 불을 끄고 캄캄한 어둠 속으로 침잠해 들어오라고 나를 유혹해. 밤은 색깔도 소리도 너무나 깊고 오묘하고 다채롭고 파닥파닥 살아 있어. 그 황홀지경을 어떻게 말로 다 표현할 수 있겠어. 그 속에서 만나자구. 둘이서 손 꼭 잡고 검은 말 회오리치듯 달려오는 바람 소리나 밤바다에 부서지는 검은 파도 소리를 들어 보자구……..

숲 속으로 날아갔던 새가 보금자리로 찾아들듯 앞으로 한 열흘 있으면 집에 도착할 것 같아. 코스를 바꾸었기 때문에 일정이 단축된 거야. 그게 얼마나 기분 좋은지 몰라. 당신과 아이들을 빨리 보고 싶은 마음 때문이셨지.

나 혼자 여행하는 것에 대한 미안한 생각과 함께 문득 언젠가 봤던 〈노스텔지어〉라는 영화가 생각나. 복잡한 러시아 이름을 가진 주인공이 영화가 시작되는 첫 장면에서 "이제 아름다운 경치엔 질렸어. 신물이 난다구. 사랑하는 사람하고 못 보는데 무슨 의미가 있어?"라고 한 대사가 말야.

난주에서 하서사군과 한사군을 생각하다

꼭 3년 만에 다시 난주를 지난다. 난주에 대해 가장 기억에 남는 추억은 감숙성 박물관에서 본 청동 분마(奔馬)와 한 식당에서 먹은 잘 우린 소뼈 국물에 쫄깃쫄깃한 면발의 우육면이다.

"여기, 하나요"라는 주문에 굵은 면발과 가는 면발이 들어 있는 탕을 두 그릇이나 차례로 주는 난주 우육면을 배불리 먹은 뒤 기분 좋게 박물관에 갔는데, 거기서 청동 분마를 관람하다가 생긴 에피소드를 생각하면 지금도 웃음이 절로 난다.

진열실에 들어서자마자 나는 실크로드 지도가 맘에 들어 직원에게 촬영비를 내고 그걸 찍었다. 그런 뒤 유물을 쭉 훑어보며 지나가다가 청동 분마상(像) 앞에서 나도 모르게 발걸음을 멈췄다. 심미안이 없는 나 같은 사람에게도 그 멋드러짐이란 이루 형용할 수 없었다. 미국과 국교 수립 때 닉슨에게 이 복제품을 선물로 주었다는 내용이 유물 설명카드에 씌어 있었다. "하늘을 나는 제비를 오른쪽 뒷발로 밟고서 질주하고 있는 한 마리 천마(天馬)"라는 설명이 붙어 있는 청동 분마상.

그 때 난 잽싸게 주위를 살폈다. 촬영비를 줘도 유물 사진은 찍을 수

난주에서 찍은 황하. 멀리 난주시가 보인다.

없기 때문이었다. 다행히 실내에는 아무도 없었다. 전광석화처럼 플래시를 붙이고 셔터를 눌렀다. 그것도 확인을 한다고 두 번씩이나.

찰칵 소리와 번쩍 하는 섬광에 낌새를 챈 직원이 나타났다. 이미 카메라와 나의 모든 동작은 원위치 상태에 있었다. 시치미를 뚝 떼고 마저 남은 유물들까지 관람한 뒤 안내원과 함께 유유히 빠져 나왔다.

안도의 숨을 내쉬는 나를 태우고 자동차는 난주의 관광 특점인 황하에 도착했다. 나는 차에서 내려 분마처럼 날아갈 듯한 기분으로 황하를 찰칵찰칵 열심히 찍었다. 그런데 한참을 찍는데 기분이 좀 이상했다. 카메라 표시창을 들여다보니 이런, 필름이 끼워져 있지 않은 게 아닌가!

바로 문제의 원인은 박물관에서 실크로드 지도를 마지막 컷으로 찍고

이 분마는 신라의 천마도와 양식이 일치하여 현재 미술사가들로부터 많은
주목을 받고 있다. 분마 뒤에 보이는 건물은 뇌대(雷臺)라는 도교 사원인데
이 곳 지하에서 동한 시대(25~220)의 청동 분마가 발굴되었다.

새 필름으로 갈아끼우지 않은 데 있었다. 결국 애쓴 보람도 없이 청동
분마를 `공필름으로 찍고 말았으니……. 어이가 없어 나는 황하를 바라
보면서 차라리 통쾌하게 웃어 버렸다.

　다음 날 무위에 도착하여, 꿩 대신 닭이라고 청동 분마가 발굴된 한
도교 사원에서 탑 꼭대기 위로 하늘을 질주하는 이 분마의 레프리카(모
조품)만 열심히 찍었다.

　동한 시대의 한 지방장관 무덤에서 나온 이 분마는 원래 한무제가 서
역을 탐험하고 돌아온 장건의 보고를 듣고 원생산지인 대원(大宛 : 현재
우즈베키스탄의 페르가나)에까지 가서 가져오게 한 저 유명한 한혈마(汗
血馬)의 혈통을 가진 종자였다.

128

여기서 한무제 때의 이야기를 좀 해 보자.

한무제는 오로지 흉노와 싸워 이길 일념으로 꿈 속에서도 한혈마를 찾아 헤맸다. 한혈마란 피땀을 흘리며 하루에 천 리를 달린다고 하는 보마(寶馬)였다. 그런데 머잖아 무제의 염원이 이루어지게 되었다. 그의 장군이 두 차례에 걸친 원정 끝에 대원(페르가나)의 군사를 격파하고 드디어 전리품으로 한혈마를 앞세워 개선하였던 것이다. 황제는 억제할 수 없는 감개를 아래의「서극천마가(西極天馬歌)」란 시로 노래하였다.

천마가 서극(서쪽 끝)에서 오네　天馬徠兮從西極

만 리를 넘어서 중국에 돌아오네　經萬理兮歸有德

영묘한 위력을 이어받아 외국을 항복시키니　承靈威兮障外國

사막을 건너와 사방의 오랑캐가 복종하네.　涉流沙兮四夷復

우리는 이 시에서 한무제가 서극에서 가져온 천마를 타고 사방의 오랑캐들(흉노, 티벳과 서역의 여러 나라, 고조선 등)을 정복하려 한 원대하고 야심찬 꿈을 읽을 수 있다.

한무제가 그 중에서도 특히 흉노를 공략하는 것을 필생의 사업으로 삼은 데는 그만한 이유가 있었다.

흉노는 전국시대 이래로 세력이 날로 커져서 중국이 만리장성까지 쌓으며 싸웠지만 여러 번 격퇴를 당한 무서운 적이었다. 대표적인 사건으로, 한나라를 세운 유방이 흉노를 쳐부수기 위해 대군을 이끌고 장성 근처로 달려갔다가 그만 거꾸로 포위되어 버린 사건이 있었다. 이 때 그는 선우(單于 : 흉노 군주의 칭호)에게 형이라 부르며, 공주를 출가시키고, 비단·곡물 등의 물자를 공납해 주는 대가로 간신히 풀려났다. 이런 치욕스런 상황은 한무제가 제6대 황위에 오른 뒤까지도 계속되었다.

이처럼 나라의 존립을 위협하는 흉노를 쳐부수기 위해 자나깨나 골몰하던 이 젊은 황제는 때마침 흉노에서 투항해 온 자의 말을 듣게 되었다.

"흉노는 월지(月氏)의 왕을 격파하고 그 두개골로 술잔을 만들었습니다. 월지는 고향에서 쫓겨난 뒤로 항상 흉노에게 원한을 품고서 함께 흉노를 칠 나라를 찾고 있습니다."

이에 황제는 월지와 손잡고 흉노를 공략하기 위하여 급히 사신을 파견했는데, 그 때 갔던 사신이 저 유명한 장건이었다(이 책 '중국인이 우주의 자궁을 찾아간 이야기' 참조).

그런데 흥미로운 것은 월지가 흉노한테 쫓겨난 고향이 다름 아닌 '청동 분마'가 발굴된 무위 일대의 하서주랑이라는 사실이다. 원래 하서주랑이란 황하의 서쪽(河西)에 있는 긴 복도[走廊]란 뜻으로, 그 주요 지점은 다음 지도에서처럼 서쪽부터 차례로 돈황, 주천, 장액, 무위였다. 이 곳들은 모두 번영한 오아시스 도시국가들이었는데 뒤에 곧 한무제에게 점령당해 하서사군이 되었다.

하서주랑의 중요성은 이 곳이 동서로 실크로드의 인후부요, 남북으로 몽골과 티벳과 남중국을 잇는 가교로서 경제·군사·문화 전파의 요충지라는 점이었다.

이런 지리적 강점을 이용해 월지는 처음에는 이웃나라인 흉노를 제압하는 강성함을 누리고 있었다. 이들은 원래 유러피언의 한 갈래인 인도-스키타이인으로 원이름이 토하리(Tokhari)라 불렸는데, 중국에서는 월지(月氏)라고 기록되었다.

이들 월지(토하리)가 고향에서 쫓겨나게 된 것은 흉노를 중흥시킨 군주 묵특(冒頓)이 출현한 뒤부터였다. 결과만 보면 월지는 자기보다 약한 흉노의 묵특을 볼모로 잡고 있다가 탈출을 시도한 그를 놓침으로써

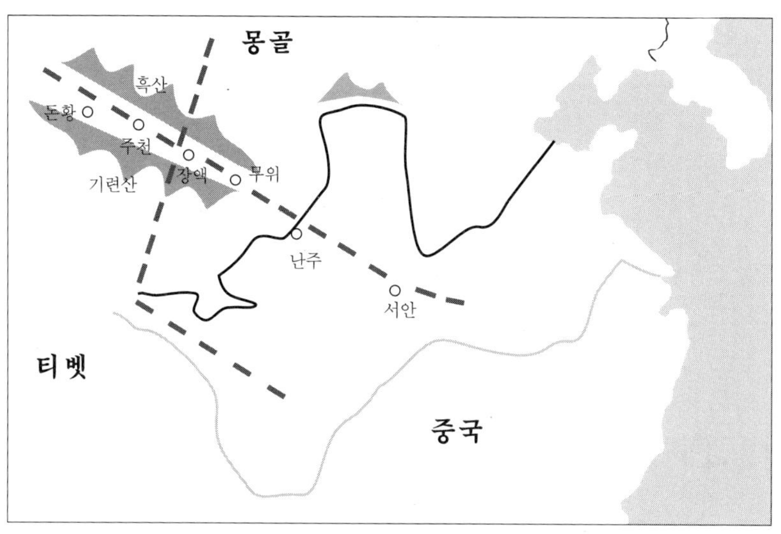

하서사군이 설치된 돈황, 주천, 장액, 무위. 이 오아시스 도시들이 있는 하서주랑은 황하의 서쪽(하서)에 있는 흑산과 기련산 사이의 길게 난 복도〔走廊〕란 뜻으로 동과 서, 남과 북을 연결하는 문명의 십자로였다.

결국 그의 파상적인 공격을 받고 쫓기게 된 것이었다.

한편 흉노의 묵특은 월지를 축출하기 직전에 동몽골 지역에 거주하고 있던 동호(東胡)를 먼저 공격하여 격파하였다. 몽골족의 가장 오랜 선조인 동호는 당시 월지에서 막 탈출해 나온 묵특을 얕잡아 보고 계속해서 무리한 요구를 하다가 마침내 멸망하고 말았던 것이다.

이렇게 좌우의 양대 세력을 축출한 흉노는 명실상부하게 거대한 유목 제국의 패자로 군림하게 되었다.

그런데 당시의 긴박한 국제 정세는 만주에 있는 고조선에게도 즉각적인 영향을 미쳤다. 이에 따른 정세의 추이를 나는 다음의 두 단계로 설정해 살펴볼까 한다. 첫 단계는 흉노에게 멸망하기 전의 동호와, 고조선과 중국의 관계이다. 사마천의 『사기』는 이에 대한 중요한 실마리를 제공했다. 하지만 그는 당시의 국제적 역학 관계를 각 열전들에 분산하

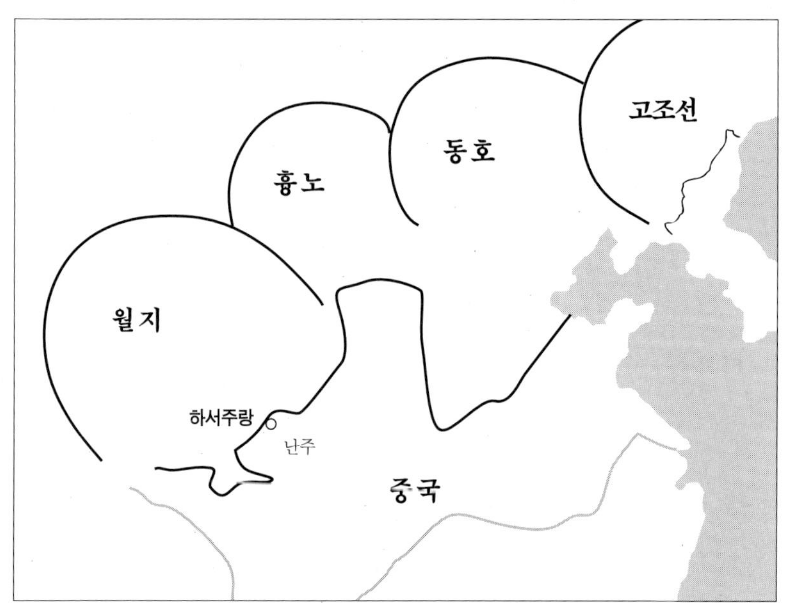

기원전 3세기의 월지, 흉노, 동호, 고조선 등의 국제 관계 판도

여 기록하였으므로 우리는 이를 재취합하여 새롭게 해석할 필요가 있
다. 먼저 열전에 나오는 기록을 보자.

> 조선열전 : 연나라는 전성기(BC 311~BC 279) 때 장군 진개를 파견해 일
> 찍이 고조선의 일부를 침략하여 복속시키고 관리를 두어 국경에 성과 요
> 새를 쌓았다.
> 흉노열전 : 연나라는 장군 진개를 파견해 동호를 멀리 격퇴시키고 조양에
> 서 양평에 이르는 장성을 축성해 동호의 침입에 대비하였다.

두 열전에 나오는 성은 연장성(燕長城)이라는 하나의 성이다. 이 성
의 축조 목적은 중국이 동호와 고조선의 침공을 막고 이 둘의 연결을 끊

기 위해서였다. 그런데 이 장성은 흉노에 인질로 잡혀 있다가 모종의 협상으로 풀려난 연나라 장수 진개가 군사를 이끌고 동호와 고조선을 성공적으로 공략한 뒤에 그의 감독하에서 축성한 것이었다. 이 사실은 당시 이들(흉노, 동호, 고조선, 중국) 간의 밀접한 역학 관계를 충분히 짐작할 수 있게 해 준다.

둘째 단계는 동호를 내쫓고 그 땅을 차지한 후의 흉노와 고조선과 중국의 관계이다. 중국의 한 사료(『삼국지』「위지동이전」)는 한나라와 대립하고 있던 당시의 흉노와 고조선을 대단히 위협적인 두 세력으로 묘사했다. 이를테면 중국의 천하가 한나라의 손에 들어가자 이에 위협을 느껴 반란을 일으킨 연나라 왕과 위만이 각각 군사를 이끌고 흉노와 고조선에 망명해 중국과 적대했다고 한 기사이다.

그런데 이와 같은 3국의 역학 관계를 보다 확실하게 뒷받침해 주는 것으로, 중국의 다른 사료(『한서』「위현열전」)에 나타난 한무제의 발언이 있다. 그는 "동쪽으로 조선을 정벌해 현도와 낙랑을 둠으로써 흉노의 왼팔을 짜른다"는 전략을 표명했다.

당시 한무제는 자신의 야망을 가로막고 있는 동아시아의 국제 질서를 새로운 판으로 다시 짜려고 했다. 그의 발언은 바로 그런 야심의 일단을 보여 준 것이었다. 그는 곧 자신의 말을 증명이라도 하듯 정복 사업을 전개해 흉노의 왼팔에 해당하는 곳에 한사군을 설치하고 오른팔에 해당하는 하서주랑에 하서사군을 설치했다(흉노의 방위 관념으로는 그들이 남쪽을 향해 내려다보고 있기 때문에 왼쪽이 동쪽, 오른쪽이 서쪽이 된다).

한무제에게 흉노의 왼팔로 인식된 고조선, 바꾸어 말하면 고조선의 오른팔로 인식된 흉노의 성장에 두려움을 느낀 한무제가 서쪽의 요충지인 하서사군과 맞먹는 동쪽의 요충지에 한사군을 설치하지 않을 수 없었던 이유를 우리는 사마천의 기록 속에서 어렵지 않게 찾아볼 수 있다.

요컨대 고조선의 방해로 인해서 모든 오랑캐의 군장이 중국에 들어와 천자를 뵙고자 해도 길이 막히니, 이를 해결하기 위해 한나라가 고조선과의 외교 관계를 개선했다는 취지의 기사이다.

이에 대한 국사학자 김정배의 설명을 들어보자:

> 고조선은 발달한 철기 문화를 기반으로 한 강고한 군사 역량을 구사하여 주위의 여러 변방정치집단들의 대한나라 교역(對漢交易)을 매개함으로써 그 중계 무역의 이익을 독점하고자, 그들의 대한나라 무역로(對漢貿易路)를 차단할 것을 기도하였다. 아울러 고조선왕이 이로 인해 받게 될 한제국의 정치·군사적 압력을 견제하기 위하여 흉노와 모종의 군사적 제휴 관계를 모색하였을 가능성은 충분히 상정될 수 있는 것이다. · · ·

이쯤 해서 어느 정도 모습이 드러난 당시의 국제 정세를 토대로 고조선의 위상을 새롭게 조명해 봤으면 한다.

하서사군은 한무제가 옛 월지의 땅인 하서주랑에서 흉노를 몰아낸 후 BC 115년부터 BC 49년 사이에 걸쳐 설치한 것이며, 한사군은 다 아는 바처럼 BC 108년에 설치되어 낙랑을 빼놓고는 약 30여 년 간 유지되었다.

사실 우리에게 한사군의 문제는 일제가 한국사의 타율성을 강조해 온 식민사관의 대표적인 전례이다. 하지만 다른 한편으로는 고조선의 실체를 더듬어 볼 수 있는 대단히 중요한 사건이란 것도 부인할 수 없다.

나는 고조선 사회를 이해하는 데 있어 단순히 단군신화나 팔조법금 이외에도 당시의 국제 관계에 특별히 눈을 돌릴 것을 강조하고 싶다. 적어도 고조선은 흉노·동호·월지 등과 더불어 유목 세계의 일원이었을 뿐 아니라, 교류와 물질 문명의 수준에 있어서 오늘날 우리가 상상하는 것을 훨씬 뛰어넘는다.

북경이나 서안의 박물관에 가 보면 한대(漢代)의 전시실 앞에서 그만 경탄을 금치 못하게 되는데, 그 수많은 다채롭고 화려한 유물들이 대부분 하서주랑을 통해 들어온 동서 교류의 산물이었다.

하서사군이 설치된 직후의 상황을 기록한 사마천에 의하면, 일 년 동안에 외국으로 가는 사신들이 많을 땐 몇백 명씩 그것도 수십 회에 달했다고 하며, 천자는 외국 손님들을 데리고 다니며 큰 도시에 들러 재물과 비단 등을 상으로 내리고 풍성한 술과 안주를 갖추어 후하게 대접함으로써 한나라의 부유함을 과시하였다고 한다.

이렇듯 서방의 상인들도 하서주랑을 통해 계속 장안에 밀려들었다. 그들은 향료·보석·명마·유리 따위를 가져왔고, 중국에서는 비단·칠기·차 따위를 가져다 날랐다.

이와 같은 번영이 한나라가 하서주랑에 하서사군을 설치한 이후의 일이었음을 볼 때, 동북방 제민족의 대한교역로에 설치한 한사군 역시 그와 견줄 수 있는 중요한 경제군사적 요지였음을 어렵지 않게 짐작할 수 있다.

물론 고조선에 관한 문헌이나 유물이 절대적으로 빈약한 현 여건에서 이를 구체화시키는 것은 지난하기 짝이 없는 일로 보이지만, 현재까지의 연구 성과를 바탕으로 해서라도 지금과는 다른 고조선상을 새롭게 정립할 필요가 있을 것이다. 우리가 알고 있는 고조선의 발달 정도는 극히 원시적이고 미개한 단계이다. 그러나 당시의 국제적 역학 관계로는 앞서 살펴본 바처럼 고조선이 적어도 중국과의 관계에서 자기의 주권과 주변 변방집단에의 영향력을 독자적으로 유지할 수 있는 고도의 문명사회였던 사실이 드러난다. 고조선의 뒤를 이은 고구려가 한사군을 모두 몰아내고 나아가 동아시아의 패자인 수나라·당나라를 격퇴시킨 그 강성한 국력도 알고 보면 선행 사회인 고조선의 사회적 역량을 계승하지 않고는 결코 생각할 수 없다는 점에서 그것은 충분히 확인된다.

우리가 역사의 반면 교사로서 한사군의 문제를 생각해 볼 때, 당시 만주 지역에서 제국으로 성장하고 있던 고조선이 몽골 지역의 흉노와 더불어 한(漢)의 국가적 존망을 결정지을 세력이 되자, 이에 두려움을 느낀 한무제가 필사적으로 침략을 감행해 군현을 설치하지 않으면 안 될 만큼 강대했음을 반증하고 있다. 이는 앞서 소개한 한무제의 「서극천마가」란 시에서도 잘 드러난다. 오늘날로 보자면 한혈마는 한무제에게 적군의 대공포화력을 제압할 수 있는 최첨단 미사일쯤 되었던 모양이다.

교과서에 한국 고대사에 대한 설명이 주로 경제사 위주로 서술돼 있어 인젠가부터 불만스럽게 생각하고 있었다. 왜냐 하면 유목 국가의 발전 패턴은 정주 국가의 그것과는 전연 다를 뿐만 아니라, 특히 고대 사회에 대한 경제사적 해석은 서구적인 역사관과 역사 법칙에 우리 역사를 종속시킬 위험이 매우 크기 때문이다.

군이 마르크스의 아시아적 정체론의 문제점을 들먹이지 않더라도 한국 고대사는 최소한 유목 민족의 개성적인 역사 전개 속에서 해명되어야 할 과제로 확신된다. 예컨대 스키타이나 흉노·몽골 제국 등이 서구적인 역사발전법칙으로는 도저히 해명될 수 없는 독특한 특수성을 가지고 있듯이, 유목 국가적 전통을 가지고 있는 한국 고대사의 해명도 틀림없이 그러한 특수성 속에서 재검토되어야 하지 않을까 하는 생각이다.

청동 분마상에 얽힌 추억을 이야기하다 보니 어떻게 여기까지 왔는데, 3년 전 하서주랑을 다니면서 생각했던 단상들을 이 기회를 빌려 적어 보았다.

사라진 왕국을 은천에서 만나다

땅그랑 땅그랑…….

나는 사진을 찍다 말고 빠른 걸음으로 소리나는 쪽을 향해 걸어갔다. 언덕만한 무덤 하나를 더 지나 귀퉁이를 막 돌아서자 한 무리의 낙타를 탄 캐러밴(隊商) 행렬이 눈앞에 나타났다. 영화 찍는 장비들이 너즈러져 있고, 아마도 스태프진인 성싶은 사람들이 이리저리 뛰어다니며 고함치는 소리가 들려 왔다.

맨 앞의 낙타는 목에 꽤 큰 종을 매달고 있는데, 땅그랑거리는 소리는 이놈이 뒤뚝뒤뚝 걸으면서 내는 소리였다. 뉘엿뉘엿 저물어 가는 석양의 낙조는 촬영기가 돌아가고 있는 서하(西夏) 왕릉을 더욱 신비롭게 물들이고 있었다.

호기심 속에서 나는 야릇한 흥분을 느꼈다. 낙조 때문이기도 하겠지만 내가 답사 온 것을 어떻게 알고 이렇게 연출까지 해 주는가 싶은, 극적인 우연에 대한 감사함이 엷게 물결쳤기 때문이다. 아마도 이들은 서하 왕국의 이야기를 찍겠지. 혹시 마르코 폴로가 지나가는 장면일지도 몰라…….

서하 왕릉 전경

　뒤로 하란산(賀蘭山)을 병풍처럼 두른 수많은 서하 능묘는 무연한 은빛 평원 위에 거대한 범종처럼 박혀 있었다. 높이 20미터가 넘는 능은 비록 지금은 헐벗은 흙무덤이지만 당시에는 녹색·흰색·갈색의 유리 기와가 찬연히 덮여 있었다고 전한다. 황제릉 9좌와 중신의 묘 70여 좌가 지금은 사라져 버린 왕국의 과거를 비가처럼 말해 주고 있을 뿐이었다.

　서하 왕국(1038~1227)은 칭기스칸의 몽골군에 의해 멸망하였다. 마지막 황제인 10대는 이 때 피살되었기 때문에 여기에 그의 능은 만들어지지 못했다. 그러나 세계 무적의 칭기스칸도 모든 민족 중에서 최후까지 가장 처절하게 저항한 서하를 정벌하다가 몸을 크게 다쳐 목숨을 잃었다.

이미 기력을 회복할 수 없게 된 칭기스칸은 죽음을 예감하고 두 아들에게 이런 유언을 남겼다.

"내가 죽은 후에도 애도의 뜻을 나타내지 말고 내 죽음을 철저히 숨겨서 반드시 적을 섬멸하라."

칭기스칸이 죽은 지 사흘 만에 서하 왕국은 무너지고 말채찍보다 큰 서하의 사내아이는 모조리 참혹한 죽임을 당하였다.

그런데 서하 왕국의 운명은 이미 그들의 최후 보루인 '카라호토'가 함락됨으로써 멸망이 돌이킬 수 없는 기정 사실이 되고 말았다.

여기서 잠시 칭기스칸과 최후의 일전을 불사했던 카라호토의 전설적인 영웅 '흑장군'에 대한 이야기를 해 볼까 한다. 그런데 현재 전해지고 있는 전설은 역사적 사실을 많이 왜곡하였기 때문에 재구성된 내용을 소개하겠다.

흑장군은 검은색투성이였다. 검은 창과 검은 갑옷, 검은 말을 타고 다녔다. 그는 싸움에서 져 본 적이 없는 불패의 장군이었다. 따라서 변경은 평온 무사하고 군기가 엄정했으므로 백성들은 안심하고 생업에 전념할 수 있었다.

그러던 어느 날이었다. 흑장군 앞에 큰 적이 나타났다. 몽골의 칭기스칸이었다. 흑장군은 부하들을 거느리고 동쪽의 산으로 향했다. 적을 맞아서 수차례 싸웠으나 여의치 않아 흑장군은 다시 카라호토로 돌아와 농성하게 되었다.

카라호토는 여러 번 칭기스칸 군의 공격을 받았지만 끄떡하지 않았다. 흑장군의 군사는 심지어 돌로 된 절구를 깨 그 돌을 적을 향해 발사하면서까지 철통같이 저항했다. 성벽이 너무 높아 안으로 공격해 들

카라호토 전경

어가기가 어렵다는 사실을 깨달은 몽골군은 고민에 빠졌다. 이 때 칭기스칸이 계략을 세웠다.

"성 안으로 흐르는 강물을 막아라. 강물의 머리를 서쪽으로 돌려라."

칭기스칸의 명령이 내려지자, 몽골군은 수천 개의 모래주머니를 쌓아서 일시에 강의 흐름을 바꾸어 놓았다(1908년, 탐험가 코즐로프는 실제로 모랫자루들이 쌓여 있던 흔적을 발견하였다).

이를 본 흑장군은 성내에 우물을 파라고 명령했다. 그러나 아무리 깊이 파 들어가도 물은 한 방울도 나오지 않았다. 흑장군은 최후가 가까이 왔음을 직감했다. 그는 여덟 수레나 가득 채운 보물을 우물 속에 집

140

어 넣고 메워 버렸다. 그리고 두 아내와 자식들을 자신의 손으로 모두 죽였다.

흑장군은 군사를 이끌고 성 밖으로 나가 최후의 접전을 벌였다. 마침내 그는 저주의 말을 남기고 숨을 거두었다.

성을 함락시킨 칭기스칸의 군대는 도시를 무참히 파괴하기 시작했다. 이들은 보물을 찾기 위해 성 안을 이 잡듯 뒤졌으나 결국 찾지 못했고 그 후로도 영영 이 보물은 발견되지 않았다.

사람들은 흑장군이 최후의 돌격에 나서기 전에 그 곳에 주문을 걸어 놓았기 때문이라고 했다. 또 보물을 찾는 도중 빨강과 초록의 비늘이 있는 큰 뱀 한 마리만 발견되었는데, 이것이 흑장군의 환생이라고들 했다.

수백 년 동안 고비 사막의 모랫더미에 파묻혀 있던 카라호토가 우리 눈 앞에 전모를 드러낸 것은 앞 장에서 소개한 러시아 탐험가 프르제발스키의 제자인 코즐로프에 의해서였다.

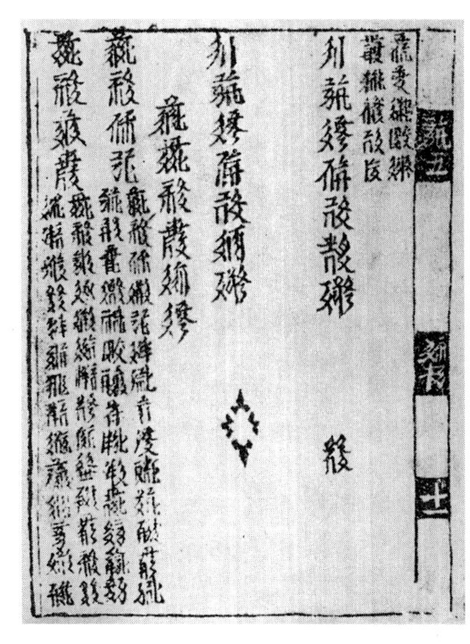

서하문자

그는 금세기 초 그 곳에서 서하의 문서·서적·불구(佛具)·불화(佛畵)·민속기구·화폐 등 서하학(西夏學)의 기초가 되는 많은 자료들을 발굴했는데, 특히 서하 문자가 발견된 것은 획기적인 대사건이었다.

여기서 잠깐 곁가지로 빠져서 카라호토의 어의와 관련된

고구려어를 잠시 생각해 보려고 한다.

몽골어로 '카라'는 흑(黑)이고, '호토'는 성(城)이다.

먼저 호토를 보면 고구려어로 성을 뜻하는 홀(忽: 고대 중국어 음은 χuət로 읽힌다)과 어원이 같다.

그리고 카라는 고구려어 '고마'와 연관이 깊다. 고마는 검정(黑), 곰(熊), 신(神)을 뜻한다. 단군 신화의 웅녀나 김수로왕 설화의 구지 등이 모두 고마를 가리킨다.

알타이 문화 계통에서 검은색의 신성함은 이를테면 몽골 제국의 수도가 카라코롬이라든가, 위구르 제국의 수도가 카라발가순이라는 것 등에서도 볼 수 있다. 마르코 폴로는 서하가 멸망한 50년 뒤 서하의 성지였던 '하란산'을 지나면서 이 산을 카라찬(kalachan)이라 기록했는데, 이는 당지인들이 흑산(黑山)의 뜻으로 부르는 말이었을 것 같다.

이튿날 나는 하란산에 올라가서 서하 왕릉과 당시 왕국의 수도였던 은천시(銀川市)를 한눈에 내려다보았다. 지금은 천 년 전의 모습을 찾아낼 수 없지만, 황하의 물을 끌어들여 '장성 위의 강남(塞上江南)'이라 할 만큼 관개 농업이 번성했던 것은 충분히 상상이 갔다.

서하 왕국은 그 옛날 이처럼 비옥한 옥야 천리의 경작지와 풍요한 황하 이동(以東)의 오르도스 초원, 그리고 실크로드의 요로인 하서주랑을 차지하고 있는 매우 부강한 나라였다.

당시 서하 왕국의 판도는 대략 다음의 지도와 같다.

일본 작가 이노우에 야스시는 『돈황』이란 소설에서 서하 왕국이 세워질 무렵 돈황의 한 석굴(실제로 17호 굴)에 수많은 불교 경전이 숨겨져 있게 된 비밀을 흥미진진하게 그렸다.

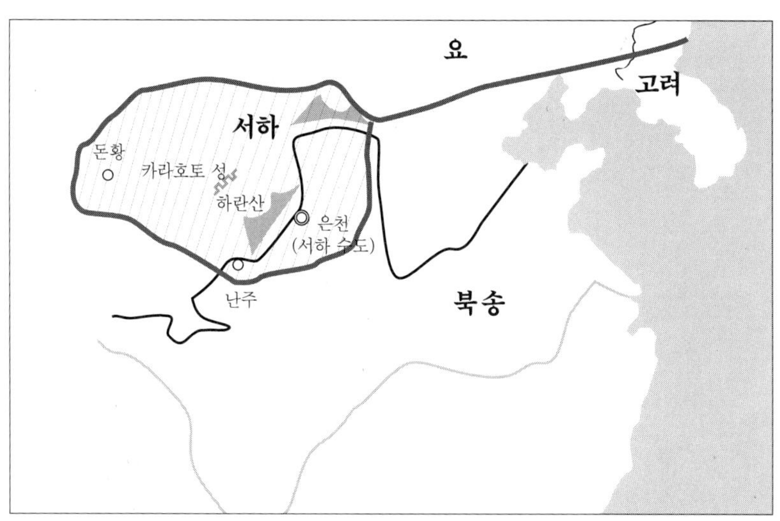

서하의 판도

이 소설은 일본 열도를 실크로드 붐으로 들끓게 할 만큼, 서하 초기의 국제 정세와 하서주랑 일대에 사는 여러 민족들의 흥망성쇠를 배경으로 좀 통속적이긴 하지만 신비한 실크로드 냄새가 물씬 풍기도록 그렸다.

나는 이 소설을 읽으며 기묘한 생각에 사로잡혔다. 심지어 일본이 이럴진대 우리는 소위 실크로드의 직접 당사자로서 그 동안 무얼 하고 있었나 싶었다. 우선 두 가지를 말하고 싶다. 고구려의 삼족오와 거의 비슷한 벽화가 서하 왕릉에서 나왔다는 사실과, 돈황 석굴에서 쏟아져 나온 것 중에 혜초의 『왕오천축국전』은 말할 것도 없고 발해 사람 고공(高公), 그리고 특히 소설 『돈황』과 거의 일치하는 시기의 고려 사람 김법률(金法律) 등이 돈황의 절에서 맹활약한 것으로 「돈황문서」에 나온다는 사실이다.

그뿐인가, 소설에서는 주인공 조행덕이 감주(현재의 장액) 일대의 위

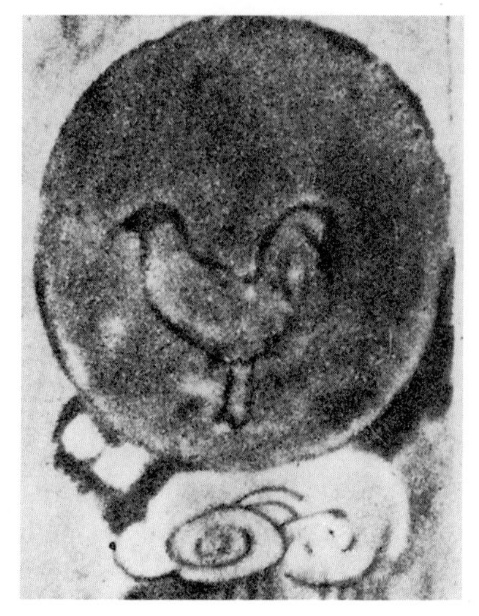

서하의 새   고구려 삼족오

구르족을 점령한 부대의 병사로서 어찌어찌하다 탑 속에 숨어 있던 위구르 왕족의 처녀를 발견하고 사랑에 빠지게 되는데, 반면에 실제로 고려에서는 위구르 사내가 쌍화점이란 만두 가게를 차려 놓고 고려 여인과 불륜의 사랑 놀음을 하는 노래까지 유행했던 사실을 비교해 보라.

더 예를 들 필요도 없이 이처럼 풍부한 작품 소재를 가지고 있는데도 우리는 작품은커녕 서하에 대한 소개조차 전무한 상태니, 이노우에 야스시의 소설이든, NHK의 다큐든, 일인 학자의 연구든 비판하고 싶은 입이 열 개라도 부끄러워 아무 말도 할 수가 없다.

햇빛 쏟아지는 이튿날 아침, 나는 다음 행선지로 떠나기 위해 짐을 챙겨 들고 현관의 큰 홀에 나와 있었다. 안내원이 프런트에서 일을 마치는 동안, 홀 벽면을 따라 빙 둘러 그려진 오색찬란한 그림에 나는 무심코 눈길을 주게 되었다.

144

점점 흥미를 느껴 찬찬히 들여다보면서 거기에 씌어진 시를 해석해 보았다. 순간 우리가 묵은 호텔 이름이 원형(元亨)이라는 사실이 새삼스럽게 다가왔는데, 원형은 바로 서하 왕국의 초대 황제인 이원호의 시호였다.

하늘에서 손님이 황금 씨앗을 가져오고, 이원호는 인간 세상에 정(情)을 가득 뿌린다는 대충 그런 내용의 시와 그림이었다. 그런데 그림에서 중심되는 것은 강이었다. 하늘의 손님도 그 강을 타고 내려오고, 백성들이 씨를 뿌리며 풍악을 울리는 속에서 이원호가 손님을 맞는 것도 하계의 강가에서였다.

그 때 생각이 강(江)에서 번쩍 하고 스파크를 일으키자, 순식간에 어제 박물관에서 보았던 석좌상(石座像)이 나를 사로잡았다. 가로 세로 높이가 대략 60센티 안팎의 남녀 석좌인데, 먼저 다음 사진을 살펴보기 바란다.

서하 왕릉에서 출토된 이것들은 무릎을 꿇고서 무엇인가를 힘껏 받쳐 들고 있는 형상이었다. 인도 불교에서 대지의 신으로 나오는, 하늘 궁전을 받치고 있는 약샤. 이것이 중국으로 건너가서는 불좌(佛座)를 떠받들고 있는 약샤주유가 된 것처럼, 다음의 두 석좌상은 바로 이 모티프를 독자적으로 변용시킨 대표적인 서하의 창작물임에 틀림없었다.

왕릉 앞에 세워졌던 이 남녀 신상(神像)들이 과연 등 위에 무엇을 받쳐 들고 있었는지는 오늘날 알 길이 없다. 현재의 출토 현황으로는 그것이 어떤 유물이었는지를 판별할 수 없다고 한다. 어쩌면 이 사실은 석좌상들이 떠받치고 있어야 할 서하 왕국이 영구히 지상에서 사라져 버린 슬픈 현실을 역설적으로 보여 주는 건지도 모르겠다.

나는 특히 여상 석좌한테서 강렬한 매력을 느꼈다. 그녀의 커다란 젖과 유두는 서하의 어머니상을 가장 두드러지게 특징짓고 있었다. 내가

마치 그리스 신화에서 하늘을 두 어깨로 메고 있는 아틀라스처럼 당시 이 두 석좌의 어깨 위에 무엇인가 세워져 있었는데 지금은 남아 있지 않다. 왼쪽이 여상 석좌(女像石座)이고, 오른쪽이 남상 석좌(男像石座)이다.

집에 돌아와서 구해 온 자료들을 검토해 보니까, 서하인들은 설산(雪山)과 백하(白河)를 자신들의 우주적 표상으로 생각하는 원시 신앙을 가지고 장구한 세월을 살아 왔다.

이들 종족은 티벳 계통의 탕구트족으로, 가장 이른 시기엔 아네마첸 산이 있는 황하 원두의 산골짜기에서 살았다고 한다. 설산과 백하는 이들이 서하를 건국하기 오래 전부터 전해 내려오던 신화상의 성스러운 존재로서 민족 이동과 함께 여러 곳에 그 이름을 부여했던 것 같다.

서하가 은천에서 왕국을 세울 당시엔 백하는 이미 상상 속의 강, 신화의 강이 된 것으로 보인다. 백하는 탕구트 민족을 먹여 기르는 신성한 젖줄로서 여상 석좌의 커다란 젖과 유두에 상징적으로 표현된 것이 아닌가 싶다.

보다시피 그녀의 몸뚱어리는 조금 붉은 기운을 띠고 있는데, 이것은 아마도 흰색의 남상 석좌가 설산을 상징한다면, 땅의 신을 나타내기 위한 색조가 아닐까 하는 생각이 들었다.

이들의 관념은 중국인의 관념과는 매우 다른 것이었다. 황하가 천하의 패권을 다투는 용의 남성적 상징인 것과는 달리, 지모신(地母神)의 유방에서 흘러 나오는 백하의 흰 젖은 만백성을 먹여 살리는 여성적 상징인 것이다. 보다 전형적으로 말하면 황하는 전쟁의 신이고 백하는 평화의 여신이라 할 수 있지 않을까?

우리 나라에서 사직(社稷)은 고구려 때부터 나라의 제사를 지내 온 성소였다. 내가 사직이 뭔지도 모르고 뛰놀던 시절, 우리 동네 사직 공원은 나의 추억이 깃들인 곳이었다. 이제 그 뜻을 알고 난 지금 이것과 연관된 생각이 떠오를 때마다 되새김질하게 된다.

사(社)는 '토지의 신', 직(稷)은 '곡식의 신'인데, 어원을 보면 사는 원래 '취락의 경역(境域)을 지키는 수호신'에서 나왔다고 한다. 즉 고대에는 사가 국토 방위의 신, 집단 생명의 보호신이고, 직은 생산의 신, 집단 재산의 보호신으로서 오늘날 헌법의 "국가는 국민의 생명과 재산을 보호해야 한다"는 국가의 역할과 완전히 부합하는 것이었다.

고구려 때 두 곳의 사당에서 제사 지낸 주몽신과 하백녀신은 바로 사직의 두 신에 해당하며, 각각 남신과 여신으로 위의 특성을 표상하고 있었던 것이다. 서하의 남녀 석상들처럼.

2차대전 이후 비교적 평화의 시대가 지속되면서 여권 신장과 더불어 여성성이 훨씬 존중되고 권리를 조금씩 되찾아 가고 있다. 이것은 인류 사회의 희망이다. 상식적인 이야기지만, 민주주의가 생활이라면 남녀 평등이 없는 민주주의는 당연히 미완성이다. 일전에 일본의 한 대표적인 작가가 진정한 극우(極右)의 아름다움은 남성미라고 했던 기사가 생각난다. 패권주의를 추방하는 문명. 나는 이것이 인류가 나아가야 할 유일한 길이라는 신념을 가지고, 그러한 문명의 상징으로서 여성성의 찬란한 부활 혹은 복권을 고대한다.

　나는 사라져 버린 서하 왕국의 여상 석좌를 보면서, 그녀의 젖가슴에서 흘러내리는 생명의 젖이 만백성을 평안히 먹여 기르고, 지평선 끝까지 흘러가며 그들을 온유한 사랑으로 감싸안은 한 잃어버린 문명을 생각해 보았다. 그것은 몽골인의 말발굽에 짓밟혔다가 끝내는 천하를 지배한 용의 황하에 흡수되어 버리고 말았다.

　나는 황하가 흐르는 강기슭 어디쯤에선가 하얀 화석 하나를 집어 들고 이리저리 뒤집어 본다.

음산을 넘어 초원의 길로

아침부터 비가 뿌렸다. 바오토우(包頭) 시내를 빠져 나와 채 30분도 안 달렸는데 트럭 한 대가 산기슭에 미끄러져 있다. 오늘 갈 길이 멀어 마음이 무척 조급했지만, 다행히도 곧 차는 끌어올려지고 통행이 가능해졌다.

중국에 오면 차 타는 게 겁난다는 얘기를 하고 있는데, 지프는 어느새 전국 시대 조나라가 쌓은 장성 유적지에 도착했다. 서울에서 준비해 온 비옷을 처음 꺼내 입는 재미에다 뿌리는 비에 분위기까지 느끼며 관망하기 좋은 곳을 찾아 올라가 아래를 내려다보았다.

산등성을 타고 꼬리를 아스라이 운무 속으로 감추어 버린 장성을 상상해 보면서 그 집요함에 혀를 내두르지 않을 수 없었다. 옛 지도상에는 이 장성 위에 흉노라는 두 글자가 커다랗게 씌어 있는데 여기 와서 직접 현장을 목격하니 소위 호한 관계(胡漢關係 : 오랑캐와 중국의 관계)라는 게 어떤 것인지 실감이 났다.

실제로 흉노의 주무대는 음산 산맥 북쪽 기슭의 일망무제한 초원과 음산을 남쪽으로 넘어 황하 아래로 펼쳐진 오르도스의 대초원이었다.

비는 계속 내리고 있었다. 차창으로 떨어지는 빗방울들은 초원을 달리는 지프 안에서 보기에 퍽 낭만적이었다. 노란 유채꽃은 끝이 없고, 풀을 뜯고 있는 무리지은 양 떼들의 모습이 간간이 보였다. 또 지프는 게르(몽골 천막) 대신 이젠 정주민임을 말해 주는 토담집들을 스쳐 지나갔다. 지평선 위로 낮게 드리운 잿빛 하늘은 외려 비 오는 초원을 포근히 감싸안고 있는 듯했다.

나는 초원의 비 때문에 몹시 술이 고팠다. 약 두어 시간 50킬로쯤 달려가니 조그마한 마을이 나타났다. 사거리 건너편에 언뜻 가게가 보였다. 내가 요란스레 그 쪽으로 가자고 재우치니까 지프에 타고 있던 사람들은 눈이 그렇게나 좋냐면서 재밌어했다.

마치 무술 비법을 알려 주는 듯한 나의 '궁즉통'이란 말투에 한바탕들 웃는데, 차도 우스운지 흔들어 대며 가게 앞에 멈추어 섰다. 술 한 병과 안주로는 씨앗, 과일 말린 것 들을 샀다.

허허.

나는 차 안에서 절로 웃음이 나왔다. 미모의 안내원이 조수석에서 나를 돌아보며 좀 상기된 목소리로 말했다.

혼자서 흥을 내고 인생을 참 재미있게 사시네요.

나는 반 컵 정도의 독주를 단숨에 들이켜고 아가씨한테도 한 잔 권했다. 그녀가 안 된다며 손을 내젓는 것을, 비가 올 땐 이렇게 독주를 집어 넣어야 몸이 마르는데……, 하며 안됐다는 듯이 쳐다보았다. 그녀는 내가 하는 게 재밌는지 연신 웃어 댄다. 빨간 티셔츠를 입은 운전사도 흥을 돋우고 싶은 모양으로 흘러간 팝송을 튼다.

인생은 즐겁다. 이처럼 현대 문명의 이기가 초원의 자연을 누비며 물 위에 뜬 기름처럼 섞이지 않아도, 나는 〈아웃 오브 아프리카〉란 영화를 떠올릴 정도로 부드러운 생크림이 가득한 카푸치노의 커피처럼 풍부한 낭만의 감수성을 가지고 있다.

그렇찮으면 어쩌란 말이냐! 감성의 바다는 이성과는 전혀 상대가 되지 않는다. 노동하는 손이 아무리 훌륭해도 물 한 번 묻히지 않은 무름하고 녹신한 손에 마음이 끌리는 것을 어떡하랴.

이 혐오스런 감성! 그러나 그것의 저편에 노동하는 손이 정말로 아름다워 보이는 초극한 감성의 세계가 존재한다고 한다. 내가 거기에 다다를 그릇은 못 되고, 야생화를 파는 꽃집 하나를 운영하면서 '현대인이 자연을 잃었다'고 거창한 명제를 내세워 결국은 꽃 한 송이 더 팔자는 수작밖에 안 되는 것 같아 자괴지심이 들었다.

하지만 이 작은 노력도 불필요하지는 않을 것 같아, 어느 유목민의 선남선녀가 몽골의 전통 악기인 모린호르의 애연한 선율에 맞춰 천오백 년 전의 이 땅에 살던 옛 선주민의 노래 한 가락을 목청껏 뽑는 모습을 꿈 속처럼 그려 보았다.

음산 아래
유목민의 초원
하늘은 궁륭같이
사방벌판을 뒤덮어라
하늘 푸르디푸르구나
들 넓디넓구나
바람이 불어 풀이 누우니
소와 양이 보이네.

음산은 흉노의 후예들이 '초가이 쿠지'라 불렀던 산인데, 초가이는 고대 투르크어로 음(陰)의 뜻이었던 걸로 보아 이 곳은 아득히 먼 옛날부

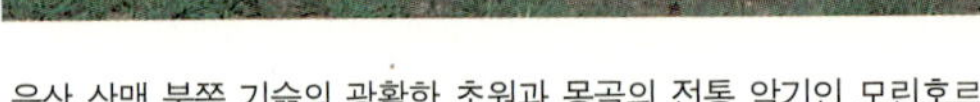

음산 산맥 북쪽 기슭의 광활한 초원과 몽골의 전통 악기인 모린호르

터 여신의 초원이었던 것 같다.

　여신이 아니고서야 어떻게 이토록 아름답고 풍요한 초원을 산달(山地)에 깔아 놓을 수 있단 말인가? 말을 달리고 또 달려도 나무 한 그루 보이지 않는 끝없는 초원. 하염없이 흘러다니는 흰 구름은 풀밭 위에 얼루기 모양의 그늘을 드리우고 있고, 수많은 가축들이 점점이 박혀 한가로이 풀을 뜯고 있는 광경……

　이 광경이, 아마 한 시간쯤 더 달렸을까 싶은데, 마침내 활짝 갠 푸른 하늘 아래 훤하게 모습을 드러냈다. 그런데 나는 그 경치보다도 마치 혼을 어루만지는 듯이 감미롭게 부는 '바람'에 정신을 잃을 지경이었다.

　풍광(風光), 풍경(風景) : 바람과 빛.

152

나는 오늘에사 이 두 가지가 경치를 구성하는 최대의 요소임을 깨달았다. 만일 그 중에서도 하나만 고르라면 나는 단연코 바람을 택하겠다.

내 생각에 빛은 객관적인 것이고 바람은 주관적인 것이다. 그림을 그려 본 사람에겐 상식이겠지만, 서양화에 있어서 빛은 절대적이다. 그러나 바람은 햇빛과는 달리 눈으로만 보는 경치에는 별 영향을 미치지 못한다. 그럼에도 동양에선 왜 빛 앞에 바람을 두어 경치를 의미하게 했을까?

나는 이 날처럼 바람을 상쾌하게 느껴 본 적이 없다. 시원하고, 따끔하고, 쌉쌀하고, 훌렁 말리고, 옷 속으로 어릅쓸어워 생명의 근원인 배꼽을 간지럽히고, 더 아래로 살랑살랑 타고 내려가 항문 근처에서 시근짜릿한 느낌이라니……

마치 바람난 처녀처럼 들뜬 기분으로 행복감에 젖어서 보는 초원의 경치는 가히 신의 향연이라 할 만했다. 나는 초원의 주술에 걸린 사람처럼 빨려들고 있었다. 정말로 황홀한 것은 나를 감상자로 남겨 두지 않는 바람의 유혹이었다.

그녀의 애무는 이 아름다운 자연을 향한 무언가의 행위를 나에게 요구하고 있었다. 나는 당장에라도 지프에서 뛰어내려 덩기덩기 춤이라도 춰야 할 것 같았다. 옷 따위는 활딱 벗어 던지고, 싱그러운 여신의 품 속에서 나뒹굴며 원색적인 사랑을 미친 듯이 하고 싶은 충동이 일었다.

하여튼 '빛이 좋다'보다 더 심오한 의미가 '바람이 좋다'에 들어 있다는 걸 깨달은 것은 대단히 큰 소득이었다. 나는 왜 그 동안 바람에 대해서는 무신경했는가를 자문해 보았다. 좀 엉뚱한 비약일지 모르지만, 여태 내가 자연을 단순히 '대상'으로만 바라보았기 때문이 아닐까 하는 쓸쓸한 생각이 자꾸만 고개를 쳐들었다.

영혼으로 바람을 느끼는 자만이 혼이 자연에 취할 수 있다는 생각을 하면서 나를 포함한 도시인들의 자연을 보는 태도를 떠올려 보았다. 닫힌 유리창 너머로 자연을 관망하거나 갤러리에서 명화 속의 자연을 감상하는 것과는 판연히 다르게 바람은 그를 자연의 일부로 불러들이지 않는가?(뒤에 알아보니까 바람은 아랍어에서 ruh로 '숨과 영'을 가리키며 히브리어에서도 바람은 '하나님은 영이시다'의 '영'에 해당한다. 그리고 인도 철학에서 '생명의 바람'은 산스크리트어로 vayu인데 '숨쉬다', '바람이 불다'의 va에서 나왔다. 우리 나라의 풍물風物은 바람을 일으키는 물건이란 뜻에서 나온 것인데, 일제 강점기에 민족 정기를 말살하기 위한 일환으로 그들이 농악農樂으로 개칭해 버렸다.)

나는 자연의 마법에 걸린 사람처럼, 달리는 지프 안으로 쏟아져 들어오는 바람이 얼굴 위에서 폭포수같이 부서지는 것을 느끼며, 스치는 경치에 대고 나도 모르게 몽골비사에 나오는 말투로 중얼대기 시작했다.

"사촌이 저 멀리서 흰점박이 갈색말을 타고 온다."

비 갠 하늘 아래 부드러운 곡선의 언덕들이 아름답게 이어져 있고 누군가 말을 타고 오고 있는 게 보였다.

"아우여, 너는 두 갈래 머리채를 한 번은 등 뒤로 한 번은 가슴 앞으로 날리며 여러 번 언덕을 넘어왔구나."

가뭇가뭇 보이던 말 탄 사람은 무척 빠른 속도로 질주해 왔다.

"우리 여기서 헤어져 세 그루의 검은 나무가 서 있는 곳에서 내일 다시 만나자."

흰 구름뿐인 저 멀리의 들판에 키만한 나무가 보였다.

나는 이런 중얼거림 속에서 마치 초원의 사나이라도 된 것처럼 눈에 잔뜩 힘을 주어 최대한으로 먼 곳을 응시했다. 의식적으로가 아니라 그냥 그렇게 되었다. 초원은 사람의 시선을 멀리 향하게 만드는 괴력이 있었다. 아마 누군가 그런 나를 보았으면, 눈가에 가득 잡힌 주름이 몽골인의 그것 같다고 느꼈을 것이다.

얼마쯤 갔을까. 아까부터 마렵던 오줌이 더는 참기 어려워 막 차를 세우려는 순간, 이런 초원에서 버너로 라면을 끓여 먹으면 정말로 환상적이겠다는 생각이 불현듯 스쳤다.

차는 풀밭 위에 섰다. 빗물이 가득 고인 웅덩이가 수정처럼 반짝였다. 일을 본 시원함에다 술기운이 있는 나는 마냥 헤실헤실 웃음만 나왔다.

배낭을 풀고 버너를 꺼내 불을 피웠다. 초원의 식탁에서 호호 불며 먹는 매운 라면 맛을 무엇에 비하랴. 나는 여기에 배갈 한 잔을 반주로 곁들였다. 그리고 나서 담배 한 모금…….

지프는 또다시 달렸다. 오후 3시쯤 마침내 우리 앞에 조그만 마을이 나타났다. 지프는 길모퉁이의 흙담 밑에 무료하게 앉아 있는 사람들 곁으로 갔다.

"올론숨이 어딥니까?"

자기들끼리 뭐라고 의논을 하는데 표정들을 보니까 아마 아는 사람이 없는 모양이었다.

이 때 한 소년이 다가와서 차창 안으로 얼굴을 쑥 들이밀고는 교통국에 가 보라며 손가락으로 사거리 건너편 쪽을 가리켰다.

올론숨은 오늘 우리가 가야 할 목표였다. 그런데 교통국 사람들조차 올론숨이란 옛 고성의 위치를 잘 알지 못했다. 우리는 다시 문물관리소를 찾아갔다. 그 곳은 길 옆에 옹벽을 쌓은, 아주 넓은 터를 갖고 있는 커다란 전통 가옥이었다.

나는 문물관리소의 마당을 가로질러 가다 말고 담벼락 아래 놓여 있는 석인상과 비석으로 발걸음을 옮겼다. 몇 차례 중앙아시아를 답사다니면서 익히 보아 온 초원 석인상들이었는데, 먼저 카메라로 그것들을 찍었다. 그리고는 비석에 궁금한 눈길을 보내는 순간 나는 깜짝 놀랐다.

비문은 시리아 문자. 매장자의 이름은 기와르기스, 요한 등의 세례명으로 되어 있다. 네스토리우스파의 십자가는 어느 것이나 끝이 벌어져 있는 특징을 갖고 있다. 오른쪽이 비의 머리 부분.

내가 찾던 올론숨의 십자가가 바로 거기에 다 모여 있었다. 독자들은 초원에 웬 십자가냐고 할지 모르겠지만, 대략 8, 9백년도 더 된 이 유물들은 당시 이 지역에 살던 기독교인들의 존재를 문자 그대로 돌에 새겨 영원히 남기고 있었다.

전문학자들은 그들이 네스토리우스파 기독교도들이며, '웅구트'라는 투르크계의 몽골족이라고 한다. 이 교파는 대표적인 동방 기독교로서, 중국에서는 경교(景敎)라 하여 당나라 때 상당한 교세 확장을 했는데, 우리 나라 경주에서도 같은 계통의 십자가와 성모상이 출토됐다고 전한다.

흥분한 나는 즐비하게 누워 있는 비석들의 앞뒷면을 하나하나 모조리 다 찍고 곧장 문물관리소 사무실로 들어갔다. 소장은 여기 있는 비석들은 올론숨에서 가져온 것이며, 아마도 거기까지는 가는 데만 두 시간 넘게 걸릴 것이라고 귀띔했다.

나는 사실 십자가가 새겨진 비석을 보러 왔기 때문에 굳이 올론숨에 가지 않아도 되었다. 그 대신 전시실에 걸려 있는 유적지 사진들을 보는 것으로 만족했다. 그런데 이 곳에서 나는 또 하나 흥미로운 사실을 발견했다. 실내 바닥에 놓여 있는 커다란 여섯 개의 장방형 돌덩이에는 하나만 빼놓고 모두 '새'가 새겨져 있었다.

새는 앞에서도 얘기했듯이 해 숭배와 직결되어 있는 상징이다. 유목민들에게 기독교가 수용되면서 그들의 뿌리 깊은 해 숭배 신앙의 한 상징인 '새'가 이 돌덩이 위에서 기독교적인 다른 의미로 변용되었다는 걸 직감할 수 있었다.

집에 돌아온 뒤 나는 르네 그루쎄가 쓴 『유라시아 유목제국사』를 뒤적거리다가 다음 구절을 발견하고 그 생각이 맞았다는 걸 확인할 수 있었다.

> 흉노 계통의 초원 예술은 천 년 이상 계속 존재하여 … (중략) … 네스토리우스파 기독교풍의 조그마한 청동기들 ― 예를 들어 십자가, 비둘기, 그리고 성령 ― 에까지 이어졌던 것으로 보인다.

사진을 찍지 못하게 해서 할 수 없이 스케치북에 대강 그렸었는데, 그걸 이제 다시 보니 스케치한 새 중에는 비둘기도 있었다. 고개를 뒤로 젖히고 있는 어떤 새의 스케치 아래에는 '페르시아 신화에 나오는 신의 새, 시무르그를 꼭 닮았음'이라는 감상도 적혀 있었다. 이것은 초기에 네스토리우스파가 동방 전파의 본거지를 페르시아에 두었던 사실을 염두에 두고 쓴 것이었다.

나는 비록 올론숨에는 못 갔지만 이 곳에서의 상당한 성과에 자족하면서 지프에 올라탔다.

비가 뒤에서 몰아쳐 오고 있었다. 우리는 서둘러 길을 재촉했다. 사실 여기까지 오면서도 진창길이 된 공로(公路)가 폐쇄되어 너무나 어렵게 샛길을 찾아서 빙빙 돌아왔다. 초원에 무슨 샛길이냐고 하겠지만, 만일 그 샛길까지 진창이 되면 움쭉달싹 못 하고 망망한 초원의 바다에 영락없이 갇히고 마는 것이다.

그런데 운전사가 악전고투를 하며 약 두어 시간 넘게 달렸을까, 어느 한 순간에 앞 차창이 훤해지면서 하늘에 무지개가 뜨는 것이었다. 더욱이 길도 갑자기 포장도로처럼 좋아져서 지프가 쾌속으로 질주하니 기분이 새털처럼 가벼워졌다.

나는 바닥이 보이는 술을 마저 다 마셨다. 차창 밖으로 스치는 초원은 선(線)들이 달리는 것처럼 보였다. 드넓은 초원에 수많은 직신돌이 마치 경주마처럼 갈기를 휘날리며 달리고 있었다.

석양빛 아래서 천지는 그야말로 오케스트라를 연주하기 시작하는 듯했다. 눈앞엔 온갖 모양으로 높고 낮은 구름들이 캔버스에 붓질한 듯하고, 고개를 왼쪽으로 돌리니 터키석 빛깔의 한 조각 하늘이 흰 구름 사이로 보석처럼 빛났다. 또 오른편 하늘은 저녁 바다에 까치놀 치는 것처럼 희번덕거리는 지평선 위로 빛이 폭우처럼 쏟아지고 있었다. 나는 그것을 광우(光雨)라 명명하고 수첩에 적었다. 그러고 나서 달리는 차창 밖으로 상체를 쭉 빼고 뒤를 돌아보았다. 이미 흥분한 나는 더 이상 망설일 게 없었다. 괴성을 질러 차를 세웠다.

붉은 노을은 서쪽 하늘을 하나의 거대한 스크린처럼 한 톤의 선홍빛으로 덮어 버렸다. 잡티 하나 섞여들지 않은 그 완벽한 하나. 모든 작품의 목표는 하나다. 나는 감격했다. 나는 하늘의 일을 차별 없이 볼 수 있는 눈을 달라고 기도했다. 맑거나, 흐리거나, 붉거나, 푸르거나, 바람이 불거나, 잠잠하거나, 비가 오거나, 눈이 오거나, 쾌청하거나……

밀레는 말했다.

> 사람은 어떤 지점에서 출발하든지 숭고한 경지에 다다를 수 있다. 그리고 높은 조준(照準)만 가지고 있으면 이 지상에 있는 모든 사물이 숭고한 것을 표현하기 위한 적절한 소재가 된다. 그러므로 당신이 무엇인가를 열렬히 사랑하면 거기에서 반드시 독특한 아름다움이 포착되며, 또한 그것은 남에게도 공통되는 아름다움이 될 것은 당연한 이치이다. ··· 그저 일반적인 견지에서 감자는 석류만큼 아름답지 못하다고 하는 것은 무의미하다.

지프는 땅거미 내리는 초원 위에 하얗게 박혀 있는 게르들을 향해 달려갔다. 우리는 그 곳에서 여장을 풀었다. 밤이 되었다. 별들이 쏟아지는 밤이었다. 북극성과 북두칠성이 손에 잡힐 듯이 있었다. 3년 전 율두스 초원의 탕블락에서도 오늘처럼 말똥만한 별을 손을 뻗쳐 딴 적이 있다.

지금 내 손 안에 들어 있는 이 별은 내 아들을 위해서 오늘 밤 한 편의 동화를 만들어 줄 것 같다.

우연히 숨겨진 마을을 보았다

지프는 황하의 만곡부를 향해 열심히 달렸다. 황하가 기역 자로 꺾이는 모서리에 있는 십이연성(十二連城) 유적지. 이번 여행의 첫 경유지였다. 전 여행 일정 중에서 유일하게 목표를 정하지 않고 대충 손가락으로 짚은 곳이다. 갔다 온 지금도 그 곳이 어떤 유적지인지를 알지 못한다.

며칠 전 비가 많이 내렸던 모양으로 땅은 무척 질퍽거렸지만, 맑은 하늘 아래 펼쳐진 농촌 풍경은 무척이나 아름다웠다. 가는 도중 연꽃도 아닌 해바라기가 커다란 호수에 끝없이 떠 있는 풍경도 만났다.

사진을 찍지 않고는 못 배길 만큼 이색적인 풍경이었으나 시간이 너무 지체돼서 차를 세우자는 소리를 못했다. 그런데 채 5분도 달리지 않아 운전사가 차를 멈추고 멀찌가니 가는 농부를 소리쳐 불러서 길을 물었다. 조금만 더 일찍 묻지 않고선……. 여행중에 이런 아쉬움들은 언제나 남게 마련인가 보다.

농부가 가리켜 준 데로 한참을 더 가니, 높고 기다란 천연의 흙더미가 마치 폐허의 성벽 같은 형태를 이루며 뻗어 있는 곳에 마을이 나타났다. 지붕이 부서져 나간 토담집들이 즐비하고, 하늘만 빼면 거리며 나무들까지 온통 황토먼지로 뒤덮여 있는 고장이었다.

십 분쯤 더 가다가 지프가 물 웅덩이를 만나 요란하게 물을 가로지르자 거위들이 꽥꽥거리며 이방인의 침입을 온 동네에 알렸다.

길은 갈수록 진창이 되었다. 통나무를 가득 실은 트럭이 미끄러져 약 삼십도 각도로 기우뚱 누워 있었다. 동그란 뿔테 안경을 쓴 늙은 운전사는 이런 일이 한두 번이 아닌 듯 눈만 깜박거리며 전혀 당황하는 기색조차 없었다.

물어물어 계속 더 들어가니 드디어 지도를 보고 찍었던 목적지가 눈앞에 나타났다. 개흙처럼 찰진 강이 누렇게 언덕을 휘감고 도는 게 보였다. 멀리서 보아도 언덕 위에는 십이연성의 흔적이 남아 있었다. 서쪽으로 많이 기운 해는 황하의 탁류 속에서 이불을 덮은 듯이 푹 파묻

해가 황하에 잠겨 있는 장면

혀 있었다.

사진으로 담기에 무척 멋진 장면이었다. 굽이진 강기슭을 따라 시선을 조금 낮추자, 까칠까칠 자란 키 작은 풀들이 개흙밭에서 두어 뼘 위로 강폭을 빙 둘러싸고 있는 게 마치 요람의 테두리처럼 보였다. 해는 그 속에서 포근히 잠들어 있었다.

강나루에는 커다란 철선 한 척이 붙박여 있었다. 선장 겸 기관장인 한 노인이 검게 탄 얼굴에 땀을 뻘뻘 흘리며 열심히 원동기를 조작했다. 처음엔 기계가 힘들게 움직이더니, 순식간에 엔진 소리가 커지면서 시커먼 연기가 푸른 하늘로 마구 뿜어져 나왔다.

지프는 곧 철선에 실렸다. 엔진은 더욱 요란하게 돌아가고 우리는 철선 끝에 붙어 있는 잭 같은 것을 힘껏 내리눌렀다. 한 젊은이가 기다란 몽둥이를 지렛대 삼아 개흙밭에 쑤셔 넣고 철선 옆구리를 밀어내는 데 힘이 부쳐 보여 나도 가서 거들었다.

잠시 후 철선은 나루터에서 떨어져 나갔다. 나는 손에 찰떡처럼 묻은 개흙을 신기한 듯이 만져 보았다. 예전에 갯벌 속에도 빠져 봤고 진흙 팩도 만져 봤지만, 이 곳 진흙은 얼마나 찰진지 쿡쿡 눌러지기만 할 뿐 마치 매트 위에 서 있는 것처럼 발이 탄력을 받아 빠져들지 않을 정도였다.

철선은 미동도 하지 않는 것 같은데 움직이고 있었다. 막 떠난 자리의 풍경에서 고개를 돌리니 갑자기 눈앞에 다른 철선 한 척이 나타났다. 마치 스틸 사진처럼 그 철선 전체가 정지해 있는 듯이 보였다. 철선 위의 통나무를 가득 적재한 트럭과 여기저기 흩어져 갖가지 포즈로 꼼짝도 않고 서 있는 사람들의 무동작…… 오직 철선의 움직임을 확인시켜 주는 건 시간뿐이었다. 그런데 약 십여 분쯤 지났을까. 이들을 태운 철선은 우리를 비껴 어느 새 꽤 멀어져 있었다. 오던 길에 보았던 진창에 빠진 트럭도 아마 이런 식으로 강을 건넜던 모양이었다.

이윽고 철선은 맞은편 강기슭에 도착했다. 노인은 나를 데리고 언덕으로 올라갔다. 성터의 흔적이 군데군데 보였다. 내가 상체를 언덕 위로 막 들이밀었을 때, 눈앞에 목화밭이 소담스럽게 펼쳐졌다. 이어 숨겨진 마을이 고즈넉하게 모습을 드러냈다. 나는 내 눈을 의심하며 나도 모르게 중얼거렸다.

마치 무릉도원 같은 숨겨진 마을이야, 이건…….

노인을 따라 언덕 가로 난 밭둑길을 계속 걸었다. 들에서 짚을 태우는 연기가 꽤 거리를 두고 이쪽 저쪽에서 두 무더기 크게 피어 올랐다. 한 농부가 말을 끌며 쟁기질을 하고 있었다. 또 어떤 농부는 밀단과 빈 수레 곁에 서서 두 손을 가슴께로 올린 채 뭔가를 하고 있었다. 흰 구름을 이고 일렬로 서 있는 짙푸른 나무들 아래로 아담한 흙집들이 보였다. 밀레의 〈이삭 줍기〉 장면이 떠올랐다.

나는 노인의 발걸음을 멈추게 하고서 넋이 나간 사람처럼 이 숨겨진 마을을 바라보고 있었다. 어쩌면 이 곳은 먼 옛날부터 둔전터였는지도 모른다. 한때는 흉노나 투르크가, 한때는 중국이 엎치락뒤치락하면서 어느 쪽이 됐든 귀화한 사람들을 데려다 놓고 변방을 지키게 한 귀화성이었는지도 모른다.

황하는 내가 건너온 바로 이 언덕 아래에서 곧장 꺾어지면서 바야흐로 중원을 향하여 치닫는다. 시뻘건 황토 고원을 지나게 될 이제부터 황하의 진면목은 시작된다. 황룡이 용틀임하기 직전의 고요, 그것이 이 숨겨진 마을을 최후로 평화롭게 감싸안고서 흘러가고 있었다.

사람이 산다는 것은 무엇일까. 온갖 영화를 누린 솔로몬도 결코 오늘 있다가 내일 아궁이에 던지우는 꽃 한 송이만큼도 화려하게 차려 입지 못했다고 하지 않았는가. 그런데도 인간은 무엇을 위하여 그처럼 끊임

십이연성이 있는 언덕을 황하가 휘감고 도는 모습

없이 싸우고 빼앗는 걸까.

　인류의 실락원은 자연에서의 추방이었다. 오늘날 무한경쟁 시대란 말은 자연의 가장자리에서 모두 다 뛰어내릴 채비를 하자는 표어에 지나지 않는다. 왜냐 하면 자연은 인간의 무한경쟁을 허용하지도, 수용할 능력도 없기 때문이다.

　인류는 자연을 잃으면 모든 것을 다 잃는다. 인류의 마지막 기회는 현대의 과잉 생산체계에 대한 투쟁이지 않을 수 없다. 그러나 나약한 나는 도연명의 「귀거래사」나 읊조릴 뿐인가?

일광은 엷은 어둠에 가리면서 점점 서쪽으로 기울어드는데, 외로운 소나
무를 어루만지며 그 주위를 맴돈다. 돌아가야지. …… 세상과 나와는 서
로 잊어버리자. 다시 수레에 올라 무엇을 구할 것이냐. …… 얼마 동안 자
연의 조화를 따르다가 마침내 돌아가면 되는 것이니, 천명을 즐기면 그만
이지 무엇을 의심하랴.

신라에 흉노 시대가 있었을까?

서하 정벌 도중에 숨을 거둔 칭기스칸의 능은 오르도스에 있다. 원래는 몽골어로 '유목 황제의 이동 궁전'을 뜻하는 오르두의 복수형이 오르도스인데, '칭기스칸의 능을 지키는 사람들이 거주하는 지역'이란 의미로 그 뜻이 바뀌어, 이후 지금까지 8세기 동안 사용되어 왔다.

하지만 보다 정확히 역사지리적 의미에서 말하는 오르도스는 다음의 지도처럼 황하가 중절모 모양으로 꺾이는 곳의 안쪽을 가리킨다. 내가 이 곳을 주목하는 이유는 오르도스가 한반도 금속문화의 두 주류인 시베리아 계통과 오르도스 계통 중의 하나이기 때문이다.

3년 전에 나는 볼품 사납게 시멘트로 지은 거대한 몽골 천막 모양의 칭키스칸의 사당을 방문했었다. 관광객들이 줄을 잇는 이 곳은 에진호로치에 있는데, 이 일대는 오르도스 청동기의 원류가 발굴된 흉노의 본산이기도 했다.

이번 여행에서는 오르도스까지는 들어가지 않았지만 황하를 죽 따라가면서 지난번에 황하 너머의 그 땅을 찾아 들어갔던 일들을 선명하게 떠올렸다. 사실 그 때 칭기스칸 사당을 보러 그 곳에 간 것은 아니었다.

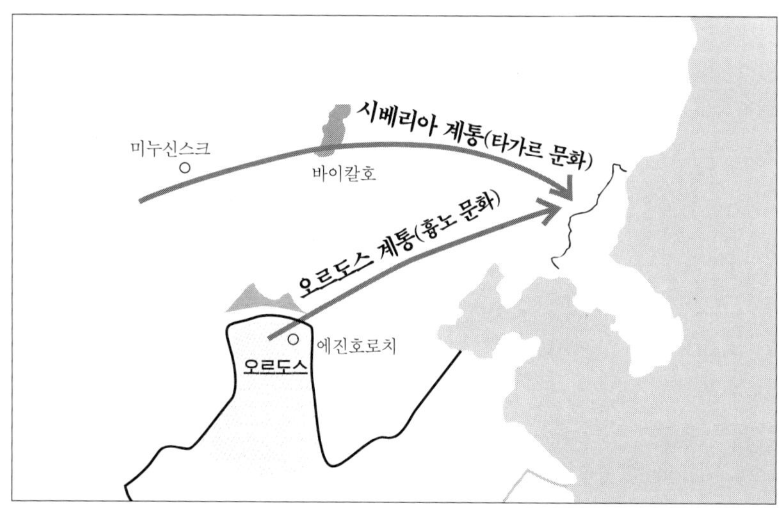

상고 시대 우리 나라에 들어온 금속문화의 두 계통

당시 나는 발해 건국에 관한 소설을 쓰고 있었는데 이 지역이 무척 중요했다. 그것은 이 지역을 놓고 투르크와 당나라가 사활을 걸다시피 쟁탈전을 벌였고, 그 와중에 우리 고구려 유민이 이 곳 오르도스의 좌우 초원으로 강제 이주되어 당나라 군대에 동원되기도 했으며, 한편 투르크에 망명해 들어간 우리 유민들은 여러 개의 군단을 만들어 당군과 싸웠던 그런 지역이기 때문이었다.

고대에 비옥한 초원이었던 오르도스가 이젠 시뻘겋게 황무지로 되어 버린 땅을 달리며 그 당시 남겨 두었던 한 가지 생각 ―흉노 문화와 우리 상고사와의 관계, 그리고 흉노인들의 신라 유입 문제를 이번 여행길에서 다시 끄집어 내었다. 그 중에서도 신라 김씨 왕계의 뿌리에 관한 생각이 중심이었다. 나는 집에 돌아온 뒤로 여행중에 생각했던 단상들을 실마리로 해서 '신라의 흉노 시대'라는 가설을 구체화하기 위해 강렬한 호기심을 가지고 추적하였다.

에진호로치에 있는 칭기스칸의 사당. 이 일대는 흉노 문화의 본산이기도 하다.

서방의 스키타이와 더불어 흉노 문화가 동물의장을 주디자인으로 한 초원의 황금문화를 대표한다는 것은 이미 널리 알려진 사실이다. 그런데 놀라웁게 이 초원의 황금문화가 한반도의 신라에서도 마치 복제한 것처럼 똑같은 모습으로 나타났다. 그것도 오직 미추왕(262~284)부터 지증왕(500~514)까지 묻혀 있는, 그 당시 김씨 왕족의 전용 묘역이었던 경주 대릉원(大陵苑)에서만 출토되었다.

그런데 정말 흥미로운 것은 문제의 초원 황금문화가 신라에 갑자기 나타난 현상을 문화 전파의 차원이 아니라 민족 이동에 의한 것으로, 즉 흉노 계통의 세력이 밀고 내려와 기존 집권 세력인 석씨(석탈해)계를 교체하여 그로 인해 나타난 것으로 본다는 사실이다. 과거에는 이런 주장이 학계의 일각에서만 거론됐는데, 이제는 거의 상식에 속한 얘기가 되었다.

KBS의 다큐멘터리 〈황금나라의 비밀〉과 김병모의 『금관의 비밀』은

초원의 황금문화가 복제된 것처럼 신라에 똑같이 나타난 김씨 왕족의 전용 묘역인 대릉원

이를 대중적으로 잘 소개한 교양물들이다. 아마도 내가 그랬던 것처럼 독자들도 이 책이나 다큐를 보게 되면, 제목이 말하는 '비밀'의 끝에 가서는 '신라 김씨 왕족은 확실히 흉노였을 것 같다'는 이상야릇한 기분에 젖게 될 것이다.

그럼 다음의 의문으로부터 이야기를 시작해 볼까 한다.

아득한 역사의 여명기에 만주와 한반도로 청동기 문화를 가지고 들어온 한민족의 원조상들 — 알타이어족에 속한 투르크·몽골·퉁구스족— 은 각기 어느 지역에 정착해서 어떤 문화를 형성시켜 왔을까?

좀 도식적이긴 하지만, 삼림 생활자인 퉁구스족과 초원·삼림 생활을 겸한 몽골족이 가져온 문화는 시베리아 금속문화였고, 초원 생활을 하던 투르크족(흉노가 선조임)이 가져온 문화는 오르도스 금속문화였다는 사실을 먼저 염두에 둘 필요가 있다.

신화를 통해 볼 때도 부여·고구려·백제 등의 부여계와 신라는 문화

배경이 상당히 다름을 알 수 있다. 이를테면 태양 숭배를 공통으로 하면서도 전자는 곰·강 등을 신격화의 모티프로 하고, 후자는 말·황금 따위를 그렇게 하였다.

언어학적으로도 이기문은 고구려어가 중심이 된 부여계어와, 신라어가 중심이 된 한(韓)계어가 단순히 방언의 차이를 넘는 서로 다른 언어였다고 주장한다. 또 이 사실과 관련해 포페가 말한, 알타이 조어(祖語)에서 투르크어가 먼저 갈라지고 다음에 몽골·퉁구스어의 공통어가 미분화된 상태로 갈라졌다고 한 주장에도 유의할 필요가 있다.

다음 역사학적으로도 (서력 기원을 전후한 만주와 한반도 일대의 상황을 가장 잘 전해 주는) 중국 사서 『삼국지』「위지동이전」을 보면 당시 부여계와 신라가 풍속, 언어 따위에 있어서 서로 현격히 달랐다는 점을 확인할 수 있다.

이 점들로 미루어 볼 때 부여계의 문화에는 시베리아 청동기를 가져온 몽골·퉁구스적인 요소가 많은 반면, 신라의 문화에는 오르도스 청동기에서 오는 투루크적인 요소가 상대적으로 많이 나타난다고 상정해 볼 수 있다.

이상의 예비 지식을 가지고 본 주제 '신라에 흉노 시대가 있었을까?'에 대한 탐색의 길을 떠나 보도록 하자.

초원의 황금문화가 매장된 대릉원은 신라 최초의 김씨 왕인 미추왕에서 시작되고 있기 때문에, 먼저 김씨의 시조인 김알지(金閼智)에 대해서 알아보는 게 순서이겠다. 『삼국유사』는 김알지에 대해서 이렇게 전하고 있다.

큰 빛이 시림 속에서 나타남을 보았다. 자색 구름이 하늘에서 땅에 뻗치었는데, 구름 가운데 황금 궤가 나무 끝에 걸려 있고 그 빛이 궤에서 나오며 또 흰 닭이 나무 밑에서 우는지라, 이것을 왕에게 아뢰었다. 왕이 그 숲에 가서 궤를 열자 사내아이가 나왔다. 놀라움을 금치 못한 왕은 아이의 이름을 '알지'라 짓고, 성은 금궤에서 나왔다 하여 '금씨' 곧 '김씨'라 하였다.

김알지는 대략 서기 60년경에 출생했다. 김씨 성의 유래는 신화에서 보는 것처럼 황금에서 나왔다. 그런데 황금을 숭배하는 신앙은 앞서 말했듯이 스키타이나 흉노의 아주 오래 된 문화의 특징이었다. 따라서 황금을 뜻하는 '김씨란 성'과, 황금문화의 보고인 '대릉원'과, 황금문화의 원류인 '유라시아 대륙의 초원문화'가 서로 밀접한 관계에 있을 것으로 짐작할 수 있다.

그런데 역사상 김씨가 최초로 출현한 것은 흉노족의 김씨로서, 앞으로 살피게 될 이 흉노족 김씨 역시 황금을 숭배했기 때문에 붙여진 성씨였다. 그렇다면 똑같이 황금에서 나왔다는 것 외에 김알지와 흉노족의 김씨는 다른 어떤 연관성이 없는 것일까? 이 둘의 연관을 단순히 동

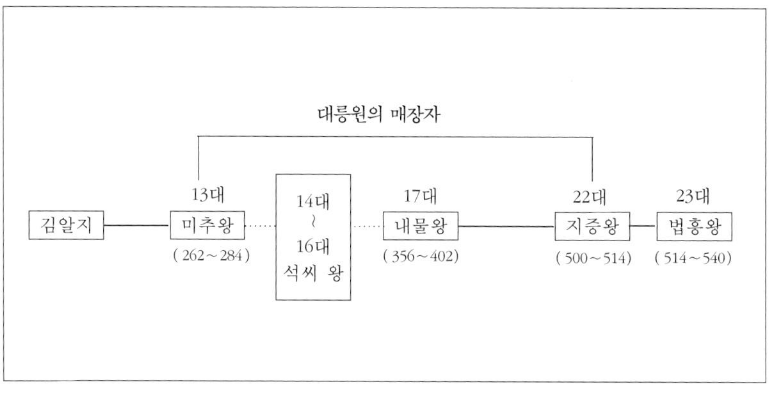

대릉원에 매장된 김씨계 왕들

일한 황금문화의 우연한 소산으로만 보아 넘기기에는 그 당시의 역사적 사정이 그리 간단치가 않았다.

이야기는 기원전 121년 한무제 때로 돌아간다. 한무제는 서역 진출의 길목인 옛 월지의 땅 하서주랑을 흉노에게 봉쇄당하자, 군대를 보내 이들을 공략하고 4만여 명이나 되는 흉노군의 항복을 받았다. 당시 흉노는 이 지역을 다음의 지도에서처럼 동·서로 나누어 각각 씨족장들인 휴도왕과 혼야왕으로 하여금 다스리게 하고 있었다. 그런데 이 전쟁에서 휴도왕은 살해되고 그의 아들 일제(日磾)는 인질로 잡혀 갔다. 한무제는 이 때 잡혀 온 일제에게 김씨 성을 하사하였는데, 그 까닭은 그의 부친인 휴도왕이 황금으로 만든 사람의 상(金人像)을 모시고 하늘에 제사 지냈기 때문이라고 사적은 전한다. 바로 이 김일제가 사서에 최초로 등장한 김씨인 것이다.

여기까지가 흉노족의 김씨가 생겨나게 된 과정이다. 어쨌든 김일제는

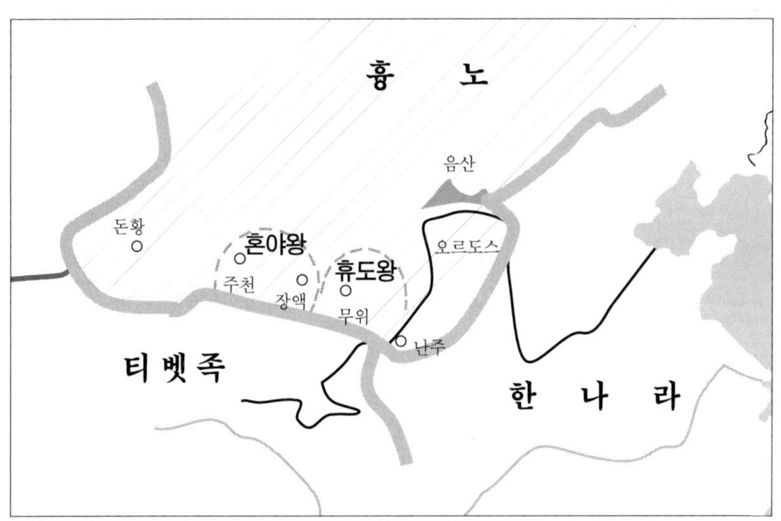

흉노의 혼야왕과 휴도왕의 세력 판도

한무제의 눈에 황금을 숭배하는 씨족으로 비쳤고, 또 실제로 황금씨를 하사받음으로써 그 사실이 더욱 공고해졌다. 이후 김일제가 거느린 흉노 씨족은 중국식 성인 김씨 성을 쓰는 귀하민으로서 중국에 봉사하게 되었다. 그런데 이 때가 바로 낙랑군이 설치되기 약 20년 전의 일이었다.

왜 난데없는 낙랑군 이야기인가 하면, 한무제가 고조선 지역에 한사군을 설치하면서 파병한 군대가 한족(漢族)이 아닌 이민족 군대였을 터인데, 그 군대에서 흉노의 김씨 군단이 주력군이었거나 아니면 최소한 거기에 포함은 됐을 것이기 때문이다. 이것은 단순한 추측이 아니라 많은 역사적 실례들에 의해 그 개연성이 뒷받침된다.

하나의 결정적인 예는, 고구려가 붕괴된 후 고구려 유민들이 다른 어떤 곳도 아닌 바로 이 곳 하서주랑 일대에 파견되어 중국의 수비대 — 당시 이를 단결병(團結兵)이라 하였다 — 로서 주둔했다는 사실이다. 이것은 흉노의 경우도 당연히 가능함을 역증명하는 사례가 된다. 이뿐 아니라 고구려와 수·당 간의 전쟁시 돌궐·거란·말갈 등의 이민족 군대가 중국의 용병으로서 고구려를 치기 위해 대규모 동원돼 온 것도 그런 예 중의 하나이다. 실제 중국의 이런 군사 전략은 이민족에 대한 그들의 전통적인 이이제이 수법으로서 역사 속에 허다한 사례들을 남기고 있다.

이쯤 해서 김알지를 신화 무대로부터 현실의 역사 무대로 끄집어 내는 작업을 해야 할 시점에 온 것 같다. 우선『삼국사기』에 나오는 다음의 내용을 보도록 하자.

유리왕 14년(서기 37년)에 고구려 대무신왕이 낙랑을 멸망시킴에, 낙랑 사람 5천이 신라에 와서 6부에 나누어 살았다(낙랑이 완전히 멸망한 것은 313년이다).

이미 상정한 대로 낙랑에 흉노의 김씨 군단이 파병되어 있었다면, 앞의 사료에서 고구려에게 패주하여 신라로 내려간 낙랑 군사는 바로 흉노족의 김씨 군단일 개연성이 매우 높다.

사실 고구려의 공략이 있은 서기 37년과 김알지가 탄생한 서기 60년은 고대사에서는 거의 동시기라 할 수 있는데, 설령 그 시차를 중시한다 해도 그것은 김알지 무리가 신라 사회에서 정착하는 데 필요한 기간이라 해도 무방할 것이다.

김알지는 흉노의 김씨 군단을 이끄는 추장의 이름일 수도 있고, 집단 내 지배 씨족의 이름일 수도 있다. 하여튼 알지(閼智)는 황금을 뜻하는 투르크어 '알툰, 알틴' 들을 연상시킬 뿐 아니라, 흉노 군주의 처를 지칭하는 알씨(閼氏 : 흉노 음으로 '연지'라 읽음) ― 알틴의 한자식 표기로 보는 게 통설이다 ― 와의 관련성을 생각하게 한다. 물론 직접적인 증거가 없는 상태에서 둘의 관계를 무리하게 속단하는 것은 금물이지만, 그러나 앞으로 차차 해명해 나갈 내용들이 아마도 이것에 신빙성을 더해 주리라는 것만은 의심의 여지가 없다.

더욱이 이런 추정은 '대릉원의 황금문화'란 존재가 있기 때문에 가능했고 ―아니, 추정을 시작할 수 있었고― 역으로 이 추정 때문에 우리는 대릉원의 비밀 문으로 들어갈 수 있는 단서를 갖게 된 것이다.

그럼 이제 대릉원의 시대로 훌쩍 한 걸음 내딛어 보자.

나는 이제부터 다음의 몇 가지 근거를 들어 '대릉원이 흉노인이 가지고 들어온 문화'일 거라는 가설을 구체화해 보려고 한다. 만약 이를 통해 이 가설의 사실성이 높아지면, 위에서 시도한 추정도 훨씬 의미를 가질 것이며, 내가 이 장의 마지막에 가서 개진할, 대릉원 개막을 전후한 시대의 정치사 개관도 상당한 리얼리티를 얻게 되리라 믿는다.

몇 가지 근거 중 첫째는 유물에 관한 것이다. 대릉원에서 출토된 금관을 위시해 금허리띠, 금동신발, 금제 말안장 따위의 금제품과 유리병, 유리잔, 은제잔, 팔찌, 토기, 보검, 각배, 마구 따위의 대부분 유물들이 '고대 초원의 길'과 '스키타이·흉노의 황금문화'를 상정하지 않고는 도저히 해명이 불가능한 것들이라는 사실이다. 이에 관한 것은 앞서 소개한 책과 비디오 테이프 외에도 국립중앙박물관에서 편저한『중앙아시아 미술』, 그리고『국립경주박물관』이란 도록에 잘 나와 있으므로 참고하기 바란다.

둘째는 무덤의 양식이다. 인간 사회에서 가장 보수적이고 변치 않는 게 바로 무덤이기 때문에 이것은 대릉원의 실체를 문화 전파가 아닌 민족 이동의 결과로 보게 하는 데 있어 대단히 중요한 근거가 된다.

이를 구체적으로 보면, 대릉원의 무덤 양식은 '적석목곽분'으로서 고구려와 백제의 적석총과 다를 뿐 아니라, 같은 신라에 있어서도 대릉원 이전의 토광목관묘나 이후의 횡혈식석실분과 전혀 계통을 달리한 것이다. 이렇게 되면 여기서 한 가지 문제가 생겨난다. 즉 대릉원의 묘제가 적석목곽분의 전통을 갖는 혈통들이 가지고 들어온 것이라면, 왜 같은 혈통의 김씨 왕족임에도 불구하고 법흥왕 이후부터는 횡혈식석실분으로 바뀌었는가 하는 문제이다. 이에 대한 해명은 일반적으로 법흥왕 때부터 율령 반포, 불교 공인, 중국식 연호 사용 등으로 철저히 중국화됐기 때문에, 그에 따라 자신들이 가지고 온 전통적인 묘제도 버리게 됐을 것이라는 해석이다. 수긍이 가는 설명이다.

그러면 이제부터 문제의 적석목곽분에 대한 기원을 알아 내서 대릉원의 주인공들이 어디서 왔는지, 또 그들이 어떤 계통의 족속인지를 추적해 보도록 하자.

초원 무덤을 대표하는 것으로 스키타이의 쿠루간(봉토무덤)이란 게 있다. 바로 이것이 적석목곽분의 기원이다. 흑해 북변에서 경주까지 장장

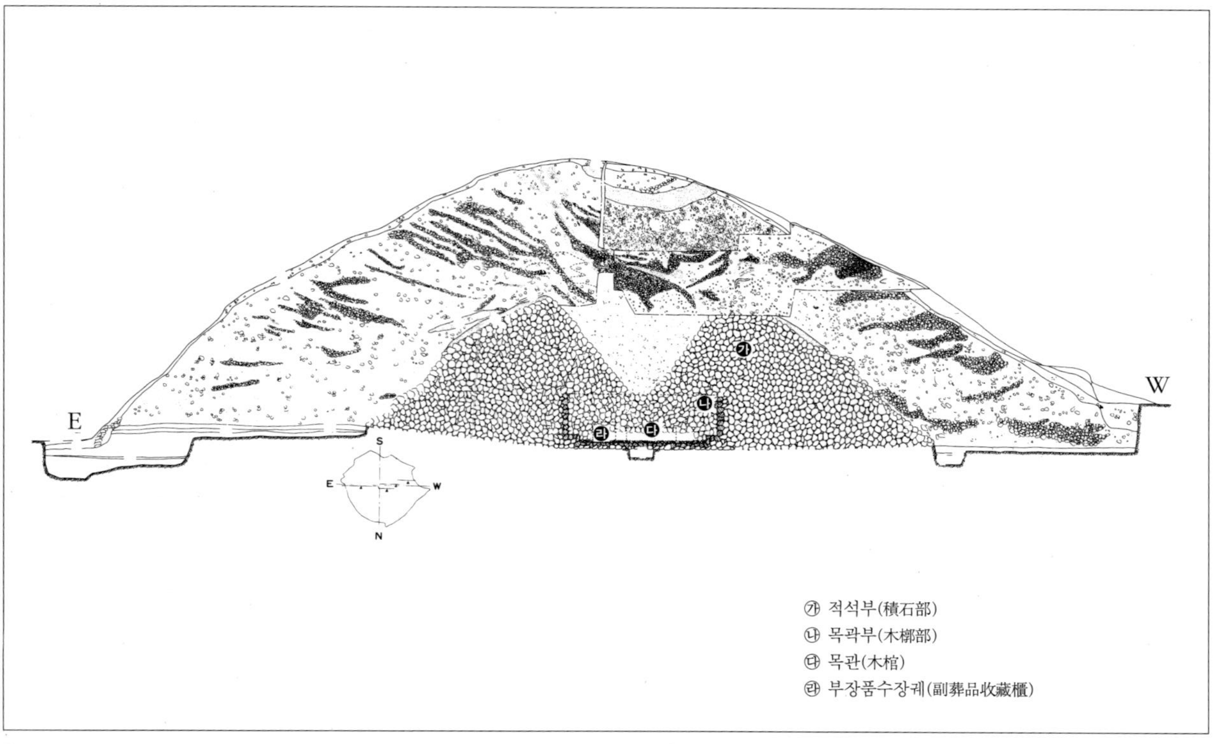

천마총의 적석목곽분 내부 구조도. 상층 동서 단면도임(문화공보부 문화재관리국, 『천마총』에서)

발굴 중인 얼음공주 무덤. 알타이 산록의 파지리크 고분.
적석목곽분의 전형적인 형태를 보여 주고 있다.(국립중앙박물관, 『알타이 문명전』에서)

7천 킬로에 이르는 유라시아 대륙의 초원 위에 이 쿠루간이 점점이 흩
어져 있는데, 특히 알타이 산맥에 집중적으로 모여 있다.

1995년도에 우리 나라 국립중앙박물관 주최로 〈알타이 문명전〉을
연 적이 있다. 그 때 전시된 유물 중 대표적인 것이 알타이 산록의 파
지리크 고분에서 발굴된 얼음공주였다. 그런데 바로 이 파지리크 고분
이 스키타이 쿠루간으로서 전형적인 적석목곽분이다.

알타이 산록의 파지리크에 이러한 쿠루간들이 존재하던 시기를 고고
학에서 '파지리크 시대'라 하는데, 대략 기원전 6세기에서 기원전 2세기
의 초기 철기시대로 규정하고 있다.

그런데 얼음공주를 위시한 이 고분의 주인공들은 월지(月氏, 토하리)
인들, 즉 인종적으로 인도-스키타이의 유러피언이므로, 이들을 바로 신
라의 대릉원과 연결시키는 것은 불가능하다.

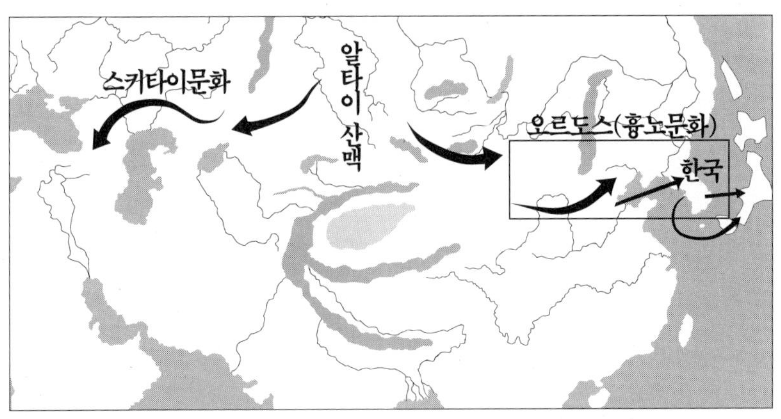

만주와 한반도로 들어온 철기문화 이동로(李鍾宣, 「오르도스 후기 금속문화와 한국의 철기문화」에서)

　한편 초원 무덤의 일반적 형태인 쿠루간은 흉노에게서도 똑같이 나타난다. 그러므로 우리와 같은 몽골 인종인 흉노의 무덤을 주목하는 것이 바른 순서요 방법임은 의심의 여지가 없다.

　고고학자 이종선은 「오르도스 후기 금속문화와 한국의 철기문화」란 논문에서 신라 적석목곽분의 계통을 논하는 중에 "최근 흉노계 분묘를 종합한 연구에 따르면 거기에는 몇 가지의 유형이 있다. 흥미롭게도 한반도 서북부의 소위 낙랑 고토에 그러한 유형의 고분(적석목관분)들이 모두 남아 있다는 엄연한 사실은 오르도스(흉노의 원류)와 연결해서 볼 때 매우 주목할 현상임을 지적하지 않을 수 없다"며, 신라 적석목곽분의 주인공은 반도 서북부(낙랑)를 거쳐 동남진한 시베리아 — 오르도스계(흉노계) 주민의 후예라는 생생한 증거들이 존재한다고 하였다(인용에서 괄호는 필자).

　덧붙여 고고학에서 민족을 세부적으로 판별하는 중요한 기준의 하나가 시체의 머리를 두는 방향인데, 오르도스 흉노 무덤의 거의 모두가 대릉원의 주인공들처럼 머리를 동쪽으로 향하고 있다는 점이다. 이것은 초

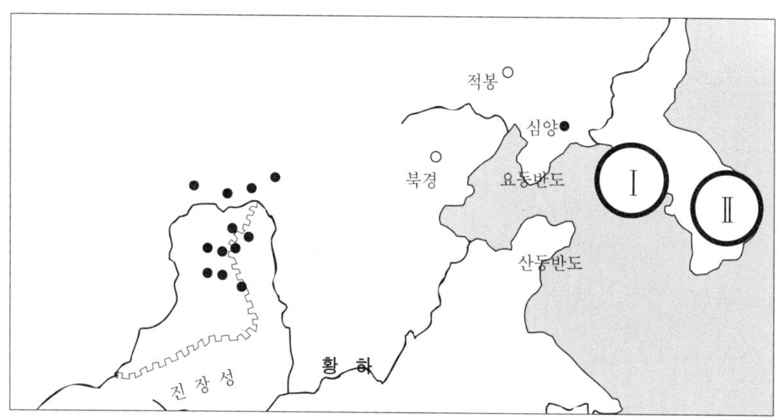

오르도스 유적지 지도 : Ⅰ. 낙랑 지역, Ⅱ. 신라 지역(李鍾宣, 「오르도스 후기 금속문화와 한국의 철기문화」에서)

원 무덤인 쿠루간을 남긴 수많은 기마 민족 중에서 대릉원의 주인공과 가장 가까운 민족이 누구인가를 추적하는 데 매우 유효한 자료가 되지 않을 수 없다.

셋째는 커다란 구리솥이다. 출토된 유물을 보고 주인을 알아 내야 할 때 가장 중요한 지표로서 스키타이와 흉노의 경우엔 동복(銅鍑, 커다란 구리솥)이란 게 있다. 동복은 흉노인들의 취사 도구인데, 흉노는 반드시 이것을 가지고 다니며 이동하였다.

우리 나라에서는 동복이 아직까지 낙랑의 고토인 평양 일대와 김해에서만 출토되었다. 비록 대릉원에서는 동복이 나오지 않았으나, 흥미롭게도 대릉원의 금령총에서 출토된 기마인물형 토기의 말 엉덩이 위에 실려 있는 솥은 다름 아닌 동복을 본뜬 것이며, 한편 어딘가 흉노인을 닮은, 코가 유난히 크고 뾰족한 말 탄 기사는 바로 신라인 자신의 모습이 아니었을까 하는 생각이 들게 한다.

넷째는 거시적으로 보아 대릉원의 주인공들이 몽골이나 퉁구스가 아닌 흉노가 속한 투르크계임을 보여 주는 한 가지 사실을 보충하고 싶다.

금령총에서 출토된 기마인물형 토기
오른쪽 도판은 말 탄 기사의 얼굴을 확대한 부분(국립경주박물관, 『신라 토우』에서)

일반적으로 적석목곽분이 아닌 곳에서는 말과 관련된 유물이 나오지 않는다고 한다. 대릉원 역시 예외 없이 말 신앙과 깊은 관련을 보이고 있다. 황남대총의 수많은 마구류, 천마총의 천마도, 금령총의 기마인물형 토기 들이 그것이며, 말무덤이라 불리는 미추왕릉에서는 말뼈들까지 출토돼 말을 희생(犧牲)의 도구로 삼았음을 알려 주고 있다.

그런데 말을 죽여 천신에게 제사 지내는 것은 몽골이나 퉁구스에서는 전혀 나타나지 않고, 오직 투르크에서만 최근까지 행해졌다고 사가나 여행가들의 기록은 전한다.

여기까지 든 네 가지 근거를 통해 대릉원의 주인공들이 흉노족의 김씨일 것이라는 가설을 구체화했는데, 마지막으로 대릉원 시대의 정치사

를 개관함으로써 이제 역사적인 맥락에서 이 가설을 이해해 보고자 한
다. 앞으로 간단히 개관할 정치사도 흉노 물결의 도래라는 각도에서 설
명을 시도했다.

> 김알지에서 시작된 김씨. 그의 6대손 미추는 김씨계 최초로 262년에 신라
> 13대 왕위에 올랐다. 그의 사후에 왕위는 다시 석씨계로 돌아갔으나 김씨
> 의 중시조인 내물이 356년 17대 왕위에 오른 뒤에는 36왕을 낸 김씨계의
> 세습 왕권이 확고히 구축되었다.

이상이 김씨 왕계가 신라에 뿌리내린 간단한 약력이다.

자, 그럼 이것을 염두에 두고 이제 대충 그려 보일 다음의 시나리오
를 읽어 봐 주기 바란다.

미추왕이 김씨계 최초의 왕이 된 3세기 중엽은 중국에서 위(魏)와 진
(晉)이 교체되는 시기로 이에 따라 낙랑도 관리자가 바뀌는 ─ 공손씨에
서 위로(238년), 위에서 진으로(265년) ─ 격동 속에 있었다.

이런 와중에서 낙랑의 세력 교체에 밀려난 흉노족의 김씨 일파가 신
라로 내려가 같은 족친인, 이미 터를 잡고 있던 김알지의 후손을 도와
서 그(김알지의 후손)를 미추왕으로 옹립하는 데 성공했다. 하지만 아직
기반이 취약했던 이들은 한 대를 넘기지 못하고 다시 왕권을 석씨계로
넘겨 주지 않으면 안 되었다.

그로부터 약 30년 후, 중국에서 진(晉)은 흉노에 의해서 멸망당하게
되었다. 그 해가 317년이었다. 그런데 이보다 앞선 311년에 이미 진은
흉노에게 수도인 낙양을 점령당하고 황제가 포로로 잡혀 가는 사태가
일어났다. 이 사이 낙랑에는 본국 관리자의 공백 상태가 존재했고, 때
맞춰 고구려의 공략으로 낙랑은 마침내 313년에 이 땅에서 영원히 제거

되어 버렸다.

이 때 낙랑의 유민들은 대거 신라로 내려갔는데, 이들을 이끄는 중심 세력은 흉노족의 김씨였다. 한편 중국 대륙에서는 급부흥한 흉노가 350년까지 북중국을 거의 장악하기에 이르렀다. 바로 이 시기에 신라에서는 내물왕이 석씨로부터 왕권을 빼앗아 김씨의 영구적인 세습 체계를 확립하였다(356년). 이것은 낙랑의 흉노 유민이 또다시 신라의 기존 김씨와 손잡고 일으킨 정변의 결과였다.

『삼국사기』는 이 사실을 내물왕 26년(381년) 조에서 다음과 같이 전한다.

> 왕이 사신 위두를 보내니 그가 고구려의 사절을 따라 전진(前秦)에 늘어가 황제에게 토산물을 전하였다. 이 때 황제 부견이 위두에게 묻기를, "그대의 말에 해동(신라)의 형편이 옛날과 같지 않다고 하니 무엇을 말함이냐?"고 하거늘, 대답하되 "이는 마치 중국의 시대 변혁·명호 개역과 같은 것이니, 지금이 어찌 옛날과 같을 수 있으리요"라고 하였다.

이 기록처럼 신라는 김씨 세습 왕조를 수립하면서 마치 당시 중국의 시대 변혁·명호 개역과 같은 정치적 과정을 혁명적으로 겪고 있었다. 유민 집단인 흉노족 김씨가 기존의 질서를 타파하고 자신들의 통치 체계를 구축하기 위해 단행한 이 혁명적 변혁에는 고구려의 지원과 보호가 있었다. 위 사료에서도 신라의 사신이 고구려의 사절을 따라 중국에 들어갔다고 하였고, 광개토대왕의 비(414년)도 "신라는 예부터 속민으로 고구려에 조공해 왔다"고 명시하고 있다.

그뿐 아니라 아주 중요한 사실이 또 하나 있다. 내물왕 재위 기간에 한 명의 왕족이 고구려에 볼모로 잡혀 가 있었는데, 그는 내물왕 사후

광개토대왕이 하사한 청동 호우. 호우를 보통 합(盒)이라 부른다.(국립중앙박물관, 『국립중앙박물관』에서)

호우 밑바닥에 씌어진 글씨. '乙卯年國岡上廣開土地好太王壺杅十' 이란 글씨가 보인다.(국립중앙박물관, 『국립중앙박물관』에서)

고구려의 지원을 받아 왕위에 오르게 되었다. 이렇게 등극한 그가 바로 실성왕인데 그도 역시 선왕인 내물왕의 아들 복호를 고구려에 볼모로 보내지 않을 수 없었다. 이 때 고구려의 왕은 광개토대왕이었다. 그런데 광복 직후 발굴된 대릉원의 호우총에서는 광개토대왕이 하사한 청동 호우(壺杅)가 출토되어, 연구 결과 그것이 실성왕 아니면 복호의 것으로 판명되었다. 이러한 일련의 일들은 당시 신라가 '고구려의 지원과 보호'를 받았던 사실을 강력히 시사해 주는 것이다.

그리고 특히 신라에 대한 고구려의 종주권 행사가 유독 내물왕대 이후의 대릉원 시대에만 보이는 것은 그것이 이 시대와 밀접한 관련이 있다는 사실을 의미한다. 나는 이에 대해 아래와 같이 요약하고 싶다.

낙랑의 멸망→고구려의 지원을 받은 흉노계 유민의 신라 내주(來駐)→밖으로는 고구려, 안으로는 족친인 미추왕계의 도움으로 이들은 석씨와의 권력 교체에 성공(이 때 북중국을 잠시 흉노가 장악하고 있었던 것도 유리한 상황이었음.)→내물왕이 권력을 장악한 후에는 고구려의 지원에 대한 보답과 김씨 왕권의 안정적 세습화를 위해 고구려에 조공과 칭신을 하고 왕자를 볼모로 보냄. 반면, 고구려는 군대를 파병해 신라에 주둔시키고 왜 등 외국군의 신라 침입을 보호함.

이것이 한반도의 동남부에 위치한 서라벌 땅에서 초원의 황금문화, 즉 흉노 문화를 꽃피운 신라 김씨 왕족의 실체에 대한 대강의 그림이다.

내몽고의 후흐호트 박물관에는 초원 민족들인 흉노·선비·투르크·몽골 등의 유물이 많이 전시되어 있다. 나는 그 중에서도 우리의 신라 금관을 닮은 흉노 금관을 보면서, 밤새 북경—바오토우 간 야간열차에 몸을 싣고 흉노의 오르도스 금속문화가 한반도로 전파된 고대의 통로를 밤새 달려온 감회가 이루 말할 수 없이 새로웠다.

남은 이야기 —

앞에서 본 것처럼 낙랑의 흉노족 김씨가 몇 차례 쫓겨서 내려갈 때마다 모두 신라로 갔는데, 그것은 일차적으로 만주 및 한반도에서 신라의 세력이 가장 취약했던 점을 이유로 들 수 있겠다. 그런데 이와는 달리 고대의 사적(史籍)들은 전혀 다른 특별한 이유를 들고 있다. 즉 신라와 낙랑의 밀접한 관계이다.

일례로 중국의 『신구당서』는 "신라는 한대(漢代)의 낙랑 땅에 있었다"고 했는데, 이것이 전혀 사실무근이라 하더라도, 당시 중국이 고구려왕을 요동군왕, 백제왕을 대방군왕, 신라왕을 낙랑군왕에 봉한 것을 보면 적어도 3국 중에서는 신라가 비교적 낙랑과 밀접한 관계에 있었음을 부인하기 어렵다.

그런데 마치 이를 비호라도 하듯이 나말의 학자 최치원은 삼국의 기원을 논하면서 "신라는 진한(辰韓)에서 나왔는데, 그것은 중국의 진나라 사람들이 피난 온 데서 유래한 것으로 곧 진한(秦韓)이다"라고 기록했다. 진한이 삼한 중에서 유일하게 중국계라는 최치원의 이러한 인식은 고려 후기의 일연이 쓴 『삼국유사』에까지 이어진다.

이와 같은 인식이 생겨난 최초의 출전은 『삼국지』 「위지 동이전」(289년경)으로서 "진한은 옛날 진(秦)나라의 고역을 피해 온 망명인들로, 마한이 그들의 동쪽 땅을 분할하여 주었다"고 한 바로 이 구절이다.

나는 이런 역사 기록들을 접하면서 왜 옛 사서들이 유독 신라에 대해서만 중국계의 족속으로 기록하였을까 하는 점을 두고 무척 심한 혼란을 겪었다.

우선 최치원은 위 『삼국지』 「위지 동이전」의 기록을 사대주의적으로 해석하는 오류를 범한 듯하다. 당시의 국제 정세로 보아 '진나라의 고역을 피하여 옛 서라벌에 온 사람들'은 중국인이 아니라, 진시황의 만리장성 역사에 동원되었던 고조선·동호·흉노 들 중의 어떤 무리였을 것이다.

그렇다면 이들은 진나라와의 전쟁에서 패한 포로나 점령지 주민들이었을 터인데, 『삼국지』 「위지 동이전」의 기록대로 이들이 마한에서 땅을 할양받아 진한이란 국가를 세울 정도라면, 적어도 탈주자들로서는 안 되고 일정한 역량을 가진 정치군사적 집단이어야 했을 것이다.

따라서 신라의 기원에 관한 『삼국지』 「위지 동이전」이나 최치원의 인식은 잘못된 것으로밖에 볼 수 없다. 이와는 달리 나의 생각은 다음과 같다. 『삼국사기』 「신라 본기」의 첫 부분을 보자.

일찍이 고조선의 망명인들이 서라벌에 와서 산골짜기에 여섯 촌락을 이루었다. … (이어 여섯 촌락 소개) … 이것이 진한(辰韓)의 6부였다. 부의 촌장이 하루는 숲 사이를 바라본즉 말이 무릎을 꿇고 울고 있는지라 … (이어 박혁거세 신화 소개) … 6부 사람들은 그 아이의 출생이 이상하였던 까닭에 높이 받들더니 그를 세워 임금을 삼았다. 진인(辰人)은 그를 박으로써 성을 삼았다.

이 기록에서 신라의 기원과 관련하여 분명히 드러나는 것은 두 가지 사실이다. 하나는 신라의 기원은 서라벌의 산골짜기에 6촌락을 이루고 산 고조선의 망명인이라는 것이며, 다른 하나는 바로 이 고조선인들이 거주한 6촌락이 진한(辰韓)의 6부라는 사실, 곧 진한의 실체에 대한 규정이다.

이 명백한 역사 기록은 이미 언급한 바 있는 당시의 국제 정세와도 정확히 부합한다. 다시 말하면, 이 망명인들은 중국계 족속도 아니고 그렇다고 강제 노역에서 도망쳐 나온 고조선·흉노·동호의 탈주자들도 아니었다. 이들은 일정한 역량을 갖춘 고조선의 정치군사적 집단이었던 것이다.

그렇다면 왜 이들을 사서(史書)는 망명인으로 기록했으며, 다른 한편으로 이들이 서라벌로 내려온 까닭은 무엇이었을까?

내 생각으로는 당시 고조선 연맹체에 속했던 어떤 집단이 진나라와의 전쟁에 져서 진의 요구 —이를테면 만리장성 공사에 노역을 제공하라는 따위— 를 들어 주지 않을 수 없는 상황이 되자 집단적 망명을 단행한 것으로 여겨진다

한반도에서 가장 취약한 지역이었던 동남부는 그 뒤로 세력 유지를 위하여 낙랑과의 관계 등이 밀접하였겠지만, 중국 사가나 최치원 등의 인식과 같은 성질의 것은 아니었다고 생각된다.

*　*　*　*　*

일반적으로 한민족의 기원은 북방의 알타이어족이 이동해 와 형성된 것으로 보는 게 정설이다. 그런데 이것은 우리의 단일 민족에 대한 관념과 잘 부합되지 않는다. 민족의 개념에 여러 이론이 있을 수 있겠지만, 그것과 상관없이 적어도 우리가 단일 민족이라 할 때 거기에는 민족 뿌리의 단일성이 전제돼 있기 때문이다. '수 개의 종족이 흘러들어와 형성된 한 민족'과 '하나의 뿌리를 갖는 단일 민족', 이 둘이 일으키는 모순을 피해 나가기 위해서 민족의 뿌리에 대한 탐구는 추상화의 유혹을 받게 된다. 예를 들면 신라 김씨 왕계의 뿌리가 초원 황금문화의 전통을 가진 어떤 종족일 것이라고만 추상적으로 말하면 단일 민족의 관념에 큰 손상을 입히지 않을 터이지만, 이를 구체적으로 밝혀 그것이 그 종족들 중의 하나인 흉노족 김씨일 것이라고 하면 문제는 복잡해진다. 이는 그게 흉노족이든 월지족이든 또 다른 무슨 족이든 그것이 중요한 것이 아니라 구체화되는 것 그 자체가 단일 민족의 관념에 심각한 훼손을 입히기 때문이다. 반면 상고 시대로 더욱 거슬러 올라가 완전히 추상화시켜서 '우리 몸 속에는 아득히 먼 옛날 유라시아 대륙을 말 달리던 유목 기마 민족의 피가 흐르고 있다'고 주장하면 오히려 단일 민족의 뿌리에 웅대성, 대륙성을 보태 주었다며 환영받게 된다.

이러한 사실은 우리가 가지고 있는 단일 민족의 상(像)이 허구일 수 있음을 말해 주고 있다. 엄밀한 의미에서 단일 민족의 개념은 역사학적으로 존재할 수 없는 개념이다. 그럼에도 불구하고 이 개념이 애국심의 핵심 정서가 되고 있는 이유는 무엇일까? 여기서 그 답을 마저 할 지면은 없다. 그러나 이 물음 속에는 어느 정도 답이 내포되어 있는 것으로 보인다. 사실 단일 민족의 개념이 개념의 객관성이나 타당성보다는 하나의 이데올로기로 작용하고 있다는 것에 우리는 주목할 필요가 있다.

그렇기 때문에 그것은 개념이 아니라 관념인 것이다.

그렇다면 우리 역사 속에서 이 관념은 어떤 이데올로기로 작용해 온 것일까? 결론적인 나의 단상만을 언급하자면, 이 관념은 우리에게 권위주의적 집단주의의 양면성, 즉 선민의식과 추종의식을 심어 주었다. 전자에서는 배타성과 멸시성이, 후자에서는 사대성과 복종성이 배태되어 나온 것이다.

더욱이 너무나 역설적인 것은 단일 민족이란 관념이 민족을 결집시키는 응집력으로 작용했기 때문에 지금까지 절대적인 가치를 부여받아 왔으나, 현실을 들여다보면 이 관념을 이데올로기로 이용한 세력들에 의해서 민족의 분단은 더욱 고착되고 강화됐다는 기막힌 사실이다.

우리는 21세기를 앞두고 민족에 대한 새로운 이해가 이제는 필수적인 과제로 되지 않을 수 없는 상황을 맞고 있다. 이것은 불가피해 보인다. 민족에 대한 새로운 이해는 단지 우리 민족의 문제만은 아니다. 금세기 말 발칸 반도를 비롯한 지구상 곳곳에서 터져 나오기 시작한 일련의 종족 학살 전쟁들은 민족 문제가 다음 세기에 대재앙의 화약고가 될지도 모른다는 신호탄이 아니고 무엇이겠는가?

티벳에서 온 편지 1
─ 죽음에 대하여

1

삶이 피로하다. 금방이라도 나를 조이고 있는 나사들이 풀어져 나갈 것 같다. 방문을 꼭 닫고 태아처럼 어둠 속에 웅크리고 앉는다. 모든 것에서 벗어나고 싶을 때 어둠은 자궁 속처럼 나를 포근히 감싸 준다.

한동안 있으니 마음이 한결 차분해진다. 더 깊이 어둠 속으로 침잠하고 싶다. 안식의 샘물을 마시고 싶다. 그러나 세상에서 저지른 못난 짓들이 문득문득 떠올라 간신히 얻은 평온을 해친다. 그것은 못난 짓 때문이라기보다는 못난 짓이라고 분별하는 자아 때문이므로 나는 자아를 죽이려 애쓴다. 하지만 자아는 결코 죽지 않는다.

깜깜한 속에서 초라하고 병든 나를 쳐다본다. 나는 자아에 짓눌려 맥을 못 춘다. 서구 근대 문명의 세례를 받은 자아는 불가항력적으로 강하다. 자아는 근대 이성으로 무장해 모든 (사회나 자연, 신과의) 관계에서 나를 대체한다. 그 결과 허상인 자아는 실상으로 확고히 자리잡고, 참

'나'는 허상이 되어 버렸다. 가짜가 진짜를 쫓아낸 것이다.

그런데 자아와 나는 근본 토양이 다르다. 자아가 먹고 자라는 토양은 문명이고, 나의 토양은 자연이다. 나는 자연에서 뿌리째 뽑혀서 인공의 온실에 이식되었다. 그런 나는 자연 속에서 뭇 생명체들과 공생하던 관계성을 완전히 상실했다. 자아밖에, 오직 자아밖에 없다. 현대 문명이라고 부르는 이 인공의 온실 속에서는……

배운 사람일수록 자기밖에 모르고 비인간적이라는 얘기는 근대 문명에서 가장 핵심인 이성의 본질을 적나라하게 드러낸 말이 아닐 수 없다. 근대의 지식은 기계주의적(방법적) 지식이다. "나는 생각한다. 고로 나는 존재한다"는 데카르트의 명제처럼, 모든 것을 회의하고 그래서 결국 회의하는 자아의 존재만 남게 될 때 필연적으로 자아는 자기밖에 모르는 비인간적인 존재가 된다.

베이컨이 지식은 힘이라고 말한 지식은 바로 그런 지식이다. 현대 문명의 교리나 교의는 지식에서 나온다. 사제는 근대 이성을 신으로 모시는 지식인이다. 신도들은 근대적 지식의 교리를 학습해야만 현대 문명 속에서 살아갈 수 있는 자격을 부여받는다.

자아는 교리인 지식을 동원하여 모든 일에서 정당성을 획득하려고 한다. 이것을 합리화라고 한다. 근현대 문명은 이 지식을 시멘트 벽돌처럼 찍어 낸다. 공장은 근대 이성이란 신이다. 계율과도 같은 합리적 표준은 벽돌의 합격, 불합격을 결정한다.

"낙타가 바늘귀로 들어가는 것이 부자가 하나님의 나라에 들어가는 것보다 쉬우니라"고 한 예수의 말은 현대의 지식인에게 꼭 들어맞는다. 지식의 부자는 에고이스트가 될 수밖에 없다. 오직 승자로 남기 위해서만 지식은 사용되기 때문이다. 그 결과 지식은 나를 철저히 고립시키고 마침내는 파괴한다. 더 많이 지식을 획득할수록 자아는 비대해지는 반면, 참 '나'는 비참하게 왜소해져서 세속의 성공은 본질적으로는 실패로 되고 만다. 이게 근대 문명인의 모순적 운명이다.

그런데도 우리가 그것 없이는 단 하루도 살 수 없을 것처럼 매달리고 있는 근대적 지식은 실제 만병통치약도 전지전능한 어떤 것도 아니다. 오늘날 극소하게 세분된 전문 지식은 세계 최고의 학자까지도 예외 없이 자기 분야를 제외한 (어쩌면 포함될지도 모르는) 모든 것에 대해 무능하게 만든다. 하물며 보통사람인 나에게 있어서랴. 모든 것에는 전문가가 있고 나는 무엇에도 비전문가이기 때문에 내 존재의 어떤 것에 대해서도 나는 전혀 자신이 없다. 허세를 피우지 않는 한 나에 대해서 아무것도 자신있게 행할 수 없다. 무엇 하나 조금만 깊이 생각하려 해도 나는 금세 도망치게 되고 만다. 이를테면 내가 매일 느끼고 있는 감각은 무엇이며 어떤 꽃이 더 아름다우며 심지어 섹스하는 것조차 전문가에게 물어 봐서 해야 할 지경이다.

그런데 정작 전문가는 존재하는가? 현대의 전문가란 미세한 하나의 분야에 파고드는 사람을 말하는데, 그러나 사물은 실제로 전체 속에서만 기능을 하고 의미를 가지지 않는가? 전체 속에서 부분을 연구하지 않는 전문가란 혹시 전체를 파괴하는 존재가 아닐까?

근대 과학의 방법론은 태생적으로 진정한 (우주적 지혜를 가진) 전문가를 배출할 수 없다. 다만 전문가란 허상만 바벨탑처럼 쌓아 놓았을 뿐이다. 그것이 창조한 세상에는 생명 없는, 원자화된 지식의 조각들만 파편처럼 널려 있다. 현대 사회에서는 전문가도 마찬가지로 조각난 지식의 고객일 뿐이다. 오직 구매하기 위해서만 자신의 전문 지식을 판다. 이런 현실 속에서는 전문가든 아니든 결국 나는 나의 주인이 되지 못한다.

그런데 바로 그런 내가, 세상은커녕 자신한테조차 발언권이 없는 무력한 존재인 내가, 우리 모두인 나다. 주눅이 들어 어떤 견해도 피력할 수 없는 나. 어쩌다 아는 이야기라고 핏대를 올리다가도 이것저것 관련된 것들이 나오면 바닥이 드러나 곧 백기를 들어야 하는 나. 그래서 할 수 있는 언어의 전부가 우스갯소리가 고작인 나.

근대 지식에 세뇌된 자아는 이처럼 초라한 나를 오로지 단죄할 뿐이다. 자아는 어루만지고 위로하는 법이 없다. 자아는 근엄하게 당위만을 말한다. 자아는 이성의 규준에 따른 합리적 행동만을 요구한다.

그것은 기계적 행동이다. '나는 기계가 아니므로 나를 기계처럼 만들 수 없다'는 사실을 나는 알지 못한다. 나는 기꺼이 자아에 순응하여 기계가 되려고 한다. 경쟁에서 성공하기 위한 지식은 기계적인 논리에 의거하기 때문에, 난 결코 기계적인 메커니즘에서 벗어나야 한다는 자각을 할 수 없었다.

그런데 어느 날 놀라운 사건이 일어났다.

나는 기계가 아니라 자연의 존재라는 엄청난 사실을 깨닫게 된 것이다. 그것은 '티벳에서 온 편지'를 받은 뒤의 일이었다.

2

여름에 티벳을 다녀온 후였다. 이 책의 집필이 상당히 진척됐을 무렵, 어둠 속에 침잠해 있는 나에게 봉투도 편지지도 없는 무형의 편지가 한 통 날아왔다. 처음에 나는 전율할 정도로 놀랐다.

그 편지는 죽음에 관한 것이었다.

너의 죽음은 한낱 무의미한 사건에 불과하다.

티벳 사자(死者)의 탈

거부할 수 없는 사실이었다. 실제 누구의 죽음도 그렇지 않은가. 나 역시 죽음과 함께 기계가 해체되듯 끝나 버릴 것이다. 하지만 그렇다 하더라도 이 사실을 당장의 현실로 받아들일 수 없었다. 나는 격렬하게 저항했다.

그러나 그 직후 죽음에 대해 깊이 생각하게 되었다. 처음으로 죽음 속으로 들어가 보는 성찰이었다. 죽음과 재생을 경험하는 고대의 입문식과 같이. 이 때 내가 깨달은 것은 근대 교육을 받은 이래 불행하게도 죽음을 잃어버렸다는 사실이었다. 이성은 내가 사후 세계에 빠져드는 것을 금지했다. 근대 과학에서는 사후 세계에 관한 모든 정보와 사상을 증명 불가능하다는 이유로 취급하지 않았다. 암묵적으로 그것은 미신이라고 배척됐다.

그러나 죽음의 상실은 곧 삶의 상실이었다. 나는 생과 사의 경계가 심장 박동에 의해 결정되는 고깃덩어리에 불과한 존재였다. 죽음의 무의미함은 나의 현존재와 삶도 똑같이 무의미하게 했다.

만일 죽음의 공포만 극복할 수 있었다면, 나는 자살을 통해 원죄의 사슬을 끊는 길을 택했을 것이다. 자살에의 유혹은 근대인의 운명적 모순(성공이 곧 실패가 되는 것) 속에 이미 배태되어 있는 것이었다.

생물과 무생물은 생명의 유무로 구별된다. 그러나 오늘날 생명은 세포가 살아 있느냐의 여부 따위의 대단히 기계적인 기준에 의해 정의된다. 따라서 생명의 신성을 인정하지 않는 현대 의학은 단 1분이라도 더 생명을 연장시키기 위해 전력을 다한다. 생명의 끝을 죽음으로 인식하고 있기 때문이다.

그러한 생명을 붙들고 있는 나는 머잖아 한낱 쓰레기를 처리하는 것과 같이 죽음을 맞을 것이라는 사실을, 그토록 애착을 가져 온 내 생명의 종착지는 다름 아닌 쓰레기라는 사실을 재삼 재사 확인하면서 무참히 허무의 벽 앞에서 고꾸라질 찰나였다. 그런데 그 때 한 줄기 빛과도 같은 음성이 들려 왔다. 그것은 근대 과학과 정반대되는 '생명은 죽음에서 시작된다'는 진리의 소리였다.

기적이었다.

'진리가 너를 자유케 하리라.' 소리는 이어졌다. '지식은 너를 친친 감고 있는 쇠사슬. 오직 지식을 버리고 지혜의 빛을 따라 진리를 좇을 때만이 영원히 자유함을 얻으리라……'

불을 켜고 근 일 년 이상 책상머리에 놓여 있던 책 한 권을 집어 들었다. 그 책은 8세기에 씌어진, 죽음에 관해 가장 정통한 철학서이자 기술서인 『티벳 사자(死者)의 서(書)』였다. 나는 여태 그 책의 내용을 미신으로만 여겨 왔다. 근대 학문을 교육받은 나로서는 윤회와 환생의 사상을 받아들일 수 없었던 것이다. 너무도 오랜 세월 동안 나는 근대 지식이야말로 미신과 편견 없이 진리에 이르게 하는 것이라고 오인해 왔다. 그러나 이제 와 깨달았지만, 근대 지식은 도리어 진리에 눈멀게 하고 지혜의 가르침에 귀멀게 했던 것이다. 현대는 인류를 수천 년 동안 지탱시켜 준 '현자들의 지혜'는 하찮게 여기고 최근 학자의 거짓된 지식에 몰려다니며, 그것을 모르면 치욕으로 여기는 시대이다. 지난 세기 말 톨스토이는 이 사실을 통렬하게 비판했다. 그런데 나는 그의 비판을 열렬히 지지했으면서도 우스꽝스럽게 이 진리의 책을 미신으로 취급하는 바보 짓을 저질렀던 것이다.

티벳에 다녀온 뒤에도 이 책을 다시 들쳐 보긴 했지만 내 생각이 달라지지는 않았다. 아마 그것은 티벳 여행에서 그 정도의 어떤 것을 느끼지 못했기 때문일 것이다. 비록 여행중에 본 오체투지하는 티벳인들이 고행승처럼 느껴져 나도 모르게 고개를 숙이기도 했으나, 그들이 믿는 윤회와 환생의 신앙에는 은연중 미신이란 느낌을 깔고서 단지 하나의 종교 사상을 보는 객관적인 태도를 취했을 뿐이었다.

달라이 라마가 환생하는 것을 믿는 티벳은 나에게 신비한 나라 이상은 아니었다. 환생이란 종교적 개념이 한 사회의 정치적 원리로 작용하는 것에 대한 기이함, 나아가 신비함이 한 여행자가 품을 수 있는 호기심의 전부라 해도 과언이 아니었다.

애초 티벳 여행을 계획했을 때에는 종교적 관심보다 티벳의 자연을 보고 싶은 열망이 훨씬 더 컸었다. 세계의 지붕에 있는 눈의 나라 티벳은 나의 상상력을 무한히 자극했다. 우선 생각해 보자. 히말라야와 곤륜산이 있고, 인더스와 갠지스, 황하와 장강, 아무다리아와 타림 강이 발원하는 곳. 위대한 동양 사상의 모태인 자연이 모두 여기에 다 모여 있지 않은가.

그 당시 나는 티벳의 자연을 상상하면서 어떤 원시적인 주술성을 떠올렸었다. (티벳이란 말이 원래 '토해 내다'는 뜻의 'Bod(뻬로 발음)'에서 나왔고, 그들의 원시 신앙인 Bon교의 Bon이 '토해 내듯 중얼거리다'의 뜻이라는 걸 생각해 보라.) 티벳인은 자신들을 '뻬빠(토해 내는 사람)'라고 부르는데 왜 그럴까? 티벳의 자연은 그 땅의 사람들에게 무엇을 토해 내게 만드는 걸까? · · · 나도 그것을 토해 내고 싶었다.

그러나 원시적인 마음이 없이는 그 일(티벳의 자연에 주술이 걸려 무언가를 토해 내는 일)은 불가능했다. 내 안의 원시성을 불러 내기 위해서는 먼저 원시의 세계를 느낄 수 있는 신화나 전설, 원시 예술품 들 속에 들어가는 여행을 해야 할 것 같았다. 나는 지금까지와는 다른 차원에서 그것들을 보기 시작했다. 즉 작품 속에서 새로운 무엇인가를 찾아 내려는 생각을 버리고, 이미 해석된 것들에서 거슬러 들어가 내 자신 속에 꽁꽁 숨어 있는 원초적 요소들을 찾아 내려고 애썼다. 그것은 무의식의 세계를 더듬는 일이었다.

　그러나 수도자도 심령술사도 아닌 나는 의욕과 달리 실패할 수밖에 없었다. 다만 희망은 버리지 않았다. 내가 그로부터 왔을 원초적인 자연, 그 자궁 속으로 들어가 그녀의 주술에 걸려 토해지는 대로 그것을 글로 옮길 수 있기를 참으로 갈망했다.

　하지만 이번 티벳 여행은 건강과 자금이 따라 주지 않아 원래 계획이 대폭 축소돼 아주 빈약하게 되어 버렸다. 나는 여행중에 그게 차라리 잘된 일이라고 생각했다. 내 마음 속에 세속의 때가 가득 끼여 있었기 때문에 비록 축소된 여행이긴 했지만 나의 갈망은 그만큼은커녕 눈곱찌깽이만큼도 문이 열리지 않았다. 구도자나 미치광이 같은 버림이나 광기가 없었기에……

　'티벳에서 온 편지'는 나의 이런 이루지 못한 갈망에 대한 응답이었을 것이다. 나는 참으로 토해 내는 심정으로 뇌까리듯 나 자신에게 물었다. 죽음이 생명의 시작이라고 느끼는 순간, 고깃덩어리 같던 생명이 더없이 존엄하게 여겨지는 그 존엄성의 본질은 무엇인가? 인간이 존엄하다면 무엇 때문에 존엄한가? 소나 개와 똑같은 생명체인 인간이 단지 진화의 최고 단계에 위치해 있다는 이유만으로 특별히 존엄성을 부여받아도 되는가? 아니다. 그건 존엄성과 상관없는 강자의 이데올로기일 뿐이다. 제1인자라는 그 지점은 존엄성이 흘러 나오는 근원이 될 수 없다. 만일 그러하다면 인류가 출현하기 전에 제1인자의 위치를 차지했던 종(種)들, 예를 들어 공룡은 약 2억 년 전에 인간보다 더 존엄했단 말인가?

　존엄성은 전혀 그 지점이 아닌 다른 어떤 원천에서 흘러 나온다. 인간은 단지 그 원천을 깨달아 알 능력을 갖고 있을 뿐이다. 그렇지만 그 능력은 위대한 것이다. 생명의 원천을 경외하고 생명의 존엄성을 지키는 행동을 할 수 있는 인간은, 바로 이 때문에, 다른 어떤 생명체보다 더 존엄한 존재이다. 그런데 생명의 근원인 어떤 원천, 생명 전체의 존엄성이 우러나오게 하는 어떤 원천, 그 원천에서 눈부시게 쏟아져 나오는 빛으로 생명을 보지 않고는 생명의 존엄성을 결코 깨달을 수 없다. 그런 빛으로 보지 않으면 죽음은 생명의 끝으로 인식되고 만다. 설령 죽음을 생명의 시작으로 알더라도 단지 자연의 법칙적 순환으로, 즉 기계적인 순환으로만 이해해서는 마찬가지로 생명의 존엄성을 깨달을 수 없다.

'티벳에서 온 편지'는 생명의 원천에서 쏟아져 나오는 빛으로 나를 이끌었다. 죽음에서 실마리를 잡아 얽힌 실타래를 하나하나 풀어 나가면 생명의 존엄은 찬란한 빛발처럼 그 모습을 드러낼 것이라 확신하지만, 아직은 볼 수 없으며 다만 그것을 강렬히 느낄 뿐이었다.

이 강렬한 느낌, 이것은, 만물의 살육자이며 죽으면 쓰레기로 처리될 뿐인 현대의 인간, 모든 생명체 중에서 가장 비정상적이고 추악한 종자인 현대의 인간을 왜 존엄하다고 하는가에 대한 분노와 자학이 일어난 직후에, 아니 그와 거의 동시에 한 줄기 구원의 빛으로 비쳐들었다.

다만 그뿐이었다. 나는 이제부터 찾아 나갈 것이다. 인간은 왜 존엄한가? 그 존엄성을 누가 부여했는가? 신인가? 근대 학문에 의하면 신은 인간의 관념이 만들어 낸 것이라고 한다. 신을 만들어 낸 인간, 그 인간이 가공의 신을 통해 인간에게 존엄성을 부여했던 것인가? 그 가공의 신이 가공임이 밝혀진 순간, 인간의 존엄성은 허물어지고 사라졌는가? 아니면 이제야말로 신의 가면을 벗어 던지고 인간이 인간에게 존엄성을 부여해 주는 것이 가능하게 되었는가? 근대 이성은 그렇다고 말하고 싶어하는 것 같다. 그러나 그것은 모순이 아닌가? 근대 이성은 애당초 인간의 존엄성과 관련하여 천부인권을 말하지 않았는가? 왜 근대 이성은 이 자연적으로 부여받은 권리인 자연권이 인위적 권리인 인정권에

티벳의 자연은 그 땅의 사람들에게 무엇을 토해 내게 만드는 걸까?

앞선다고 하였는가?

　보자. 천부인권, 자연권이 말하는 하늘은 무엇이고 자연은 무엇인가? 이것들의 존재는 이미 근대 이성에 의해서 밝혀진, 인간이 지배하고 있는 자연이거나 더 깊은 의미래야 가공의 신적 존재를 연상시키는 한낱 이미지에 불과한 것이 아닌가? 그런데도 근대 이성은 자신이 허물어뜨린 가공의 신을 무엇 때문에 여전히 붙들고 있는가? 근대 이성은 자연에 대해 어떤 신성도 인정하지 않으면서 왜 자연의 신성으로부터 존엄성의 근거를 설정하는 모순을 저지르는가? 하늘은 근대의 개념으로는 대기권에 불과하다. 하루에도 수천 대의 비행기가 날며 똥과 오줌과 가스를 품어 내는 그 하늘이 인간에게 무슨 존엄성을 부여한다고 천부인권설을 근대 민주주의의 첫 장으로 장식하는 영광을 누리게 하는가?

　다시 묻자. 도대체 이런 지경에서 인간의 존엄성은 어디서 연원하는가? 인간은 소, 닭, 돼지나 똑같은 생명체로서 똑같이 고깃덩어리에 불과한 존재라는 진실, 즉 천부인권설의 허구가 발가벗겨진 그 진실 속에서 진정한 존엄성은 나오는 것인가? 하긴 그런 작업을 세계대전 당시 인종주의자들은 우생학이란 근대 과학의 이름으로 행하지 않았는가? 생체 실험은 인간과 실험실의 쥐가 전혀 구별이 가지 않는 존재임을 입증해 주지 않았는가? 인간 복제가 현실로 다가온 21세기는 인간 존엄성에 대한 마지막 환상마저 걷어 내 버리고 이제 어떤 비전을 제시할 것인가? 근대 이성은 끌고 올 데까지 온 인간 존엄의 문제를 더 이상 방기할 수 없게 되었다. 금세기 말, 인간 복제로 대표되는 존엄성의 문제는 인간의 삶에 유효한 이익을 가져다 준다는 지난날의 설교를 계속하기에는 이제 막다른 골목, 유효성이 아닌 정체성, 즉 본질의 문제에 당도해 버린 것이 아닌가? 이를 어떻게 또 회피하려는가?

　말하라. 그대는 인간의 존엄성의 원천에 대한 답을 하라. 왜 인간은 손엄한가? 전지전능한 근대 이성이여, 혹시 그대의 전지전능함을 인간이 몸 속에 가지고 있기 때문에, 아니 그대 자신이 인간을 지배하고 있기 때문에, 바로 그렇기 때문에 인간을 존엄하다고 하는 것은 아닌가? 그렇다면 이제는 명실상부하게 천부인권, 자연권 따위는 폐기해야 한다. 인위적인 조작권이 그 자리를 대체해야 한다. 인간의 존엄성은 더 이상 신성불가침하지 않을 뿐 아니라 인간은 단지 인위적인 조작권의 대상에 불과한 존재가 됐기 때문에, 인간의 존엄성과 비존엄성은 똑같은 인간에 의해 조작되는 것이다. 따라서 인종주의는 지난날 천부인권설 따위에 구애받았던 것과는 다르게 다음 세기에는 그와 같은 어떤 장애도 없이 그 조작의 완벽한 배후 조종자가 될 것이다. 금세기에는 맛만 보였던 대량 살육, 그것의 시대가 다음 세기에 전면적으로 예고되고 있다. 앞으로는 종족 청소를 넘어 인종 청소가 자행될 것이며, 더구나 그에 대한 죄의식조차 티끌만큼도 찾아볼 수 없을 것이다. 단지 존엄하지 않은 생명체를 소·돼지처럼 도살하고, 혹은 박테리아균처럼 소독약을 뿌려 처리해 버렸을 뿐이기 때문이다. 그러나 지구를 뒤덮은 시쳇더미는 산 자를 옭아매어 결국 인간이 쌓은 바벨탑은 무너지고 말 것이다. 인류는 이렇게 해서 멸망하게 되는 것인가? 이와 같이 예정된 인간의 미래는 결코 피할 수 없는 불가항력적인 것인가?

　다시 문제는 인간의 존엄성이다. 인간은 왜 존엄한가? 그렇다. 답은 간단하다. 생명 전체를 창조한, 자연 속에 내밀하게 존재한 생명의 근원이 존엄하기 때문이다. 그 근원에서 생명은 태어나고 회귀하며 또다시 재생한다. 다시 말하면 생명의 순환이 이루어진다. 그러나 단순한 순환이 아닌 질적인 변화가 수반되는 순환이다. 이 순환의 최종 귀결점은 생명의 본원이다. 그렇다면 생명의 본원은 무엇인가?(이 책 '티벳에서 온 편지 2'에서 비교적 상세히 언급했다.)

잃어버린 고리. 이번의 생과 다음 번의 생을 연결해 주는 그 고리는 바로 죽음이다. '티벳에서 온 편지'는 내게 그 잃어버린 고리를 찾게 해 주었다. 그 직후 이 잃어버린 고리를 찾는 과정이 명확히 기록돼 있는 『티벳 사자의 서』를 다시 읽었다.

그 책에 의하면 환생과 업, 이것은 생명의 전 순환 과정을 관통하는 법칙으로서 죽음을 알 수 있는 관건이었다. 그러나 전에는 근대 교육을 받은 소위 문명인으로서 이를 받아들일 수 없었다. 환생과 업은, 죽음을 생명의 끝으로 보는 근대 과학의 학문적 대상이 될 수 없기 때문이었다. 게다가 나는 모순적인 태도를 취해 왔다. 즉 생명을 근대 이성의 눈으로 봤으면서도 한편 내세를 인정했다. 이 모순적인 태도는 나에게 일시적으로 삶의 허무나 죽음의 공포에서 벗어나게 하는 위안을 제공하는 대신에 일종의 정신분열증을 가져왔다. 마치 카드 한 장을 가지고 어떨 때는 흰색, 어떨 때는 검은색이라 우기는 것처럼 그때 그때 자기 기분에 맞춰 죽음에 대한 반응을 보였다. 이 정신분열증은 죽음으로부터의 도피, 생명으로부터의 도피, 생명 전체에 대한 책임감으로부터의 도피에 의해서 생겨났다. 이것은 마치 아편처럼 환각 효과를 일으킬 뿐이었다.

환생과 업이, 티벳 불교에 의하면, 죽음을 생명의 시작으로 이해하는 관건이긴 하지만, 불교도가 아닌 나로서는 다른 사상에 의해서도, 예를 들어 고대의 지혜에 의해서도 생명 전체의 존엄성을 감득할 수 있다는 사실을 알게 해 준 계기가 되었다. 이 때문에 나는 고대의 지혜들에 대해 완전히 새롭게 눈을 떴다. 그 이후로 나의 관심은 지식이 아닌 지혜에 집중됐다. 그 지혜는 분별을 초월해야만 본질이 감득되는, 이를테면 지식인 분별지(分別知)를 초월한 무분별지(無分別知)와 같은 것이었다. 존엄한 생명 전체의 연관성을 꿰뚫어볼 수 있는 자각은 오직 지혜에 의해서 죽음이 잃어버린 고리로서 감득될 때만 생기는 것이었다. 하지만 그 지혜는 내가 낱낱의 생명에 대해 사랑하지 않고는 결코 뿌리를 내릴 수 없는 것이었다. 바꾸어 말하면, 사랑을 행할수록 지혜의 씨앗에서 싹 튼 뿌리는 생명의 본원에 닿게 되는 것이었다.

'티벳에서 온 편지'는 내게 잃어버린 고리를 찾아 준 것과 동시에 이 처럼 겨자씨만한 지혜의 씨앗을 심어 주었다. 잃어버린 나와, 잃어버린 우주와, 잃어버린 문명은 이 지혜가 성장하면서 내가 다시 찾아야 할 것 들이었다. 그런데 이들은 모두 문명에 의해서 연결되어 있기 때문에, 나 는 야만 그 자체인 현대의 문명과 대결하고 이를 극복하지 않으면 안 되 었다. 불행히도 현대 문명의 뿌리인 근대 문명은 어떤 정도의 상대냐면 전 지구상의 지혜의 문명들을 모조리 파괴해 버린 그런 무자비한 문명 이다. 한마디로 근대 문명은 죽임의 문명 그 자체인 것이다. 인류는 그 오래 전에 파괴된 '지혜의 문명' 위에서 다시 새롭게 출발하지 않으면 안 된다. 내가 출발해야 할 지점도 그 선상이었다.

요컨대 우리의 새출발은 근대 이전에 중단됐던 그 선상, 즉 나와 사 회와 자연과 우주가 하나인, 생과 사도 하나인 진리, 이 진리와 일치하 는 문명 —지혜의 문명— 을 인류가 지구상에 세우고자 수천 년 동안 곳곳에서 부단히 노력해 왔던 그 선상이다. 그러나 오래 전에 그 선상 에서, 생명의 존엄성에 뿌리박고 자라 온 거대한 지혜의 나무는 서구의 근대와 함께 지식의 기계톱에 의해 여지없이 잘려 나가 버렸던 것이다.

지금으로선 아무리 보아도 인류가 다시 새출발하는 것이 인류가 곧 멸망하게 될 것임을 뻔히 알면서도 그 길로 가는 것보다 더 어려워 보 인다. 이런 상황에서 인류는 지구를 파멸로 몰고 가는 현대 문명과 어 떻게 싸울 것인가? 이 불가능한 일을 무엇이 가능하게 할 수 있을까? 앞이 보이지 않는다. 계란으로 바위 치는 것보다도 더 캄캄한 절벽이다.

그러나 나 개인적으로는 잃어버린 고리인 죽음을 깨닫는 것, 그 깨달음으로 인해 마음 속에 지혜의 씨앗이 심기는 것, 사랑과 자비를 행하여 그 씨앗의 뿌리가 생명의 본원에까지 뻗치는 것, 이것말고는 다른 길이 없으며, 만일 인류가 이제 다시 눈뜨기 시작한 이와 같은 일이 더욱 진척되어 죽어 있는 세포가 다시 살아나듯 죽어 있는 지혜의 문명이 다시 살아난다면, 그것은 침묵 외의 어떤 표현으로도 불가능한 신의 축복일 것이다.

그러나 이러한 희망이나 절망과 관계 없이 '티벳에서 온 편지'는 어떤 경우에도 나의 존재가 무한 책임의 사슬에서 벗어날 수 없다는 사실을 알려 주었다. 우려대로 브레이크 없는 현대 문명이 질주 끝에 지구를 파괴해 버린다 해도 나는 그 사슬에서 1밀리도 벗어나지 못한다는 사실을 알았다. 즉 죽음은 끝이 아니라 시작이므로 나는 다시 태어나게 될 것이며, 그 때는 '생명의 모체인 지구'가 이미 흔적도 없이 사라진 컴컴한 우주 공간 속을 영원히 참혹하게 떠돌게 될 것이기 때문이었다.

그럼에도 불구하고 '티벳에서 온 편지'는 '죽음'의 메시지를 통해서 희열을, 생명의 근원에서 쏟아지는 빛발을 보는 희열을 아스라하게 감지하며 그 곳을 향해 나아갈 희망을 나에게 심어 주었다.

티벳에서 온 편지 2
— 성에 대하여

'티벳에서 온 편지'는 내 마음 속에서 '성교하고 있는 불상들'을 또렷이 떠올리게 했다. 사실 나는 티벳으로 출발하기 전부터 자연과 성과 문명의 관계를 염두에 두면서 '교합하는 부처들'을 관찰하려고 계획했었다. 그러나 관찰은 피상에 그쳤다.

나는 여행중에 그 불상들을 흥미롭게 구경하는 관광객들과 머나먼 길을 오체투지로 기어와서 절을 올리는 신자들을 보면서 이들을 모두 이해할 듯한 기분에 사로잡혔다. 게다가 잔뜩 머리를 굴려 무엇인가를 찾아 내려고 애태우고 있었다. 그러나 불상들은 나의 이런 무례한 태도에는 더 이상 자비를 베풀지 않았다.

편지는 당시의 나를, 나의 관찰자적인 관점을 다시 생각해 보게 했다. 진리는 관찰이 아니라 투신에 의해서 얻어지는 것! 나에게 죽음의 문을 두드리도록 한 편지는 그 문 안으로 곧게 난 생명의 근원에 이르는 길을 가리켰다. 그것은 성(sex)이었다.

일찍이 동방의 현자들은 우주가 여성과 남성 원리로 이루어져 있음을 꿰뚫어보고 그 법칙을 발견했다. 편지를 받은 뒤 확연해졌지만, 성은 우주의 본질을 들여다보는 대롱이었다. 인류는 생겨나면서부터 그 대롱으로 우주를 보아 왔다.

수년 동안 내가 중앙아시아를 여행하면서 관찰한 선사 시대의 거의 모든 바위그림에는 남녀의 성기가 유독히 강조돼 있었다. 소위 생식 숭배라 일컫는 원시 그림을 만약 현대 화가가 표현한다면, 그 생생히 살아 있는 혼을 원천적으로 담아 낼 수 없을 뿐 아니라, 우리는 예술이냐 포르노냐의 차원에 갇혀 그 진정한 의미를 보지 못할 것이다.

생생히 살아 있는 원시인의 혼이란 무엇일까? 그것은 성을 우주의 근원에 직결시키는 종교적 긴장에서, 그러니까 맹목적인 믿음이나 상상·관념·의식에서가 아니라, 하늘·산·강처럼 그들의 눈에 훤히 보이는 실재성에서 오는 그 무엇이다. 원시인들은 매순간 느껴지는 이 경이로운 실재를 신성한 바위 위에다 살려 놓은 것이리라.

원시인의 남녀가 성교하는 행위를 상상해 보자. 이 때 절대로 형용사 따위를 덧붙여서는 안 된다. 일만 년 전의 대자연 앞에 무슨 꾸밈말이 필요하겠는가. 하늘, 해 혹은 달, 강, 바위, 바람, 나무, 풀, 짝짓기…… 두 사람의 성교는 우주의 기를 교환하는 쾌감에 이른다. 우리는 여기서 남성의 발기부전 따위를 떠올릴 바늘구멍만큼의 틈도 찾을 수 없다.

나의 성생활을 돌이켜본다. 강약의 흐름이 있고 자신감은 그에 따라 비례한다. 새벽에 발기하지 않는 사람에게는 돈도 꾸어 주지

말라는 일본 속담이 자꾸만 뇌리를 맴돈
다. 발기부전은 가정과 인격의 파탄을
가져온다. 비아그라와 같은 발기 촉
진제가 전 세계적으로 선풍을 일으
키며 잘 팔리고 있는 까닭이 있다.

　누구한테나 어느 순간에 발기부전은
찾아올지 모른다. 요컨대 자신감의 문제
다. 발기의 강도에 따라 자신감이 차이나게
느껴지듯이, 역으로 자신감에 따라 발기의 강도
가 결정되기 때문이다. 군중 속의 고독이란 말처럼
현대 사회는 나를 소외시키고 무기력하게 만들기 때문에, 나는 언제 갑
자기 자신감을 완전히 상실당할지 알 수 없다. 그리고 그 불행한 결과
는 발기부전으로 나타난다. 내 기억에 키에슬로프스키 감독의 영화 〈화
이트〉는 현대 사회의 이런 진실을 잘 보여 주었던 것 같다.

　근대 자본주의 사회는 남성적 세계관을 전혀 새로운 방식으로 발전시
켰다. 그러나 동시에 자본주의가 고도화될수록 대중의 남성은 성적으로
더욱 무력화되었다. 이 역설은 사실 당연한 귀결이며, 자본주의는 초인
적인 남성을 희구하는 파시스트가 아니라도 현대의 나약한 대중들로 하
여금 '강한 남성의 신화'를 무의식중에 열망하도록 만들었다.

　오늘날 사회라는 거대한 공장에서 기계의 한 부품처럼 합리적 공정에
따라 작동되고 있는 대중은 오직 휴식 시간 동안의 기분 전환에서 자신
이 살아 있다는 느낌을 찾을 수 있을 뿐인데, 계속 이야기할 것이지만
이것은 일반적으로 불임성(不姙性)을 특성으로 한다. 사실 자신의 성행
위도 일종의 기분 전환용이며 임신은 거추장스러운 것이다.

　기분 전환을 위한 성교 행위 때, 잠재된 '강한 남성의 신화'는 남성의

의식에 전면적으로 살아나 여성의 반응에 극히 민감하게 되고, 여성 역시 성교의 만족도를 남성의 능력에서 오는 것으로 믿는다. 그러나 생활에 지친 그는 자꾸만 자신감을 잃어 간다. 새로운 기분을 위한 성교는 오히려 스트레스를 배가시킨다. 섹스는 더 이상 기분 전환이 되지 못한 채 그를 파괴하는 고통스런 괴물로 돼 간다. 이렇게 축적된 스트레스는 어느 날 갑자기 남성의 발기부전을 가져오고, 그에게 이미 그림의 떡인 여성은 마치 영웅들의 전유물처럼 보인다.

일반적으로 남성의 무의식 속에서 여성은 그가 자본주의 사회에 적응할 능력이 있는지를 체크하는 리트머스 시험지 같은 존재로 자리잡고 있다. '~신화'와 '~시험지'는 성이 물신 숭배되는 현대 문명의 표상이다.

물신 숭배는 대상의 생명을 박탈하게 되는데, 불임성 섹스가 바로 그것이다. 오늘날 유희, 스포츠, 게임, 도박, 약물 복용 들이나 마찬가지인 기분 전환용 섹스는 우주적 생명의 근원은 고사하고 동물적 순수성에도 미치지 못한다. 현대인은 섹스 중에 다른 얼굴들을 떠올리며 이중 삼중의 섹스를 하는 경우가 적지 않다. 영혼의 교감 따위와 상관없는 이런 섹스는 바로 불임성의 증거이다. 자위행위와 같은 섹스를 상대하고 함께할 때 남자와 여자는 '~신화'와 '~시험지'의 역할을 다하려고 안간힘을 쓴다.

이런 성행위를 유발시키는 근원은 물론 욕구이다. 우리가 매일 경험하는 성은 밥 먹고 잠자는 것과 똑같은 욕구이다. 그러나 욕구를 근대적 개념으로 사용하면 그것이 아무리 불가피하다 할지라도 우리는 불임성을 해결할 수 없게 된다.

그렇다면 욕구의 원래적 개념은 어떤 것일까?

원시인들은 음식에도 신성이 깃들여 있다고 믿었다. 곡식 낟알과 고기 한 조각은 그들을 축복해 주는 생명이며, 그것들의 영혼은 이듬해 자연이 순환하는 섭리에 따라 더 크고 튼실한 생물로 그들에게 더 많은 축복을 주기 위해 지상에 다시 태어나는 것이다. 원시인들은 생물의 죽임을 그 생물에 대한 제사와 같은 의식 속에서 행하였다. 생과 사가 하나로 연결돼 있는 그들의 신앙은 '공존과 평화'라는 생태계의 리듬을 충실히 반영한 우주관이었다. 이를테면 생존에 꼭 필요한 식량 이외의 살생은 천벌을 받는다는 신앙에 의해 자연의 리듬은 파괴됨 없이 예전대로 힘차게 박동하고 있었다.

이처럼 원시인들의 욕구에는 신성이 깃들여 있었다. 이들의 욕구는 자연의 리듬에 따라서 만물의 욕구와 아름다운 조화를 이루었다. 나는 이것이야말로 욕구의 진정한 개념이라고 생각한다. 그러나 기계주의적 방법론에 입각한 근대 과학은 욕구를 생명체 ―호모 사피엔스로 규정한 인류― 의 메커니즘을 작동시키는 핵심 동인인 '물질'로 인식하고 욕구의 원래적 의미를 왜곡 변질시켜 버렸다.

현대는 성의 욕구를 어떻게 취급하고 있는가? 자연으로서의 성을 되찾기 위해 문명에 억압당한 성의 욕구를 해방시킨다는 것. 이 얼마나 멋진 생각인가!

세기의 패러다임을 바꾼 학자로 추켜세워지는 프로이트는 성을 신성이 깃들인 생명이 아니라 물질적 욕구인 리비도(물질적 성욕 충동)로 파악하였다. 성의 자연은 그 결과 '문명의 억압에서의 해방'이라는 명제에도 불구하고 결국 니체의 디오니소스적인 것과 같은 운명이 되었다(이 책 '티벳에서 온 편지 3' 참조). 성은 여전히 문명의 틀 안에 갇힌 이리처럼 예술이냐 포르노냐의 경계를 끝없이 방황하게 되었다. 그러나 진실로 인간이 성의 자연을 찾는 것은 인위적 조작을 통해 리비도를 해방시키는 따위가 아니라, 생태계의 자연적 리듬 속에서 성 욕구의 신성성을 회복하는 것이다. 이것은 마치 현대 화가가 원시의 바위그림에 나타난 생식 숭배, 즉 '우주적 생명의 근원에 이르는 정신'을 결코 표현해 낼 수 없는 사실과 일맥상통한다.

미술사가 G.A. 스티븐스의 말을 들어 보자.

> 원시 미술은 존재 가능한 미술 형식 중에서 가장 순수한 형태이며, 가장 오염되지 않은 것이다. 왜냐 하면 종교적인 사상과 정신적인 경험에 의해 깊은 영감을 받았기 때문이며, 또 한편 미술로써 하찮은 문제에서 비롯되는 책략과 외관상 마치 영감 받은 듯한 작품을 만들어 내는 기교를 부리지 않기 때문이다.

프로이트 역시 니체처럼 '문명을 인간의 자연에 대한 지배의 산물'로 보는 서구 문명관 앞에서 고꾸라졌다. 그것은 업이었다(이 책 '티벳에서 온 편지 3' 참조).

프로이트는 "문명은 충동의 억압 위에서만 성립한다"는 유명한 테제를 내놓았다. 여기서 충동은, 이를테면 그가 제창한 오이디푸스 콤플렉스에서 극명하게 보여지듯이, 생명이 없는 물질적 자연(리비도)이다.

본질적으로 성은 공존과 평화에 기여하지 결코 갈등과 싸움에 기여하지 않는다. 이 진실은 지구 생명의 역사 스스로가 증거하고 있다. 지구상에 성이 발생한 이래로 수십억 년에 걸쳐 3천만 종이나 되는 다양한 생물이 생겨났고, 인간은 그 중의 하나인 것이다. 만일 성이 공존과 평화에 기여하지 않았다면 어떻게 이런 일이 일어날 수 있었겠는가!

프로이트가 활동하던 때는 제국주의 시대였다. 진화론은 약육강식과 적자생존의 논리로 되었고, 모든 다른 것과 마찬가지로 인간 심리의 메커니즘도, 일례로 오이디푸스 콤플렉스처럼 결국 그런 범주 안에서 설정되는 것이 가장 객관적이고 과학적으로 보였다.

지금 내가 원시인의 생식 숭배를 들먹거리면서 현대의 성에 대해 말하는 것이 주관적·미신적·시대착오적이어서 일고의 가치도 없다고 생각하는 사람은 우선 자신의 의식에 제국주의가 살아 있지 않은지 살펴봐야 할 것이다. 그런데 혹자가 프로이트의 학설이 히틀러에게 탄압당하고 제국주의 선교사들에게 매도당한 사실을 들어 내 말을 반박할지 모르겠지만 이것은 뒷장에서 밝히는 것처럼 서구와 우리의 문명관이 본질적으로 서로 다르다는 것을 모른 데서 오는 혼란인 점을 환기해 두고 싶다.

내가 보기에 오이디푸스 콤플렉스는 인간이 가지고 태어난 본성적 충동이 아니라, 오히려 문명의 소산이다. 프로이트와는 정반대로 본성적 충동이 공존과 평화이며 문명의 소산이 갈등과 싸움이란 게 나의 견지이다. 아마도 권력에의 의지가 만들어 냈을 이 콤플렉스는 사회적 산물이 '내면화된 자연'인 심리적 욕구 ─ 구체적으로 성욕 충동 ─ 로 전이되어 나타난

모헨조다로의 무희. 기원전 2천년경에 제작된 청동상이다. 원초적 생기로 가득 차 있는 이 여성에게서 억압된 성이라고는 찾아볼 수 없다. 성의 해방을 표현한 현대의 어떤 미술 작품도 이처럼 성이 생생하게 살아 있지 않다.(사진은 『라이프 인간 세계사 ─ 인도편』에서)

것이라 생각된다.

성과 자연은 이처럼 직결된다. 욕구에 대한 이해를 봐도 우리는 원시인들과는 근본적으로 다르다. 생명적 자연과 물질적 자연에 상응하게 성의 욕구도 전자는 공존과 평화, 후자는 갈등과 싸움 그리고 약육강식이 된다.

도대체 서구의 근대가 성을 어떻게 해방시켰다는 것인가?

성의 해방은 도덕에서 물질(욕구)을 해방하는 것이 아니다. 그리고 물질의 해방을 위해 도덕의 포장을 바꾸는 것도 아니다. 성의 해방은 두 말 할 나위 없이 도덕과 물질에서 생명(욕구)을 해방하는 것이다.

"……더듬어 오는 손길에 자신도 몰랐던 육체의 비밀이 하나하나 눈 뜨고 어느 새 수억 개나 되는 땀구멍이 쾌감의 탄성을 터트리는 순간, 그네의 인생관은 완전히 바뀌어 버렸다. 도덕도 가족도 사회 제도도 모두 굴레였고 허위였다. 그네는 이제 돌아올 수 없는 강을 건넜으므로……." 식의 문학은 보들레르, 랭보, 오스카 와일드처럼 '그네'에게 아나키스트 전사(戰士)와 같은 실천은 요구하지 않고 그네를 데카당스(퇴폐주의)로 달려가게 한다.

포르노 〈빨간 마후라〉가 우리 사회를 강타했을 때 나는 어느 진보적 잡지에서 어느 칼럼니스트가 그 포르노에 경의(?)를 표한 것을 보고 안타까워한 적이 있다. 아마 이 필자는 이것을 우리 사회의 의식을 가위 누르고 있는 권위주의 권력과 도덕에 대한 도전이라고 생각하면서 어떤 자유를 느꼈던 것 같다.

그러나 성은 도구가 아니다. 3S(섹스, 스포츠, 스크린)의 차원에서 성을 이용하려는 자는 물론, 거기에 대항하는 자라도 성을 도구로 쓰는 것은 신에 대한 거역이다. 데카당스는 성을 도구로 하여 대항하는 자의 지평 위에 서 있다. 이것은 근대 이성에 반기를 들었던 니힐리즘이 궁극적으로 파시즘에 기여했던 것을 연상시킨다(이 책 '티벳에서 온 편지 3' 참조).

신화는 기본적으로 영웅을 대망한다. 앞서 말한 '강한 남성의 신화'도 마찬가지이다. 대중들은 자진해서 영웅에게 의존하고 싶어한다. 영웅은 그러한 대중을, 지배를 받아야 심리적 안정을 찾는 여성적 속성으로서 취급한다. 대중의 남성은 영웅에게 바친 자신의 의사(擬似) 여성적 헌신을 보상받기 위해 몇 배나 가혹한 사디스트적인 억압을 여성에게 가한다. 여성은 그 속에서 고통을 초극한 처연한 아름다움을 느낀다. 여성의 피가슴에는 마조히스트라는 붉은 꽃 한 송이가 피어난다. 이것이 파시즘 시대 성의 미학이다.

반면 데카당스에서 말하는 성은 허무 위에서 핀 꽃이다. 그것은 보들레르의 시「악의 꽃」이기도 하다. 이 꽃이 구가하는 성의 무정부주의는 파시즘에게 겉으로는 척결 대상이 되면서 동시에 속으로는 토양이 된다. 문학평론가 김현은 데카당스인 상징주의에 대해 "광인, 비렁뱅이, 퇴폐주의자 들을 통해 현대 사회는 음울한 저항의 한 모습을 보는 것이며, 기존의 사회제도에 순응하지 않겠다는 의지를 읽는 것이다"고 예찬하면서, 반면 민중 시인 신동엽의 역사주의를 예로 들어 "자기가 처해 있는 상황에 대한 정확한 인식도 없이 애매한 주체성=민중 운운해 가면서 무조건 반항의 제스처만을 내보이는 것은 오히려 사태를 악화시킬 우려가 있다. 그것은 좁은 세계 속에 갇힌 소시민들이 안일주의와 타협해 버릴 계기를 만들어 준다"고 비난했다. 사실 파시스트 남성은 이런 창백하고 지적인, 그러면서도 섹스를 탐닉하는 꽃한테 미칠 듯한 쾌감을 느낀다. 이 꽃은 순응하지 않는다고 하면서 결코 반항은 하지 않는다. 도대체 이게 뭐 하자는 것인가? 이에 대한 답은 독자들의 상상에 맡기겠다.

다시 본론으로 돌아와서 이제 편지 이야기를 해야겠다.

모헨조다로 유적지에서 발견된 모신(母神)의 테라코타.
약 BC 2500년경(아지트 무케르지, 『인도 종교미술』에서)

지구상에 성을 구도(求道)의 목적으로 사용하는 세계 종교는 힌두교와 티벳 불교밖에 없다. 성교하는 부처들은 앞서 말한 생명의 관점에서 성 해방 그 자체이다. 이러한 철학은 탄트라의 기저를 이룬다.

탄트라는 산스크리트어로 원래 '씨실'이란 뜻인데, 후에 성스러운 책(聖典)을 가리키는 말이 되었다. 이를테면, 진리의 실로 짠 진리의 옷감인 것이다. 그러나 이 옷감(책)이 7세기에 처음 나오기 훨씬 전부터 탄트라의 진리는 인도 문화의 기층을 이루어 왔다.

탄트리즘은 인더스 문명에서 그 싹이 터 나왔다. 하라파나 모헨조다로에서 발굴된 유물들은 후에 탄트라 신앙의 두 요소가 된 '샥티 신'과 '시바 신'의 초기 형태를 보였다. 특히 남녀 테라코타(점토로 만든 인형)들 중에 주신(主神)이 여신상인 것을 보면, 아주 오래 전부터 내려온 지모신(地母神) 숭배의 전통 속에서 샥티(여신) 신앙이 주축이 되고 이에 시바(남신) 신앙이 첨가된 것을 알 수

214

있다. 대략 지금부터 4~5천 년 전의 일이었다.

탄트라에서는 우주와 인간의 합일을 남녀 두 성(性)의 합일을 통해서 이루려고 한다. 이를 좀더 살펴보자. 대우주는 생성 및 창조의 샥티 신(역동적 에너지인 여성 원리)과 완전 및 순수 의식의 시바 신(정적 에너지인 남성 원리)의 작용으로 이루어져 있다. 인간의 몸도 우주와 동일한 바탕 위에 건설되었기 때문에 소우주로서 같은 원리가 작용한다. 탄트라 요가에 의하면, 우리 몸에는 샥티(여성)가 마치 뱀이 똬리를 틀고 있는 모습으로 배꼽 아래에서 잠들어 있는데, 이를 깨워 활동시키면 샥티가 상승하여 정수리에 있는 시바(남성)를 만나 마침내 우주와의 합일을 경험하게 된다. 이 과정은 대우주의 리듬이 소우주에 반영된 것으로서 우주의 샥티를 몸 안으로 옮기는(투영하는) 작업이다.

『탄트라』의 저자 A. 무케르지는 탄트리즘이 '여성 신비의 재발견'을 확인하려는 사고방식이 반영된 것이라고 했다. 여성이 높은 지위를 누릴 수 있고 우주적인 힘의 수준까지 올라갈 수 있었던 것은 여성 원리가 근본 의식의 활동 면이라고 생각되었기 때문이며, 이런 이유로 탄트라에서는 여성 쪽이 남성보다 훨씬 중요한 위치에 있다는 것이다.

한 걸음 더 나아가 탄트리즘에서 성교는 절대적인 중요성을 갖는다. 성교는 남녀의 마음을 하나의 정점을 향해 움직이게 하는 고도한 탄트라의 방법 중 하나이다. 남녀의 성교는 아주 격렬하기 때문에 두 사람의 의식을 우주의 의식과 융합시킬 수 있다. 이 과정에서 이들은 해탈로 향하는 충동 그 자체가 된다. 두려울 정도로 강력해진 섹스의 잠재력에 의해 의식의 흐름이 자유롭게 해방된다. 이 순간에 육체와 혼은 하나가 되고 육체의 쾌락은 해탈에의 이름과 못지않은 정묘한 기쁨으로 변한다. 이것은 해탈에 가장 가까운 상태이다.

지금까지는 힌두 탄트라(탄트리즘을 기본으로 힌두교의 교의를 수용한 것)

에 대한 설명이었다. 그러나 불교 탄트라에서는 원리는 같지만 여성과 남성의 역할이 완전히 뒤바뀐다. 이 불교 탄트라에 기초한 것이 티벳 불교이다.

불교에서 여성은 반야(般若), 남성은 방편(方便)으로 각각은 지혜와 자비를 나타낸다. 이 때 반야는 공(空)에 이르는 근원적인 예지로서 정적인 힘이며, 방편은 중생을 제도하려는 대비(大悲)로서 동적인 힘이다. 여성인 반야가 공에 도달하기 위해서는 남성인 방편의 도움이 절대적으로 필요하다. 방편은 반야가 활동하도록 하는 기폭제이며, 인간을 지혜와 해탈의 상태인 일여(一如)의 세계, 즉 아와 타가 융합한 세계로 이끄는 힘이다. 티벳 불교에서는 그 까닭에 대비(大悲), 즉 관음보살을 부처의 현현 가운데 최고로 삼는다.

그렇다면 왜 이처럼 힌두교와 불교에서 여성과 남성의 역할이 서로 바뀌었을까?

결론부터 말하면, 힌두교는 모계 사회의 반영이기 때문이고 불교는 가부장 사회의 반영인 때문으로 보인다.

역사적으로 불교는 브라만교(초기 힌두교)에 대한 반발로서 일어났다. 고타마 싯다르타가 출가한 기원전 6세기의 인도는 브라만의 시대였고 그들의 주도하에 카스트 제도가 형성되는 중이었다. 잘 알고 있는 것처럼 카스트는 브라만(승려 계급), 크샤트리아(지배 계급), 바이샤(평민 계급), 수드라(노예 계급)의 네 계급인데 ―카스트에 들지 못한 계급도 있다― 이 중 크샤트리아가 브라만(교)에 이해 관계의 대립을 보이면서 충돌하고 있었다. 실제로 이 시대 크샤트리아 출신의 두 명의 왕자가 종교혁명을 일으켰다. 마하비라의 자이나교와 싯다르타의 불교가 그것이었다.

두 사람은 공통적으로 카스트의 차별을 배척했다.

싯다르타는 "그 누구도 나면서부터 카스트를 벗어난 천민이 아니며, 그 누구도 나면서부터 바라문인 것은 아니다"라며 "사람이 바라문이 되는 것은 그 행위에 의해서이다"라고 말했다. 이 때의 행위는 자비를 말한다. 따라서 당시에 이 자비는 기존 사회체제에 대한 저항의 의미를 가지고 있었다.

이처럼 개혁적이며 극히 현실적인 관점을 가졌던 싯다르타는 남녀의 역할을 당시의 사회 현실에 맞게 바꿔 놓을 필요가 있었던 것 같다. 남자는 여자에 비해 모든 일에 주도적이며, 자비를 베풀 능력이 있고, 기존 질서에 저항하기가 더욱 용이했던 것이다.

어쨌든 힌두교거나 불교거나 남성과 여성의 합일은 어느 성이 주가 됐건 간에 인간과 우주의 합일이요 열반에 이르는 길이다. 그렇지만 나 개인의 의견은 수천 년 동안 내려온 가부장 제도가 타파되고 남녀 평등이 이루어져야 한다는 신념에서 여성 원리를 중시하고 싶다. 아마도 여기서 혹자는 현재 힌두교의 인도 사회가 가부장제가 아닌가고 반문할 것이다. 그러나 그 대답까지 하기에는 너무 장황해지므로 여기서는 생략하겠다.

'티벳에서 온 편지'를 받고 지금 말한 것들을 다시 새롭게 보게 되었는데, 그것은 이미 내가 죽음의 문을 두드리면서 생명이 보였고, 그 생명 속에 성이 보석처럼 아름답게 빛나고 있음을 보았기 때문이다. 불임성의 물질이 아닌 생명으로서의 성. 그것은 우주의 본질이었다. 나는 이것을 직관으로 깨달았다.

한 여자 혹은 남자를 사랑하는 것은 몸과 마음을 다하는 것이다. 이것이 결코 따로따로 놀아서는 완전한 사랑일 수 없다. 하나 됨. 몸과 마음의 하나 됨, 나와 그네의 하나 됨, 하나 된 우리와 더불어 살 이웃과의 하나 됨, 그리고 우리를 감싸 주는 자연과의 하나 됨, 누가 이런 사랑을 꿈꾸지 않은 적이 있을까? 그러나 적어도 이런 사랑을 하기 위해서는 목숨까지 바칠 각오가 되어 있어야 한다.

사랑의 본능은 이러한 하나 됨의 추구와 그를 위한 노력, 헌신, 희생을 요구한다. 우리 모두는 이 사실을 알고 있다. 그럼에도 불구하고 우리는 이것을 상상의 세계 속에서만 향유한다. 동서고금을 막론하고 모든 문학, 예술의 주제가 되어 온 이것이야말로 인간이 가장 이상적으로 동경하는 인간의 본성이라고 말하면 너무 지나친 것일까?

몇 년 전에 〈생명 그 영원한 신비〉(KBS · 일본 NHK 공동제작)라는 다큐멘터리를 본 적이 있다. 많은 도움이 되어서 비디오 테이프를 구입해 놓고 가끔씩 보는데, 그 중 성에 관한 것을 여기에 뽑아 보았다.

1. 40억 년 전 최초의 생명체인 박테리아 탄생. 이 때 단단한 껍질에 싸인 (남성적) 박테리아와 부드러운 막으로 된 (여성적) 박테리아가 출현했다.

2. 20억 년 전 (남성적) 박테리아와 (여성적) 박테리아의 결합으로 세포가 탄생. 그 과정을 보면, 자신들을 궤멸시키는 환경의 변화에 적응하여 남성적 박테리아는 강력한 에너지 생성 능력을 갖게 되고, 여성적 박테리아는 자기들끼리 연합해서 거대한 DNA의 데이터 뱅크인 세포핵을 형성했다. 두 성질의 박테리아는 서로 경쟁하게 되었고, 이 때 핵을 가진 여성적 박테리아가 공격해 오는 남성적 박테리아를 삼켜 버렸다. 마치 난자 속의 정자처럼 남성적인 것은 여성적인 것 속에서 살게 되었다. 이 같은 공생 관계가 마침내 세포를 만들었다. 핵(여성적 박테리아)은 자신의 데이터 뱅크에 있는 DNA의 지시에 따라 명령을 보내고 미토콘드리아(남성적 박테리아)는 그 명령을 받아 에너지를 만들어서 세포에게 공급하는 일을 하게 되었다.

3. 14억 년 전 두 개의 세포가 결합하여 성이 탄생. 환경의 급격한 변화로 단세포 생물이 멸종의 위험을 맞자 두 세포가 합쳐서 공존하기 시작했다. 그 결과 이 생물은 몸 안에 두 세트의 DNA를 갖게 되고, 합쳐진 세포는 이전과는 다른 방식으로 분열을 개시했다. 여기서 후손을 생산하기 위한 생식 세포가 나오고, 생식 세포는 다시 정자와 난자로 분화하여 마침내 수컷과 암컷으로 이루어진 유성 생식이 완성됐다.

4. 캄브리아기(5억 3천만 년 전) 이래 지구상의 생명체는 폭발적으로 증가했다. 그것은 유성 생식이 가져온 생명계의 일대 혁명이었다. 이후로 3천만 종에 이르는 종의 다양성과, 같은 종 안에서도 모래알같이 많은 개체의 다양성이 이루어졌다. 그리고 모든 생물은 지구상에 단 하나뿐인 존재가 되었다.

이 다큐멘터리는 현대 과학에서도 탄트라를 유추하게 하는 원리가 관철되고 있음을 보여 주었다. 그러나 현대 과학은 중요한 사실을 회피하였다. 모든 생명체 속의 '세포' ─세균과 같은 한 개의 세포로 구성된 생물체든 사람과 같이 수많은 세포로 구성된 생물체든 동일한 생명 현상이 나타나게 하는─ 가 과연 '생명의 존재'인가 하는 문제이다.

나의 생각은 세포는 어디까지나 유기체적 생명 현상을 나타내는 생물체의 구조적 · 기능적 단위, 즉 물질에 불과하다는 것이다. 위의 다큐멘터리를 통해 물질에서 생명체가 탄생하고 진화하는 파노라마를 생생하게 보았지만, 그것은 어디까지나 물질에서 물질이 탄생하고 진화하는 과정이었다.

나의 관점으로는 물질에서 결코 생명은 탄생하지 않는다. 아니, 더 분명한 것은 물질에도 생명이 존재한다는 사실이다. 좀 비유적으로 말하면, 심지어 바위와 물에는 생명이 넘쳐 흐르지만 물질만을 추종하는 인

간 유기체에는 생명이 없다. 현대의 물신 숭배는 생명으로 차고 넘치는 지구에서 생명을 박탈해 버렸다.

나는 편지를 받고 난 이후 생명은 다름 아닌 신(神)이라는 생각을 하게 되었다. 원시인의 애니미즘(물활론) 속에서 다시금 그것을 생생히 볼 수 있었다.

이와 관련해 생각해 보자. 자연은 인간에게 두 종류의 생각을 갖게 한다. 하나는 엄격한 법칙이고, 다른 하나는 말 그대로 자연스러움이다. 인간은 자연에서 살면서 전자로부터 과학을, 후자로부터 예술을 가져왔다.

나는 자연의 이 두 성질을 가지고 생명을 보려고 한다. 그러니까 생명에는 두 가지 측면, 즉 자연의 법칙적 측면으로서 기(氣)와, 예술적 측면으로서 신(神)이 있다는 것을 말하려는 것이다.

오래 전에 이런 일이 있었다. 대구의 어느 술집에 들어갔는데 술맛이 너무 좋아서 주인에게 비법을 물어 봤다. 주인은 자기도 희한하다고 하면서 술 담는 통이 중요하다는 것이었다. 내가 당연히 흙으로 빚은 독에 들어 있는 술은 맛이 좋을 수밖에 없지 않겠냐고 했더니, 주인은 술통의 형태(네모, 원, 타원, 반듯한 것, 찌그러진 것 따위)도 그에 못지않게 중요하다고 역설했다.

아마 지나치게 서구화된 한국인이 아니라면 공간(空間)에 기가 있다는 것을 느끼고 믿을 것이다. 기는 일종의 진동과 같은 것이다. 탄트라에 따르면 우주는 옴(om)이란 기본음에서 전개되었다고 한다. 우리가 이 우주에서 보거나 느끼는 모든 물체는 각각의 진동을 응축시킨 음이다. 모든 형상은 어느 정도 강도를 지닌 진동음이고, 모든 음에는 각각 눈으로 볼 수 있는 형상이 대응되어 있다. 결국 음은 형상의 반영이고, 형상은 음에서 생겨난 것이다.

열등한 미물에서 고등한 존재에 이르기까지, 생명이 어떠한 형체를 취하면 생명은 그 안에서 똑같은 맥박으로 움직인다. 생명체는 긴 연쇄고리를 이루는 하나하나의 고리에 지나지 않는다. 음의 박자는 맥박의 율동에서 나왔다. 데이브디어 박사는 인간의 DNA 서열을 음으로 옮기는 작업을 했다. 그 음은 매우 듣기 좋았다. 생기(生氣) 혹은 생명력으로 번역되는, 원천적 우주 에너지인 '프라나'는 바로 이 음을 가리키는 것으로 생각된다.

우주에 있는 모든 힘이나 여러 가지 운동, 인력, 생각, 숨조차도 각각 프라나가 나타나는 형식에 불과하다. 그러나 프라나는 궁극적인 것이 아니며 근본적인 구조도 아니다. 프라나는 샥티와 시바의 교체에서 생겨났으며, 보다 깊게 분석해 보면 이들 쌍방 모두 '하나인 것'에서 나오고 있다.

그러니까 자연의 법칙적 측면인 기(氣, 프라나)는 자연의 예술적 측면인 신(神) — 위에서 말한 '하나인 것' — 에서 나왔다(여기서 '하나인 것'은 성을 발생시키고 융합시키는 근원으로서 만물의 창조주인 하느님이다). 이 두 가지 측면이 바로 생명인 것이다.

나는 현대 생물학이 말하는 생물, 무생물의 구분에 동의하지 않는다. 생명은 완전한 의미에서는 아니지만 무생물에도 존재한다(이 때는 기만 작용한다). 그런 의미에서 생명은 보이는 존재가 아니다. 이를테면 소리는 볼 수 없지만 존재한다. 익히 아는 사실이지만 보이는 것만이 존재하는 것은 아니다.

생명은 느끼는 것이다. 모처럼 야외에 나갔을 때 자연을 더 잘 느끼고 싶으면 두 눈을 크게 뜨는 것보다도 조용히 눈을 감는 편이 낫다. 그것은 자연을 대상화하지 않고 그 속에 빠져들 수 있기 때문이다.

생명의 근원인 성은 우리가 느껴야 할 자연이다. 성이라는 이 자연에 빠져들어 황홀경을 맛보는 것은 신이 내린 축복이다. 내 식으로 해석하자면, 탄트라에서는 이 황홀경의 극치에서 신을 만나기를 원한다. 성의 욕구는 인간의 모든 욕구 중에서 신을 만날 수 있는 가장 확실한 길이다. 그것은 오직 성만이 사랑이란 행위를 하여 생명을 낳을 수 있기 때문이다.

탄트라에서는 성교 요가를 통해서 해탈하는 것이 마치 면도칼 위를 걷거나 성난 호랑이와 노는 것보다 더 어렵다고 하여 높은 경지에 이른 행자가 아니면 이 행법을 쓰지 않는다고 한다. 역사적으로 볼 때도 이 행법에 치우쳐 나타난 종교적 타락 때문에 특히 티벳 불교에서는 이를 금기해 왔다.

그러나 나는 이 탄트라 행법(성교 요가)을 해야 한다든가 말아야 한다든가를 말하려는 것이 아니다. 단지 일상적으로 성행위를 하는 인간의 성 생활, 그 중에서도 현대인의 그것에 대해 말하려는 것뿐이다.

현대인의 성행위는 육체적 쾌락만을 위해서 운동 선수처럼 움직인다. 만족감은 '～신화'의 성취도에서 온다. 기록 갱신을 하면 자기도 모르게 어깨가 쫙 펴진다. 아침 밥상에 계란 프라이가 올라온다. 그러나 이것도 신혼 한때의 이야기이다.

문제는 깨가 쏟아지는 신혼 때조차도 현대인은 물신화된 성의 유혹에 사로잡혀 있다는 사실이다. 온갖 떠도는 말들과 잡지, 비디오 따위가 보여 주는 현대 성 문화는 신성한 성의 관문에 들어선 젊은 남녀에게 이미 잘못된 성 관념을 주입해 놓았다.

'티벳에서 온 편지'는 나의 성 생활을 다시 생각해 보게 했다. 여기서는 털어놓을 수 없지만…….

탄트라는 향락주의에 뿌리박힌 인간의 쾌락을 추구하는 충동도 정신적인 경험으로 변화시킬 수 있다고 말한다. 그리고 탄트라의 길은 일상생활에서 후퇴하는 것이 아니고, 자신의 욕망·느낌, 인간으로서의 상황 그대로의 전부를 될 수 있는 한 전면적으로 수용하려는 자세라고 한다. 이것은 오늘날 우리가 탄트라에서 많은 것을 배워야 함을 뜻한다. 왜냐 하면 거기에는 근대의 성 개념을 뛰어넘은 생명의 성 개념, 즉 희망의 성이 존재하고 있기 때문이다.

남녀는 각각의 소우주이며, 상대 소우주와 영육이 하나 된 환희를 맛봄으로써 신과 만날 수 있음을 우리는 명심할 필요가 있다. 상대는 나를 거듭 태어나게 하는 절대적인 존재(神)이므로 나의 모든 것을 바쳐야 한다.

생명이 정자와 난자가 합하여 탄생한다는 이 숭고한 사실을 보면, 성은 오직 신만이 행할 수 있는 생명 창조의 능력을 '신탁에 의하여' 행사하고 있는 것이다.

21세기를 코앞에 둔 지금, 유전공학은 이제 성의 결합 없이도 인간 복제가 가능한 시대를 열어 놓았다. 만약 이것이 일반적인 현실로 된다면, 인간은 정면으로 신의 섭리를 거역하는 것이며, 이로써 인간은 영원히 신과 결별하는 것이다.

그렇지 않아도 벌써부터 성은 극심한 혼란을 겪고 있다. 환경 호르몬에 의한 성의 교란은 이제 겨우 자각되기 시작했다. 암컷이 수컷화하고 수컷이 암컷화하고 있다. 예를 들면 고둥은 암컷한테서 수컷의 음경이 생겨나고, 잉어는 수컷의 정소에서 난자가 발견되었다. 지구의 생태계는 화학물질에 의해 심각한 성 불균형이 일어나고 있으며 번식력이 급격히 감소하고 있다. 인간도 예외는 아니다. 남자의 정자 수가 50년간 약 절반으로 줄어들었다고 한다. 이런 정자로 태어난 여성이 임신을 하여 난 아들의 정자 수, 그 후대의 정자 수는 더욱 기하급수적으로 줄어들 것이다. 그 원인은 음식을 비롯하여 인간을 둘러싼 환경에서 끊임없이, 그리고 부지불식간에 우리의 체내로 흘러 들어오는 환경 호르몬 때문이다.

이타이이타이병 같은 충격적인 사건을 급성 환자에 비유한다면, 환경 호르몬이 일으키는 것은 자각 증상 없이 진행되는 만성 환자라 할 수 있다. 지구상에 전면적으로 소리 없이 진행되고 있는 성의 교란과 불균형은 어느 환부를 도려 내는 수술로는 전혀 가망이 없다.

성은 미생물에서 고등 생물에 이르기까지 긴 연쇄고리를 이루고 있으며, 인간은 그 중 하나의 고리에 불과하다는 사실을 자연은 보여 주기 시작했다.

인간에게 이 이상 엄중한 경고는 없다. 실제로 불임의 시대는 도래했다. 이제 철학적 의미가 아니라 현실로 들이닥쳤다. 다음 세기 인간은 더 이상 생명을 낳을 수 없고, 인간과 모든 것을 유전자 조작에 의해서 만들어 낸다.

그러나 생태계의 연쇄고리가 파괴될 때 지구는 우주의 바다에 한 방울의 물거품으로 사라져 버린다. 인간이 유전공학 같은 연금술을 통해서 신이 되는 순간, 우리의 영혼은 암흑의 우주 공간에서 적어도 지구의 46억 년 나이 동안 결코 있어 본 적 없는 가장 참혹한 천벌을, 그것도 미래에 단 한 번의 업을 씻을 기회도 없이 영원히 받아야 한다.

이것이 '티벳에서 온 편지'가 내게 보낸 최후의 자비이자 통첩이었다.

티벳에서 온 편지 3
─ 문명에 대하여

나와 우주와 문명은 모두 문명을 매개로 연결되어 있다. 문명이란 무엇인가? 흔히 우리는 이것을 야만과 대립되는 개념으로 생각함으로써 그 함의를 쉽게 이해한다. 문명은 인류 역사의 산물이다. 따라서 그 개념은 역사를 문명과 야만의 대립으로 보는 시각 속에서 형성되었다고 말할 수 있다.

우리의 머릿속에 그려지는 야만은 아직 자연성을 벗어나지 못한 이를테면 야수적인 모습을 하고 있는 것에 반해, 문명은 언제나 인공적인 도시의 모습을 띠고 있다. 문명은 자신의 도시를 늑대와 같은 야만의 침략에서 지키고 궁극적으로 그 늑대를 잡아다 개처럼 가축으로 길들여야만 평화가 달성된다는 신념(문명은 이것을 개화시킨다고 말한다)으로 야만의 지대를 정복해 왔다.

이러한 문명의 자기 합리화가 극치에 달한 것이 서구에서 시작된 근대이다. 근대의 역사학은 문명을 인간이 자연에 대해 거둔 투쟁의 성과물이라고 설명한다. 그 결과 인류의 문명은 자연을 지배하면서 시작되었다고 하는 근대적 문명관이 정착됐다.

　그러나 자연이 야만의 뿌리라는 생각 때문인지는 모르겠지만, 이처럼 자연을 정복한다는 사고방식은 결국 인류의 모태를 부정하고 인류 자신을 부정하는 것이 아닐 수 없다.

　자연에 대한 인간의 태도는 문명의 성격을 결정한다. 적어도 근대 이전의 비서구 사회는 인간이 자연에 순응하고 융화하는 문명을 발전시켜 왔다. 그런데 근대가 서구적 근대로 획일화된 오늘날, 우리는 마치 우리가 피할 수 없는 필연적인 역사 진행의 길을 걷고 있는 것처럼 생각하고 있다.

　그 근대로의 길은 요컨대 자본주의를 말하는데, 여기서 두 가지 의문이 생긴다. 하나는 만일 비서구 사회에서 자생적으로 자본주의가 발전해 나올 수 있었다면 그것은 자연 융화적이었을까 하는 것이고, 또 하나는 자본주의가 아닌 다른 생산 양식을 토대로 한 근대가 가능했을까 하는 것이다.

　물론 이것은 비현실적인 상정이지만, 인류가 새로운 문명의 길을 찾기 위해서는 고려하지 않으면 안 되는 문제이다. 왜냐 하면 인류에게는 이 외의 다른 길이 없기 때문이다. 즉 소극적인 의미에서 자연 융화적인 자본주의를 구하거나, 적극적인 의미에서 자본주의를 대체할 다른 생산 양식을 찾아 나서는 것이 할 수 있는 전부이기 때문이다. 그리고 이미 앞 장에서 인류의 새출발은 비서구 사회에서 자라나온 '지혜의 문명'이어야 한다고 확인했던 것을 상기하자.

　지금 우리는 서구적 근대만을 문명으로 착각하고 있기 때문에, 그것을 부정하면 문명 자체를 부정하는 것으로 되어 반문명론자 취급을 받기도 한다. 하지만 인간이 어떻게 문명 자체를 부정하고서 존재할 수 있겠는가? 문제는 잘못된 문명관 속에 빠져 의식이 마비되어 있기 때문에, 서구 문명 외의 어떤 대안을 모색하는 것도 불가능하게 되어 있는 사실에 있다. 암흑 속에서 탈출하려면 한 줄기 빛을 찾아 그 방향으로 나아가야 하듯이, 인류가 새로운 문명을 찾아 나서려면 무엇보다 먼저 문명에 대한 관점을 바꾸지 않으면 안 된다. 새로운 관점을 빛줄기 삼아 찾아 나서야 한다는 이야기이다.

새로운 관점은 앞서 제기한 두 가지 의문과 직결되는데, 그보다 먼저 문명이란 이런 것일 거라는 느낌을 비서구 문명에서 느끼기 시작해야 한다. 그리고 서구 문명을 우리가 야만으로 취급하여 —후에는 이 도식을 극복해야겠지만— 그 문명관을 송두리째 내던지는 일, 그와 동시에 서구의 문명관을 완전히 거꾸로 보는 일부터 시작해야만 새로운 관점이 생기게 된다. 이를테면 지혜의 문명을 문명으로, 서구의 근대 문명을 야만으로 보는 도식을 일단 가설정할 필요가 있다.

'티벳에서 온 편지'는 나에게 이러한 의식의 대전환을 가져다 주었다. 잃어버린 고리인 죽음에 대한 자각이 잃어버린 문명에 대해 새롭게 눈뜨게 하는 과정에서 문명 그 자체의 개념을 바꾸어 놓았다. 이것은 요사이 흔히 이야기되는 패러다임을 바꾸는 정도가 아닌 본질에 관한 것이었다.

그래서 여기서 토로하고자 하는 것은 새로운 문명의 관점을 위해 현재까지 서구가 거짓 문명의 탑을 하늘 끝까지 세우면서 문명의 개념과 역사 등에 행한 그 조작, 날조, 세뇌를 망치로 두들겨 부수는 것에 관한 것이다. 비록 서툴고 위력이 미미하다 하더라도 이 일은 해야 할 망치질임에 틀림없다. 더욱이 길바닥의 하찮은 돌멩이 같은 외침이지만, 반면 그러기에 값어치도 있을 것이다.

그럼 보도록 하자. 이미 그리스 로마 신화에서 그 싹을 보인, 문명을 인간의 자연에 대한 지배의 산물로 보는 서구 문명관은 그것 자체로 야만이다. 그런데 무엇보다도 불행한 것은 이 문명관이 지배하고 있는 동안은 서구 문명 안에서의 그 어떤 반발도 어떤 비판도 이것의 쌍둥이로서 결국 또 다른 야만을 파생시킬 뿐이라는 점이다.

파시즘처럼 문명 세계 안에서 발생한 야만을 일컬어 소위 '새로운 야만'이라고 한다. 그러나 파시즘이 야만이면 그것을 발생시킨 서구 근대 문명도 야만이어야 하는데, 오히려 적반하장으로 그 문명을 인류가 꽃피운 문명 중 가장 위대한 문명이라고 역설한다. 그러면 어떻게 그 위대한 문명 속에서 지금까지 존재한 것 중에서, 완전히 정반대로, 가장 악랄한 야만이 나올 수 있었던 것인가?

그런데 문제는 여기서 그치지 않는다. 서구 근대 문명을 야만으로 취급하지 않았기 때문에, 그것을 가장 가차없이 비판한 서구 사상가들마저도 그 대가로 새로운 야만의 철학을 제공하게 되었다는 사실이다. 인지상정으로 보면, 누가 됐건 어떤 비판을 하건 서구인으로서는 자신을 젖 먹여 키워 준 어머니인 서구 문명을 야만이라 정의할 수는 없을 것이다. 그러나 진실의 입장에서 보면, 가장 야만적인 문명을 가장 위대한 문명으로 도착시키고, 그 전제 위에 서서 자신의 문명에 어떤 비판을 가한들 거기에 진정한 희망이나 돌파구는 있을 수 없다.

이러한 서구 근대 문명의 비극을 역사상 최초로 극명하게 보여 준 사람이 니체(1844~1900)였다. 그가 서구 근대 문명에 가한 비판은 그 이후 모든 근대 비판의 단서가 되었다. 그럼에도 불구하고 그의 철학은 훗날 파시즘에 동원되었으니 이 또한 근대 비판의 철학이 짊어지게 될 운명을 가장 일찍이 예언해 준 셈이다.

이제부터 나는 니체로부터 시작된 근대 비판의 사상들을 간략히 훑어보면서 이 비판들의 실패가 필연적으로 서구의 문명관 안에 이미 내재해 있었음을 밝히고자 한다.

228

그 전에 오늘날 현대 문명의 모습을 한번 조망해 보도록 하자.

환경 파괴, 핵무기 경쟁, 대량 학살, 대규모 실업 따위는 현대 문명의 거대한 그늘이다. 마치 클린턴이 이라크나 유고에 평화의 이름으로 감행한 공습의 그늘에 패권주의라는 미국인의 집단 무의식이 존재하듯이 현대 문명은 이런 '새로운 야만'을 자체 내에 배양하고 있다.

학자들이 새로운 야만을 나치 같은 파시즘에만 국한해 지칭하는 것은 어불성설이다. 사실 현대의 서구 문명은 야만이란 거대한 빙산이 해수면 위로 떠오른 그것의 한 조각에 불과하다. 우리는 이 조각을 서구 학문의 정의에 따라 이성, 계몽, 합리성 등으로 부른다.

그러나 문제는 빙산의 $\frac{6}{7}$이나 되는 물에 잠긴 이 거대한 야만에는 시선을 외면하고, 물 위로 올라온 $\frac{1}{7}$로 꾸며진 무대만을 현대인들이 바라보고 있다는 데 있다. 여기서 이미 마술 같은 속임수는 시작됐다. 그 $\frac{1}{7}$은 $\frac{6}{7}$으로 둔갑하여 관객들 앞에 현란한 문명의 가면을 쓰고 나타난다. 평론가는 이 협잡에 맞장구를 치며 자신 안에서 $\frac{1}{7}$의 야만성(이른바 새로운 야만)을 발견한 사실은 일찍이 없었던 일로 극 발전을 위해 비판의 정신을 열어 놓은 것이라고 추켜세운다. 매스컴은 한술 더 떠 이 연극을 인류가 낳은 최고의 예술 작품이라며 선전한다. 대중은 일찍이 없었던 무대라고 극찬하며, 여기에 호응하지 않는 사람을 비교양인으로 무시하거나 예술 발전에 피해를 준다고 적대시한다.

인류는 현재 이와 같은 메커니즘 속에서 파국을 향해 돌진하고 있다. 그런데 이 파국의 주범을 근대 이성으로 지목하는 것은 그것이 이 메커니즘을 작동시키는 작동자이기 때문이다. 이미 근대 이성은 과거 신이 차지했던 영광의 자리를 빼앗고 스스로 신이 되었다.

이쯤 해서 니체에 대한 얘기를 시작하는 게 좋겠다. 우선 니체가 처녀작 『비극의 탄생』(1872)에서 그리스 비극의 분석을 통해 무엇을 말하고자 했는지 대략 살펴보자.

그리스 비극은 합창단의 노래, 무대 위에서 가면을 쓴 배우의 독백, 그리고 무용으로 이루어져 있다. 지금까지 사람들은 무대 위에서 펼쳐지는 무용 등의 가시적인 동작을 보면서 비극의 의미를 찾았지만, 비극의 진정한 의미는 합창단이 노래하는 고뇌에 찬 음악에 있다. 여기서 니체 이론의 도식이 성립되는데, 그 음악은 비극의 원천으로서 디오니소스적인 것이며, 무대 위의 광경은 디오니소스를 보는 꿈의 형상 세계, 즉 아폴론적인 것이다. 이 때 디오니소스적인 것은 생의 근원에서 꿈틀거리며 심원한 깊이와 두려움을 느끼게 하는 만물의 생식력으로서 암흑·혼돈·정념·광란·술 따위를 표상하는 반면, 아폴론적인 것은 디오니소스가 생식한 결과인 삼라만상으로서 명쾌한 이지로 다스려지는 세계인데 광명·질서·이성·절제·분별 따위를 표상한다.

니체는 이 도식으로써 근대를 비판했다. 그리스 비극의 역사에 근대를 투영하여 문명사적 관점의 근대 비판을 시도했다. 그는 그리스 비극의 발생·정점·붕괴의 과정을 이 두 원리가 서로 주도권을 다투며 엇갈리는 역사로서 파악하였는데, 비극의 붕괴는 아폴론이 디오니소스를 억눌러 유폐시켰기 때문이라고 보았다. 바로 이 원인이 근대에도 동일하게 작용한 것으로, 즉 이성 원리의 원조로서 추앙되는 소크라테스 시대의 그리스 문명과 근대 이성의 극성기를 맞은 19세기의 유럽이 똑같이 아폴론에 의해 디오니소스를 억압함으로써 문명의 생명력을 잃어버렸다고 비판했다. 이 비판의 지평은 근대 사회의 존립 근거인 이성의 원리, 그에 의거한 근대 과학의 전 분야 그리고 그 토대가 이미 붕괴되기 시작했다는 사실을 알리는 데까지 뻗쳐 있다.

그런데 니체의 도식이 백 년이 넘게 지난 오늘날에도 유용한 이유는, 현대 문명 사회의 메커니즘이 여전히 근대 이성에 의해서 작동되기 때문이며, 그 이성 원리에 대한 반발은 여전히 현대 문명에 대한 비판의 계기이자 단서가 되기 때문이며, 이 두 가지 —이성의 원리와 그에 대한 반발— 는 여전히 아폴론적인 성격과 디오니소스적인 성격을 본질적으로 띠고 있기 때문이다.

불행히도 근현대인은 그의 도식에서 벗어날 수 없어 보인다. 파국을 향해 치닫는 현대 문명에 인류는 반발하고 비판하지 않을 수 없지만, 그러나 그 결과가 니체가 보여 주었던 것처럼 파시즘으로 귀착된다면 절망밖에 남지 않은 미래 앞에서 과연 인류는 무얼 어떻게 해야 한단 말인가. 하지만 우리는 일단 이런 절망감을 접어 두고, 왜 니체의 귀결은 파시즘으로 됐는가를 살펴봐야 할 것 같다.

니체의 시대는 양차 대전을 앞둔 제국주의의 절정기였다. 모든 철학·과학·기술이 이성을 신으로 떠받들면서 제국주의에 봉사하고 있었다. 그 시대에 풍미했던 생물 진화론과 사회 진화론, 그리고 이에 화답한 식민지의 실력 양성론에 의하면 문명도 자연계와 마찬가지로 약육강식의 원리가 관철되는 세계였다. 실제로 서구 근대 문명은 먹이사슬의 최정점을 차지하고 있었다. 그런데 니체의 비극은 바로 이 제국주의의 본질을 간파하지 못한 데 있었다. 제국주의는 문명의 이름으로 자신의 논리를 관철하고 있었다. 그런 까닭으로 당시 서구인들에게 문명은 신앙과도 같은 것이었다. 문명이란 단어는 그들의 우월의식을 가장 잘 대변해 주었으며, 서구 문명의 뿌리로서 인식된 그리스 문명은 신성불가침한 것으로 신봉되었다. 문화 창조의 원천으로서 '그리스 비극'을 운운한 니체의 인식도 바로 이러한 제국주의 문명관의 지평 위에서 출발했다. 제국주의 문명관은 문명을 약육강식의 논리에 의해 해석함으로써 '자연에 대한 인간의 지배'라는 서구 문명관을 완성했다.

여기서 니체의 육성을 직접 들어 보자.

"당신들, 그다지도 자랑스럽고 고매한 19세기의 유럽인들이여. 그러나 당신들의 지식은 자연의 완성이 아니라 당신들 자신에 의한 자연의 살육이오."

이렇듯 니체는 앞서 이야기된 바와는 정반대로 근대의 지식이 자연을 살육한다고 분노하고 있다. 왜 이런 일이 일어나는가? 결론을 말하면, 그가 제국주의의 본질에 대한 인식 없이 또 죄의식 없이 분노하였다는 데 이유가 있다. 그래서 비록 그의 분노는 정당하지만 그것의 귀결은 또 다른 살육을 낳은 것이었다.

니체에 의하면, 근대의 지적 원리를 지탱시켜 주고 있는 '진리에의 의지'란 실은 자연의 압도적인 폭력에 대한 인간의 자기 보존적 수단에 불과하다. 인간은 자연에 대항하기 위해 개념도 만들고 수학적 조작의 망도 쳐 놓았다. 알고 보면 진리라는 것도 자연의 실체를 인간에게 편리하도록, 즉 자연을 굴복시키기 편하도록 추상화시킨 것일 뿐이다. 그리고 인식은 존재적인 진리와는 별개로 단지 '힘의 도구'로서 작용해 왔는데, 바로 이 상태가 가식을 벗은 이성의 본래 모습이다. 따라서 이성은 결코 플라톤적 이데아가 아니라, 권력에의 의지에 봉사하고 거기서 성장해 온 도구적 존재이다. 이처럼 인간은 권력에의 의지에 따라 이성 · 과학 · 진리 등을 사용해 자연을 살육하고 사물을 지배해 왔다. 근대는 그 잘못된 '권력에의 의지'의 정점에서 파국을 향해 달리고 있다. 이것은 민중, 천민 등 약자에 의해서 권력에의 의지가 속물적으로 장악되었기 때문이다. 그러나 파국을 막을 수 있는 유일한 길은 결코 속물적이지 않은, 진정한 창조적인 '권력에의 의지'를 가지고 있는 영웅, 초인 등 강자에 의해서만 가능하다. 그 강자는 시저나 나폴레옹 같은 영웅이며, 르네상스인, 비극 시대의 그리스인, 로마의 전사, 그가 금발의 야수로 칭했던 고 게르만인 들이다. 그리고 문명의 본질적 차원에서 이들 강자야말로 약자의 '권력에의 의지'가 살육한 자연을 되살리고 최후로 자연을 완성할 수 있다. 결국 이렇게 하여 니체는 파시즘에의 길을 열어 놓았다. 바로 여기서 니체는 서구의 근대가 제국주의에 의해 떠받쳐지고 있다는 그 토대에 대한 인식이 없었기 때문에, 오로지 서구 문명만을 문명으로 보는 제국주의의 문명관 안에 갇혀 있었기 때문에, 자신도 모르게 자신이 쌓은 근대 비판의 위대한 금자탑을 일거에 무너트리고 말았다. 아니, 사실은 그 때문에 그 자체가 처음부터 쌍둥이 바벨탑이었던 것이다.

이제 마지막으로 니체에 대해 조금만 더 살펴보자.

하나의 아이러니 ─ 근대 문명 세계가 구가했던 이성의 원리를 그토록 철저하게 비판했던 니체의 절규가 어떻게 해서 그의 사후에 파시즘의 웅혼한 혼으로 울려 퍼지게 되었는가 ─ 는 앞서 말한 이유들 때문이지만, 비록 반복되더라도 단순화시켜 말하면, 그의 눈이 제국주의 문명관에 뒤덮여 서구 근대 문명은 야만이며 비서구 지혜의 문명은 참문명이라는 사실을 인식하지 못한 데 있다.

야만의 이미지는 보통 무고한 양민을 폭력으로 짓밟는 무자비함 등을 떠올리게 하는데, 전 지구의 모든 생명체에 대해 천인공노할 잔학 행위를 저지른 야만 중의 야만이 누구인가? 제국주의가 아닌가? 제국주의는 누구인가? 서구 근대 문명이 아닌가? 그들의 문명관이 도대체 무엇인가? 문명이 자연을 지배한다는 것 아닌가?

니체의 비극은 바로 '문명은 자연을 지배하면서 시작되었다'는 서구 문명사의 1테제가 관철되어 온 사회에서 그 어떤 안티테제, 신테제도 그 업(業, 카르마)에서 벗어날 수 없었다는 데 원초적으로 기인한다.

서구 문명의 자연에 대한 관계는 그것이 아폴론(합리)적인 것이든 디오니소스(반합리)적인 것이든 권력에의 의지 ─ 본질상 제국주의적인 의지, 즉 야만에의 의지 — 에 관련되어 있다는 사실, 바로 이것이야말로 서구 문명의 앞날에 절망밖에 남지 않은 절대적인 이유이다.

내가 이처럼 니체를 길게 이야기한 것은 니체만큼 서구의 근대를 본질적으로 파헤친 사람이 없으며, 니체 이후의 철학자들이 근현대 문명에 대한 해석을 어떤 식으로 하든 본질적으로 디오니소스적인 것과 아폴론적인 것의 전개라는 범주에서 크게 벗어나지 못한다는 생각 때문이다. 그러나 문외한인 나로서는 이를 충분히 입증할 능력이 없다. 그렇지만 이 주제를 수미일관하기 위해서 전에 읽었던 교양 독서의 수준에서라도 용기를 내어 내 생각을 끝까지 밀고 나가야 할 것 같다. 다만 여기서는 이성의 원리 위에 서 있는 자유주의 진영은 논외로 하고, 이것에 대립해 온 다른 진영의 몇몇 대표적인 사상만을 간단히 살펴보기로 하겠다.

우선 야스퍼스, 하이데거로 이어지는 니힐리즘의 계보는 니체의 적통으로서 그들은 근대 합리주의의 본질을 비판한 진정한 의미에도 불구하고 파시즘 사상에 중대한 기여를 했다.

하이데거의 예를 들면, 그는 나치스가 대중을 향해 내건 '나 이전에 공통의 이익을'이라는 슬로건 속에서 폐쇄적인 시대 상황을 타파한 개벽의 장려함과 위대함을 보았다고 했는데, 그런 그가 현대 문명에 가한 비판은 너무나 예리해서 폐부를 찌른다. 여기서 잠시 『녹색평론』(1998년 11~12월)에 게재된 김우창의 「인간중심주의를 넘어서」 중의 하이데거 말이 인용된 부분을 살펴보자.

그러나 인간 중심의 생각은 문화적 · 사회적 이유보다는 더 깊은 곳 —과학의 인식론적, 그러니까 자기 비판에 철저하지 못한 과학의 인식론에서 나오는 것이라고 할 수 있다. 하이데거의 말대로, 과학적 사고는 자연을

자연의 강을 건너는 사람들

대상화하고 합리성의 규칙하에 정리하는 사고다. 이러한 정리 밑에는 조종의 의도가 숨어 있다. 하이데거는 기술에 들어 있는 일반적인 태도를 설명하면서 그것은 사물로 하여금 제자리에 서 있으라고 시키는 것, 또 다른 시킴을 위하여 시킴을 받을 수 있게 대령하고 서 있으라고 하는 것이다. (하이데거가 말하길) "그것은 비행기가 그 몸체 전체에서 출발 명령을 기다리는 양으로 만들어지는 것과 같다. 또는 그것은 석탄으로 하여금 사람에게 열을 주도록 준비하고 있으라고 하는 것과 같다. 그러나 이러한 기술의 자연에 대한 태도는 진리에 대한 과학의 태도에 이미 드러나 있다. 이러한 명령적 분위기는 사람들에게 자기도 모르게 시대적 상황에 따르게끔 하는 가르침이 되어 있다." 사람이 자연을 연구 관찰의 대상으로, 그 자신의 표상 영역으로 포착하려고 할 때, 그는 자연에 연구 대상으로 다가가 대상이 용도품이 되어 사라질 때까지 그러한 추구를 계속하라는 요청에 답하고 있는 것이다.(괄호는 필자)

이처럼 현대의 과학적 사고에 근본적인 비판을 가한 하이데거가 결국은 자가당착에 빠져서, 하이데거 자신이 말한 대로 과학기술을 세기적 대량 살상을 위해 조종한 나치의 사상에 봉사하는 과오를 범했다.

다음으로 『서양의 몰락』(1922)이란 책 제목 때문에 내가 관심을 갖게 된 슈펭글러(1880~1936)를 보자.

그는 세계 문명사에서 서양 중심의 문화를 부정하고 지구상에 존재하는 각 중심적 문화의 독자성을 인정한, 말하자면 서양 역사학에 일대 코페르니쿠스적 전기를 가져다 준 문명사가이다. 그런데 그는 근대 합리주의의 종국이 서양 문명의 몰락이라고 예언한, 참으로 놀라운 그 적확한 시대 통찰에도 불구하고, 아니 그 덕분에, 즉 합리주의에 반대한 대가로 반민주주의 진영에서 활동하면서 파시즘의 토양 조성에 근본적인 역할을 했다. 그러나 그의 문명 분석은 토인비, 소로킨 등의 비교문명론의 선구적 역할을 하였는데, 그의 이러한 혜안을 두고 2차대전 직후 어떤 저명한 철학자가 "그의 예측을 망각했기 때문에 오히려 그가 주장했던 것이 그 보복으로서 우리에게 강요되고 있다"고 한 말은 슈펭글러한테서 어딘지 모르게 니체를 떠올리게 하는 촌평인 것이다.

그런가 하면 마르크스주의 진영의 호르크하이머와 아도르노는 『계몽의 변증법』(1947)에서 파시즘과 자유주의를 모두 비판하여 테제로서 '자연에 대한 인간의 지배'(계몽), 안티테제로서 '자연에 대한 인간의 예속'(신화와 광기), 그 해결인 신테제로서 인간과 자연이 모두 주체가 되는 '자연과 문명의 화해'라는 유토피아를 제시하였다.

그런데 여기서 문제되는 것은 이들이 니체 이론에 대한 반성으로서 '자연에 대한 인간의 예속'을 파시즘의 승리, 문명의 붕괴로 파악하였지만, 그러나 동양인으로서는 도저히 납득할 수 없는 그와 같은 명제를 제시하고 있는 점이다. 자연에 대한 지배도 예속도 아닌, 자연과의 합일을 추구해 온 동양 문명(주로는 인도 철학이 중심이 된 문명, 이하는 이 뜻으로 사용하겠음)에서는 왜 이런 명제와 도식들이 나오는지 알 수가 없는데, 사실 그 정도로 서양 문명사의 본질은 동양의 그것과 다른 것이다. 실제 호르크하이머와 아도르노가 그 같은 명제를 제시할 수밖에 없었던 것도 알고 보면 '인간이 자연을 지배한다'는 서구 문명관의 업보 때문인 것이며, 다른 한편 자연과 문명에 대한 이러한 이분법적 흑백 논리는 서양의 모든 사상 계보를 불문하고 공통된 입장인데, 이 두 사람역시 이 쇠사슬에 친친 감겨 있다는 사실에서 기인한다.

구체적으로 보면, 이들은 자본주의의 원리인 합리주의를 마르크스주의(또 다른 합리주의)로 비판하는 한켠에 니힐리즘(반합리주의)을 정서적 동기로 깔고서, 그러나 파시즘과 싸우기 위해 계몽(이성)을 강조할 수밖에 없었던, 그래서 변증법의 이름을 빌려 계몽을 양면적 구조 — 계몽 내에서 반계몽이 나온다는 의미 — 로 파악하고는 계몽과 반계몽을 이성의 자기 비판이라는 형태로 극복하고자 한 불행한 서구 지성의 한계를 노정하였다.

이성의 자기 비판. 이것이 현대 문명의 파멸을 막기 위한 최후의 길일 수 있을까? 서구 문명의 품 안을 떠나지 않는 한에서는 그럴 수 있을 것이라고 여겨진다. 사실 이 비판의 지평은 자유주의도 파시즘도 마르크스주의도 테크놀러지에 의한 자연 지배를 원리로 하는 한, 자연과 문명의 화해는 불가능하다는 데까지 뻗쳐 있다. 그러나 한 줄기 희망을 '이성의 자기 비판'에서 찾는 이들의 유토피아는 '인간이 자연을 지배한다'는 테제 앞에서 영원히 유토피아로 머물고 말 운명을 타고났다.

마지막으로 오늘날 서구 생태학자(에콜로지스트)들의 철학은 어떤가를 살펴보자.

우선 지구의 미래를 위하여 분투하는 이들의 고귀한 정신과 노력에 절로 고개가 숙여진다. 이들은 지구라는 생명체 전체에 번진 암덩어리와 싸우는 항체의 진지와도 같다. 그러나 나는 이들 역시 앞서 살핀 이성의 자기 비판이란 연장선상에서 얼마나 훌쩍 뛰어넘었는가 하는 의심을 떨쳐 버릴 수 없다. 생태주의 철학이 새로운 지식으로서 각광받는 것에 대해 나는 한편으로 우려하지 않을 수 없는데, 생태주의는 지식이 아니라 삶이며 새로운 것이 아니라 오래 된 가치의 재발견이기 때문이다.

스웨덴 학자 헬레나 노르베리-호지가 쓴 『오래 된 미래 - 라다크에서 배운다』는 이러한 사실을 잘 보여 준다. 라다크는 티벳의 서쪽 히말라야 산중에 있는 조그마한 마을이다. 저자는 16년간 현지 체험을 하면서 그 곳에서 인류의 미래를 발견했다고 말했다. 그가 발견한 인류의 미래를 보자.

……새로운 운동들이 일어나고 있다. 그 수효는 증가하고, 변화에 대한 갈망은 확산되고 있다. 이러한 추세에는 흔히 '새로운'이라는 딱지가 붙여지고 있지만, 라다크가 보여 준 것처럼 그러한 추세는 중요한 의미에서 아주 오래 된 것이다. 그것은 실상 수천 년 동안 존재해 왔던 가치 ―자연 질서 속에서의 우리의 위치, 우리 서로서로의, 그리고 우리와 지구 사이의 뗄 수 없는 연관성을 알아보게 하는 가치― 를 재발견하는 일이다.

지식은 일찍이 니체가 간파한 것처럼 '권력에의 의지'에 붙들려 있다. 이미 그 징조가 환경론자들 속에서도 나타나고 있다. 환경은 벌써 선진국의 경제 전략이 되었다. 무슨무슨 환경 지수로 중후진국들을 압박하고 있다. 지구 환경을 살리자는 명분 속에서 선진국의 압박이 계속되는 동안 아시아는 그들의 국제 쓰레기장이 되고 있다. 그런데 국내의 많은 지식인들은 이에 호응하여 마치 일제하의 실력 양성론자들처럼 이렇게 이야기한다.

그게 아니라구. 흔히 동양 하면 자연, 서양 하면 인공적인 문명을 떠올리는데 실제는 그렇지 않아. 그들이 얼마나 자연을 사랑하고 환경을 중시하는지 한번 가서 보라구. 안 본 놈이 남대문에 문턱이 있는지 없는지 더 잘안다고, 선입견만 가지고 무턱대고 현대 문명이나 서구 선진국들을 비난하는 거란 말야. 이건 완전히 감정적인 거라구. 뭘 좀 정확히 알고 이야기해야지. 실제는 말이야, 오늘날 지구 환경 파괴의 주범은 중후진국들이라고. 안 그래? 우리 나라도 매일 보잖아. 중후진국들이 급속도로 산업화를 추진하면서 리사이클링은 전혀 고려치 않고 마구잡이로 환경을 파괴하고 있잖아? 그게 왜 그러겠어? 급속한 산업화 과정에서 일어나는 살벌한 생존 경쟁 때문이잖아. 그러니까 그 사회에서 죽기 살기로 계층 상승하려는

　　대중들의 무차별한 욕망이 주범이란 얘기지…….

　이 같은 생각은 ‘환경은 이제 국가 경쟁력이다’란 말이 매스컴에 의해서 환경 개념의 주조를 이루는 속에서 다분히 환경에 대한 경제 전략적 사고의 일단을 보여 주고 있다.

　생태주의 철학은 근본적으로 경제 전략적 사고를 거부하고 그것에 대항하는 데에서 출발한다. 그럼에도 불구하고 이러한 본래의 의미를 묵과하는 한, 생태주의 철학은 소위 환경 패권주의 앞에 침묵하거나, 아니면 그것의 이데올로기로 기여할 것이다.

　나는 우려를 확대하여 비관주의로 빠질 생각은 추호도 없다. 다만 여기서 강조하고자 하는 것은 서구의 생태주의 철학과 환경운동이 제3세계 민중의 삶과 환경에 제일의적 의미를 두고 활동하지 않으면 우려가 현실로 될 수 있다는 사실이다.

　거듭된 이야기지만, 그 까닭은 서구의 문명관 때문이다. 그것 때문에 서구에서는 모든 게 ‘권력에의 의지’에 종속되며, 서구의 생태주의 철학 역시 환경 패권주의에 봉사할 가능성을 배제할 수 없는 것이다. 실제로 생태주의는 환경 문제 이 외의 것에서 그 진면목을 드러낼 수밖에 없다. 그것은 경제 전략적 문제가 아니라 생명에 대한 문제, 나아가 세계관(혹은 우주관)의 문제로서, 현대 문명의 반생명적·기계적 세계관과 대항해 전면전을 펼치지 않으면 안 되기 때문이다. 따라서 그 가장 밑바탕에는 인도주의가 놓여 있을 수밖에 없다.

　그럼에도 불구하고 (나는 한 방송의 다큐멘터리를 보고 안 사실이지만) 1990년대 초반 약 백 일 동안 무려 백만 명을 학살한 르완다 사태 때 서구에서 가장 힘있는 세력 중 하나인 녹색당과 환경운동 그룹들은 무엇을 하였는가? 그들은 종족 학살을 금지하는 유엔의 규정에 반하면서까지 그 사태를 방조한 것말고는 결코 아무런 한 일이 없다고 한다.

그렇지만 그것은 정치적 문제이지 환경 문제는 아니라고 변명한다면, 만약 그런 생각이 정말이라면, 서구의 생태주의는 바로 그 때문에 환경 패권주의란 혐의를 벗지 못할 것이다. 오늘날 경제 전략적 가치가 없는 인도주의는 전혀 아무런 힘을 발휘하지 못한다. 르완다 사태는 전 세계의 모든 인도주의적 양심에게 그들 역시 살육자나 똑같은 패거리란 사실을 명명백백하게 보여 주었다. 그리고 지금의 유고 사태에 대한 그들의 태도도 전혀 다를 바 없이 마찬가지이다. 하지만 생태주의자는 가장 먼저 인도주의자가 되어야 하지 않는가!

다시 환경 문제로 돌아가자. 지금 서구를 제외한 지구의 모든 곳이 산업 쓰레기로 차고 넘쳐서 포화 상태를 이루고 있는데, 도대체 그것들은 모두 다 어디서 흘러 들어온 것인가? 이러한 사태의 진실을 아는지 모르는지 서구의 무슨무슨 국립공원들은 세계에서 생태 보존이 가장 잘 돼 있다고 문명의 자부심으로 선전되고 있다. 그런데 내 집의 쓰레기를 모두 이웃에게 주고 나만 깨끗하게 살면 되는 것인가? 이것이 환경 패권주의가 아니고 무엇이겠는가.

이상으로 니체 이후의 문명 비판에 대한 사상들을 대략 살펴보았다. 이를 통해 나는 서구 문명에서는 결코 새로운 희망의 대안이 나오지 않는다는 결론을 끌어 내고자 했다. 그것은 서구의 문명관이 업보로서 작용해 왔기 때문이라는 것이며, 따라서 희망의 대안은 서구 문명 밖에서 찾아야 한다는 것을 피력하기 위해서였다.

정말이지 우리도 이제는 서구 문명의 환상에서 벗어나 비서구 문명권에 관심을 쏟았으면 한다. 그런 바람의 일환으로, 이를테면 어떤 점에서 동양 문명이 희망의 대안을 찾을 수 있는 토양이 되는가를 생각해 보고 싶다.

서양과는 달리 동양은 인간을 소우주로 파악하고 대우주인 자연과의 합일을 문명의 본질로 여겨 왔다. 여기에는 무한한 긍정과 희망이 존재한다. 동양 문명은 수천 년 동안 단 한 번도 인간이 자연을 지배한다는 사상을 가져 본 적이 없다. 사실 이 점은 오늘 내가 이 장에서 말하고자 하는 결론의 토대이기도 하다.

'인간이 자연을 지배한다'는 서양의 테제와 '인간과 자연이 합일한다'는 동양의 테제. 콩 심은 데 콩 나고 팥 심은 데 팥 나듯이, 정립된 테제가 서로 다른 문명은 그 귀결도 필연적으로 다를 수밖에 없다.

근대 이후 서양의 테제는 동양 세계에 침입해 동양의 테제와 충돌하면서 소위 근대화의 길에 대한 엄청난 논쟁과 그로 인한 격동을 유발시켰다. 우리 나라도 예외 없이 그 전 과정을 거쳤다. 그 과정에서 우리 사회의 주류는 구한말 이래 서구적 근대화를 추진하면서 서양의 테제를 이 땅에 그대로 이식하였다.

바로 이 문제와 관련해, 이식된 서양의 테제, 그러나 우리에게는 '인간과 자연이 합일한다'는 전통적 테제가 우리 의식의 뿌리를 지배하고 있기 때문에 안티테제로 될 수밖에 없는 그 이식된 테제가 서양의 테제와는 본질적으로 다를 수밖에 없다는 사실을 주의 깊게 살펴볼 필요가 있다. 그리고 이와 더불어 우리와는 달리 비서구적 근대를 추진한 지역과 나라들에서는 왜 그토록 서구적 근대에 격렬하게 저항해 왔는가에 대해서도 우리의 반면 교사로서 주목할 필요가 있다는 생각이다.

물론 여기서의 주안점은 전자이다. 그것은 우리 사회가 자연과 문명의 관계에 대해 심각한 개념의 혼란을 겪고 있을 뿐 아니라, 그로 인해 무질서할 정도로 논리가 마구 뒤엉켜 있는 현실이 전자에 대한 인식의 부족에 있다고 보기 때문이다.

곡식을 거두는 티벳 여인들

　이 혼란을 극복하지 않고는 우리의 근대 문명에 대한 비판이 실제로 앞서 살펴본 서구 철학자들 이상으로 무엇을 더 이야기할 수 있을지 모르겠다. 우리 앞을 가로막은 하나의 절대적인 벽을 넘지 못하면 우리의 문명 비판은 서구의 아류가 되거나 우리의 아집(국수주의)에 빠지게 되고 말 것이다.

　벽은 우리의 안티테제(인간이 자연을 지배한다)와 서구의 테제(인간이 자연을 지배한다)가 겉 표현은 동일하지만 내포가 다르다는 사실을 통찰하지 못하는 그 자체이다. 특히 형식 논리에 빠지면 이 차이는 구별되지 않고 벽이 벽으로서 인식되지 않는다. 우리가 추진해 온 근대가 외형상으로는 서구의 근대와 같지만 정신 세계, 특히 의식의 뿌리인 무의식은 그와는 전혀 다른 전통적인 테제 속에서 원초적 꿈을 꾸고 있는 것이다.

그럼 이제부터 동양의 테제에 대해 살펴보고자 한다.

'인간과 자연이 합일한다'는 동양의 테제는, 굳이 서양식으로 분석해 보면, 변증법의 세 국면이 이 한 테제에 모두 들어 있다는 특징을 가지고 있다. 한 예를 들어 보자. 공(空)이나 기(氣) 등을 서양인은 이해하지 못한다. 그들이 공을 무로밖에 인식 못 하는 것은 그들의 관념에 유와 무만 존재하기 때문이다. 그것은 서양인들이 유와 무를 일원적으로 파악할 능력이 없음을 뜻한다. 유즉무—무즉유의 유무상통(有無相通)은 근대 학문의 방법론이 상대하지 않는 비과학적 개념이다. 그러나 우리는 그 의미를 직관적으로 안다. 서양 학문식으로 말하자면, "아마 공은 유와 무의 변증법적 통일일 것이다"라고 말해 줘도 그들은 도무지 이해하지 못한다.

그런데 공을 감득하는 지름길은 내가 알기로 유에 대한 집착을 버리는 것이다. 그러나 서구의 사고방식으로는 '유'(테제)에 대한 부정은 '무'(안티테제)일 뿐이다. 그리고 신테제는 공이 아니라 또 다른 제2의 유가 된다. 하지만 우리는 유를 무로써 대항하지 않고 유에 대한 집착을 버림으로써 공에 이르고자 한다. 따라서 서양과 우리는 본질적으로 그 극복의 방법도 다르다.

그러니까 자연과 인간이 합일한다는 동양의 테제는 이러한 공의 개념과 같다. 비록 우리의 전통적 테제가 안티테제에 의해 도전받고 있지만, 전자는 후자의 숙주와 같은 것이기 때문에 비록 심각한 상처는 입을지언정 붕괴되지는 않는다. 쉽게 이야기해서, 우리 한국인의 심성은 어떻게 해도 완전히는 합리적이 될 수 없는 (만약 그렇게 되면 한국인의 정체성 자체가 무너지기 때문에) 그런 심성인 것이다. 그것을 흔히 '정'이라고 이야기하는데, 정은 우리의 오래 된 공동체적 삶의 유산이며 그것의 가장 밑바닥에는 자연 속에 녹아 살아온 유전적 체험의 세계가 흐르고 있

244

다. 혹자는 이것이 바로 전근대적 심성이라고 말한다. 아니 대부분의 지
식인들이 그렇게 생각하고 있다. 맞는 말이다. 그러나 우리의 근대는 지
금처럼 우리의 심성을 파괴하는 것이어서는 안 되고 계발하는 것이어야
한다. 정이 많은 우리의 심성은 어쨌든 붕괴까지는 되지 않기 때문에 서
구적 합리주의자들로서는 가장 큰 골칫덩어리겠지만, 역설적으로 그것
은 우리를 지킬 수 있는 최후의 보루이기도 하다.

이 최후의 보루로 인해서 우리는 다시 우리의 근대를 구축할 희망을
갖는 것이다. 그것은 안티테제를 극복하여 전통적 테제로 복귀하는 것
인데, 단순한 복귀가 아닌 전통을 훌쩍 뛰어넘는 미래적 복귀인 것이다.
이를테면 앞서 소개한 '오래 된 미래'와 같은 것이다.

그러나 같은 오래 된 미래라도 서구 학자의 것과는 뉘앙스가 많이 다
른 것은 그 책에 서문을 붙인 달라이 라마의 다음 글에 잘 나타나 있다.

라다크는 많은 외국인 친구들을 가지고 있는데, 이들은 이 책의 저자처럼
언제나 지원과 격려를 제공할 용의가 되어 있다.
전통적인 농촌 사회가 (이들 외국인의 눈에는) 아무리 매력적으로 보인다
하더라도 그 사회의 사람들에게 근대적 개발의 혜택을 누릴 기회가 부정
될 수는 없다. 그러나 이 책이 말하듯이 개발과 배움이 오직 한 가지 방
향(서구적 근대화의 방향)으로만 일어나서는 안 된다. 라다크와 같은 전통
사회의 사람들 속에는 흔히 내면적 발전, 즉 따뜻한 마음씨와 만족감이 있
다. 우리는 이러한 것을 본받아야 할 것이다.(괄호는 필자)

나는 전적으로 동의한다. 그는 역시 망명 정부의 위대한 지도자답게
현실을 직시하고 있다. 서구에서는 생태적 마을(에코빌리지)을 만들고 행
복하게 살면 그만이지만, 이들 제3세계의 민중은 '근대'야말로 인간의 생

존, 민족의 존폐가 달린 문제이다. 소말리아를 보자. 르완다를 보자. 티
벳을 보자. 아메리칸 인디언을 보자. 그리고 우리의 식민지 시대를 보자.

이 모든 것의 관건은 근대에 있다. 그런데도 제3세계 민중이 근대를
부정하겠는가. 진보적 서구 학자들이 서재에서 근대에 대해 회의의 시
선을 보내는 동안, 이들은 참으로 총력을 다해서 근대를 쟁취하려고 나
섰다. 얼마나 무수한 피를 흘렸고, 얼마나 많은 아사자가 산을 메웠는
가. 그러나 그들이 그런 참혹한 고통 속에서 쟁취하고자 한 근대는 뜻
밖에도 서구적 근대는 아니었다. 대표적으로 이슬람을 보라.

왜 그래야만 했을까?

그들에게는 자신들의 전통이 고귀했다. 거기에는 신앙이 있고, 그 신
앙은 그들의 내면적 구조를 결정지었으며, 그 내면적 구조는 모든 물질
적 가치에 우선하여 정신적 가치의 고결함을 지키는 것을 본질로 하고
있었다.

서구인들의 눈에는 이것이 이해할 수 없는 광신적 행동으로 비칠 것
이다. 적어도 근대 이성으로는 그렇다. 근대 이성과 진정한 종교는 화
해할 수 없는 대립물이다. 근대 이성은 욕망에 근거하고 종교는 헌신에
근거하기 때문이다. 비서구 민중의 내면적 구조는 헌신이다. 그들은 헌
신 속에서 행복을 느낀다. 한국인의 '정'도 그와 유사한 것일 터이다. 이
들은 근대를 욕망 위에 세우는 것에 필사적으로 저항하고 공동체의 헌
신 위에 세우려고 굶주림을 참고 목숨을 바친다. 적어도 우리는 지구상
에서 행해지고 있는 몇 안 되는 이 위대한 실험을 서구적 시각으로 조
롱해서는 안 될 것이다.

하던 이야기로 돌아가서 '자연과 인간이 합일한다'는 전통적 테제는
앞에서 본 것처럼 비서구적 근대라는, 쟁취해야 할 분명한 목표를 가지
고 있다. 우리에게 있어서는 안티테제를 극복함으로써만 이것이 가능한

'물(水)'. 타클라마칸 사막의 끝에 있는 오아시스 도시 카쉬가르에서 활동하는 위구르 사진가 조리카디르의 사진집에서

일로 된다. 그런데 그 극복의 방법이 서구와 다름으로써 우리의 전통적 테제는 ―겉 표현은 같지만 내포하는 바는 다른― 미래적 테제가 되는 것이다.

요컨대 그 방법이란 집착을 버리는 것이다. 그렇다면 우리는 근대 문명에 대한 집착을 어떻게 버릴 수 있을까? 현실적으로 그것이 가능한가? 가능하다면 우리는 과연 감당할 수 있을까? 이 때 우리가 가장 중요하게 참고해야 할 것은 아마도 '아힘사'일 것이다.

일전에 뉴스에서 행복 지수가 가장 높은 나라가 방글라데시라는 것을 듣고 나는 많은 생각을 했다. 극빈곤 속에 살면서도 그들이 행복을 느끼는 이유는 뭘까? 그것은 물질이 결코 행복의 척도가 아니라는 사실을 보여 주는 것이 아닐까? 이들은 '오래 된 미래'의 라다크와 같은 삶을 살고 있기 때문에 행복한 것일까?

인간이 사는 목적이 행복이라면, 우리는 무엇이 행복인지를 깨닫고 행복한 세상을 만들기 위해서 거기에 최우선의 노력을 기울여야 할 것이다. 그렇지만 서구적 가치관에 물든 우리는 누구나 나 개인의 행복만을 좇고 있다. 그러나 행복은 나를 위할수록 달아나고 타인을 위할수록 찾아오는 신비한 존재다. 인류가 깨달은 만고불변의 진리는 '행복은 남을 위할 때만 찾아온다'는 사실이다.

그러므로 문제는 이 진리를 우리가 어떻게 다시 회복하느냐에 있다. 그런데 지금 우리의 실정은 어떠한가?

돈·섹스·권력·허영 따위의 '가치가 상실된 목적'을 좇아 발버둥치는 인간동물이 우리의 자화상이다. 이것은 하루에 천만 장씩 뿌려지는 신문 지면과 삼천리 방방곡곡에 쏘아 대는 텔레비전 방송이 매일매일 확인해 주는 사실이다.

누군가 우리는 가치 없는 삶을 살고 있다고 하면, 그런 생각을 할 여유가 어디 있느냐고 비웃듯이 반문한다. 이보다 더 불행한 일이 있을 수 있을까? 비웃음을 당해야 할 사람이 비웃는, 가치가 완전히 전도된 사회의 인간은 가치를 찾는 사람을 사디스트처럼 학대한다. 그리고 동시에 학대는 그의 내면으로 향해져 자기 안에서 가치를 찾는 욕구가 학대당하는 것을 마조히스트처럼 즐긴다.

우리는 이런 사회에서 살고 있다. 이것이 혼을 버리고 서구의 근대를 취한 필연적인 결과이다. 이제 우리는 어떻게 해야 하는가? 아무도 진리에 귀 기울이지 않는데 누가 무한궤도 위를 질주하는 우리 사회에 브레이크를 밟을 것이며 누가 진리의 방향으로 핸들을 돌릴 것인가?

진리는 책방에 가득한 근대의 지식이 아니다. 진리는 현대 문명에 대한 집착을 버리는 것이기 때문에 사디즘과 마조히즘의 대상이 된다. 그럼에도 불구하고 진리에 이르는 유일한 입구를 나는 이야기하지 않을 수 없다. '잃어버린 죽음을 찾는 것'.

혹자는 나에게 이렇게 말할 것이다.

"죽음을 통해서 생과 사를 이어 주는 것은 지금까지 종교의 본령이었다. 한국인의 대다수가 종교를 갖고 있지 않은가?"

그러나 나는 오늘날 한국의 종교는 서구의 종교나 마찬가지로 '위로를 위한 기분 전환적인 종교'에 불과하다고 말하지 않을 수 없다.

나는 앞 장에서 진리에의 관문은 죽음이다, 죽음을 생명의 시작이라고 깨닫는 순간 진리의 문은 열린다라고 했다. 이 때의 진리란, 행복은 남을 위할 때만 찾아오는 그것이다. 이것을 깨닫기 위해서는 어느 날 갑자기 자기가 죽음을 잃어버렸다는 사실에서 자신이 놓여날 수 없는 순간이 와야만 한다.

생각해 보자. 행복에 대한 가치전도가 일어난 것은 우리가 왜 사는가를 묻지 않고 있기 때문이고, 그것은 우리가 죽음을 잃어버렸기 때문이지 않은가? 우리는 그 결과로 식물인간과 하등의 다를 바 없는 존재가 되었다. 경제라는 산소 마스크만 떼면 우리는 곧바로 쓰레기가 돼 버린다. 우리는 혼수 상태에 있기 때문에 이것을 자각하지 못하고 있을 뿐이다. 산소 마스크를 떼고 건강한 자연인으로 살아가기 위해서는 무엇보다도 빨리 혼수 상태에서 깨어나야 한다. 그런데 무엇이 이것을 가능하게 할 수 있을까?

죽음을 자각하는 것이다. 죽음에 대해서 아는 것. 생명은 죽음으로 끝나지 않고 거기서 다시 시작하는 것임을 아는 것. 이 속에서 인류의 모든 지혜가 다시 살아난다. 그리고 행복이 시작된다. 죽음의 의미는 타인에 대한 사랑을 통해 뿌리를 내린다. 나의 주인인 타자를 위해서 살 때 내가 살고 내가 행복해지고 궁극은 내가 주인이 되는 오로지 이 길만이 잃어버린 자기의 주인이 되는 길이다.

우리가 혼수 상태에서 깨어나기 위해서는 불행인지 다행인지 오직 이 외길뿐이다. 그런데 깨어나는 것을 방해하는 것이 있다. 우리가 당연히 그것일 거라고 믿고 있는 경제라는 산소 마스크가 아니라 바로 근대 이성이다. 근대의 지식이다.

하지만 우리가 그것의 허구를 스스로의 힘으로 간파하는 것이 너무나 어렵기 때문에, 지금으로선 신이 인간에게 준 최후의 선물인 '죽음'에 대한 자각을 통해서밖에 깨달을 수 없는 것이다.

■ 주요 참고 및 인용 문헌 목록

달라이 라마 지음, 심재룡 옮김, 『유배된 자유』, 정신세계사

달라이 라마, 김충현·김선정 옮김, '89 노벨평화상 수상 기념 메시지 『당신의 적이 당신의 스승입니다』, 장승

박완서, 『모독』, 학고재

趙明基, 「梵語와 唯識의 學僧＝圓測」『韓國의 人間像』3, 新丘文化社

'불가사리' 항 『韓國文化 상징사전』, 東亞出版社

야마구치 즈이호·야자키 쇼켄 지음, 이호근·안여길 옮김, 『티베트 불교사』, 민족사

高柄翊, 「忠宣王」『東亞史의 傳統』, 一潮閣

李春寧, '도작전래의 남·북방설' 항에서의 좌담, 『韓國上古史의 爭點』(天寬宇 編), 一潮閣

文明大, 「新羅 新印宗의 硏究」『震檀學報』 제41호

金浩東, 「라싸로 가는 길」『황하에서 천산까지』, 사계절출판사

權寧弼, 「고구려 벽화의 복희여왜도」『실크로드 미술』, 열화당

閔丙勳, 「國立中央博物館藏 투르판出土 伏羲女媧圖攷」『美術資料』第六十一號, 國立 中央博物館

袁珂 著, 鄭錫元 譯, 『中國의 古代神話』, 文藝出版社

盧泰敦 譯, 「牟頭婁墓誌」『譯註 韓國古代金石文』제1권, 韓國古代社會硏究所 編

張忠孝 編著, 『青海遊』, 青海人民出版社

村松一彌, 『中國の少數民族』, 每日新聞社

馬寅 主編, 『中國少數民族常識』, 民族出版社

プルジェワルスキー 著, 加藤九祚 外 譯, 『黃河源流からロプ湖へ』, 白水社

수잔 핀치 지음, 김진숙 옮김, 『만다라를 통한 미술치료』, 학지사

앙리 구고 지음, 김인심 옮김, 『사랑과 지혜의 나무』Ⅱ, 사계절출판사

閔泳珪, 「爲堂文存後序」『江華學 최후의 광경』, 又半

鄭在書 譯註, 『山海經』, 民音社

武田雅哉, 『星への筏』, 角川春樹事務所

阿旺尖措 外, 『崑崙神話與西王聖母』, 黃山書社

吳玉虎, 『秘境崑崙』, 靑海人民出版社

寒竹, 『江河源頭的民俗與旅游』, 旅游教育出版社

N.K. 샌다즈 著, 李賢周 譯, 『길가메시 서사지』, 범우사

밀란 쿤데라 지음, 김병욱 옮김, 『느림』, 민음사

金貞培 譯註, 「史記 朝鮮列傳」『中國正史朝鮮傳』1(國史編纂委員會 刊)

『絲路傳說』, 甘肅人民出版社

르네 그루쎄 지음, 김호동 · 유원수 · 정재훈 옮김, 『유라시아 유목제국사』, 사계
    절출판사

張迎勝 主編, 『西夏文化槪論』, 甘肅文化出版社

杜建錄, 『西夏與周邊民族關係史』, 甘肅文化出版社

盧泰敦, 「三韓에 대한 認識의 變遷」『韓國史硏究』38

밀레, 朴在森, 「예술의 고향」『세계의 명문 200선』, 雲岩社

레오나르도 아담 著, 金仁煥 譯, 『원시미술』, 東文選

아지트 무케르지, 松長有慶 지음, 金龜山 옮김, 『탄트라』, 東文選

아지트 무케르지 지음, 편집부 옮김, 『군달리니』, 東文選

아지트 무케르지 지음, 崔丙植 옮김, 『인도종교미술』, 東文選

김현, 「시와 톨스토이주의」『김현 문학전집』3, 文學과 知性社

노스 著, 尹以欽 편집부 옮김, 『世界宗敎史 上 · 下』, 玄音社

헬레나 노르베리-호지 지음, 김종철 · 김태언 옮김, 『오래된 미래』, 녹색평론사

平井俊彦, 德永 恂 편, 고영대 역, 『사회사상사』, 사계절출판사

조지프 캠벨 지음, 과학세대 옮김, 『신화의 세계』, 까치

전상운, 『한국과학기술사』, 정음사

티벳에서 온 편지

1999년 7월 15일 1판 1쇄
2008년 12월 15일 1판 6쇄

지은이 | 김영종

편집 관리 | 인문팀
제작 | 박홍기
마케팅 | 이병규
홈페이지 관리 | 최영미

출력 | 한국커뮤니케이션
인쇄 | 천일문화사
제책 | 경문제책

펴낸이 | 강맑실
펴낸곳 | (주)사계절출판사
등록 | 제 406-2003-034호
주소 | (우)413-756 경기도 파주시 교하읍 문발리 파주출판도시 513-3
전화 | 031)955-8588, 8558
전송 | 마케팅부 031)955-8595   편집부 031)955-8596
홈페이지 | www.sakyejul.co.kr 전자우편 | skj@sakyejul.co.kr

사계절출판사는 성장의 의미를 생각합니다.
사계절출판사는 독자 여러분의 의견에 늘 귀기울이고 있습니다.

ISBN 978-89-7196-886-4 33920